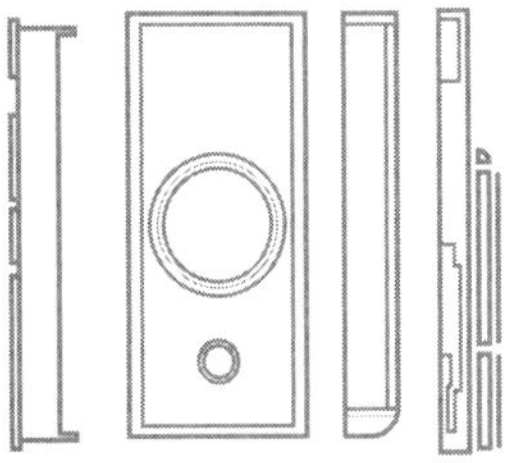

摄影专业“十二五”规划教材

电视节目制作

孟 群　孙洪亮 编著

中国传媒大学出版社
·北京·

目 录

第一章　电视节目制作概况

本章重点

1. 三网融合
2. 电视制播系统
3. 云计算
4. 电视节目制作手段与方式
5. 电视节目制作环节

第一节　电视节目制作技术

一、电视制作技术的发展

当今世界充满变革与创新，数字技术与信息技术更是深刻影响着广播电视技术的发展。下一代电视(3D 和超高清 4K)、广播电视业务的互联网化、接收方式和终端的智能化开始成为影响未来广播电视技术发展的三个重要指标。目前，基于 3D 技术的电视机、节目和频道的数量都有了大幅度的提升。2012 年美国消费电子协会 CEA 针对超高清 4K 家庭播放设备制定了 3 个条件：清晰度至少 800 万有效像素；宽高比至少 16∶9；必须有能传输原始 4K 视频能力的数字输入，而不靠上变换。①

2013 年的中央电视台春节联欢晚会大量使用虚拟植入、3D 仿真、视频切分等多种制作技术，把电视技术与现场空间充分融合起来，给观众带来了一场全新的视听觉体验，而这些都是技术进步的结果。数字与信息技术的进步不断推动着电视节目制作手段的创新与发展演变。②

电影胶片制作：上世纪 30 年代至 70 年代初，在电视录像技术出现以前，电视制作技

---

① 参见《现代电视技术》编辑部：《迎接新的技术变革》，《现代电视技术》2013 年第 1 期。

② 参见《现代电视技术》编辑部：《得“意”而忘“形”——看春晚舞台的形式美和意境美》，《现代电视技术》2013 年第 3 期。

术大多采用电影胶片制作的方式，通过胶片拍摄后直接播出，或按电影方法冲印胶片再播出。最初的摄制技术完全采用35mm电影胶片制作，而后渐渐被轻便灵活、成本低的16mm电影胶片制作所取代。16mm胶片的特点是图像清晰度和像素都较高，宽容度范围大，但由于无法录制现场声音导致现场感不明显。

模拟制作：1956年，第一台实用化的用于商业广播的可记录黑白全电视信号的录像机VR-1000诞生于安培公司，并于当年11月30日在美国进行了世界上第一个基于视频磁带的广播试验。从此以后，电视制作进入磁带制作阶段。磁带不仅减少了人力、财力、物力等方面的消耗，而且其反复使用也降低了胶片制作时期的成本，提高了节目的时效性。① 由于模拟制作易产生噪声、图像清晰度在远距离传输中容易受损、稳定性较差等缺点，目前渐渐淡出电视节目制作领域。②

数字化制作：数字化制作是指节目从采集到接收的全过程都采用数字技术。数字信号传输技术比普通模拟电视信号传输具有较强的抗干扰性，图像的清晰度显著提高，接收图像的宽高比为16∶9，配合多声道数字伴音，可达到35mm宽银幕电影的放映效果。

随着数字技术与网络技术的迅猛发展，广播电视呈现出数字化、网络化和信息化的发展趋势。数字技术的广泛运用给传统的电视节目制作技术带来巨大变革，改变了电视节目的制作方式，提供了更加广阔的空间和可能性。

高清节目制作：高清晰度电视，尤其是数字高清晰度电视带来的不仅仅是图像质量的提高，还包括现有频率资源的大幅度增值，引起了电视业务、经营方式、制作方式的巨大变化。数字高清晰度电视的发展在很大程度上取决于节目的水平和可看性。高清电视节目制作采用1920×1080i/50Hz的高清晰图像格式的视频信号，与标清节目相比，画质更加精细，色彩还原度也更好。除了与标清节目一样的制作技术环节外，高清节目还需要经过调色处理，这样才能使节目的表现力更加逼近电影画面。③

（一）电视制作技术发展的特点

1. 数字化

电视制作系统的数字化是指电视制作从拍摄、采集、编辑、制作、合成、切换、播出到存档等全过程全部实现数字化。④ 电视系统的数字化与信息技术和计算机技术的广泛融合带给人们更加多元化的视听体验，也让更多的普通人进入电视制作领域，使视音频节目制作成为大众娱乐和消费的一部分。

如今，各种摄录设备不断朝着体积小型化、清晰度更高、质量更好的方向发展。适合家用的DV摄像机操作灵活简便，在存储方面也逐渐摆脱了录像带的束缚，向着硬盘、光盘、存储卡等不断推进。这一巨大的变化使电视节目制作的素材来源更加快捷和多样化，在后期编辑中更是大大缩短了制作时间。

所谓数字电视是指从演播室到发射、传输、接收过程中的所有环节都是使用数字电

---

①②③ 徐明：《影视制作技术教程》，郑州大学出版社2013年版，第2页。

④ 刘建福：《电视制作技术》，北京大学出版社2010年版，第4页。

视信号,或对该系统所有的信号传播都是通过由二进制数字所构成的数字流来完成的。[①]其传输速率为19.39Mbps,极大地保证了数字电视信号的高清晰度,提高了电视画面质量。与模拟电视相比,数字电视具有高清晰画面、高保真立体声伴音、能够与计算机构成多媒体系统、频率资源利用充分等多项优点。

2. 网络化

数字化电视系统使不同平台下的媒体文件自由往来与组合成为可能,而这一切都依赖于网络化媒体管理方式。从摄录、采集、编播到储存,都是统一在网络中进行的。不同的计算机平台之间,不同的制作单元之间都可以通过互联网互相调用资源制作节目,因此,节目制作水平、稳定性和工作效率获得了极大的提高。

互联网视频大行其道,欧洲的HbbTV等将传统的广播电视接收方式和互联网视频传输结合起来,IPTV成为互联网技术视频网中最有名的模式。互联网OTT TV也正蓬勃发展。

网络与电信的结合也是大势所趋。电视台与通信运营商联合,手机在线观看视频已不再是新鲜事。2008年北京奥运会期间,已经出现利用3G网络通信技术向赛场各类需求人员提供便利的服务,当时有很多人通过互联网观看了北京奥运会赛事。2013年12月4日,工信部电管局向中国移动、中国电信和中国联通颁发4G经营许可证,标志着中国通信网络正式全面进入4G时代。4G时代带来了上网速度的提升,这一变化将方便越来越多的人用移动终端上网观看视频节目。

新闻制作网络系统在节目采集、编辑、制作、播出和管理上都实现了网络化,从而实现新闻的收录、制作和演播室播出等子模块的无缝结合。中央电视台的网络制播系统是一个全高清、全流程、分布式、多地址的大型制播网络,支持不同高清节目摄录格式的采集和混合编辑,并运用多服务器集群系统实现录播一体。

3. 高清化

电视节目制作系统高清化是指拍摄、编辑、制作的各个环节都实现高清化制作。[②]2009年10月1日,中央电视台首次真正实现高清数字电视节目全国范围内正式播出,CCTV高清频道、CCTV-1都以高清的方式直播了建国60周年国庆阅兵盛况。同时,9个卫视频道在2009年10月1日正式进行高、标清节目同步播出。

随着数字化、网络化和信息技术的发展,高清晰度电视的发展已经比较成熟。在欧洲、美国、日本等发达国家和地区,一些电视台和制作公司都采用高清晰度设备制作电视节目,中央电视台及北京、上海、深圳、青岛等地的电视台都对高清晰度电视技术进行了深入的研究。国内大多数电视台和电视节目制作单位都已开始采用高清晰度设备制作电视节目。

---

①② 刘建福:《电视制作技术》,北京大学出版社2010年版,第4页。

(二)新媒体背景下的电视制作

1. 三网融合

三网融合是指电信网、广播电视网和互联网的相互渗透、互相兼容,并逐步整合成为统一的信息通信网络。这是一种广义的、社会化的说法,在现阶段并不意味着电信网、广播电视网和互联网三大网络的物理合一,而主要是指业务应用的融合。

三网融合是为了实现网络资源的共享,避免低水平的重复建设,从而形成适应性广、容易维护、费用低的高速宽带的多媒体基础平台,并能够提供包括语音、数据、图像等综合多媒体的通信业务。三网融合后,通过手机可以看电视、上网,通过电视可以打电话、上网,通过电脑也可以打电话、看电视。在任何一个网络中都可以完成上网、看电视、打电话等所有的日常信息处理。

三网融合并非各类企业的最终融合,也并非网络线路合三为一。而是电信、广电、互联网三个主要运营企业在业务上的相互开放,进入对方的领域,最终都成为全牌照经营的同类企业,不再有电信、广电、互联网名义之分。

三网融合主要是应用层次上使用统一的通信协议。数字技术的迅速发展和全面采用,使电话、数据和图像信号都可以通过统一的编码进行传输和交换,所有业务在网络中都将成为统一的“0”或“1”的比特流。采用统一的 TCP/IP 协议,可以使得各种以 IP 为基础的业务都能在不同的网上实现互通,从技术上为三网融合奠定坚实的基础。

三网融合使信息服务由单一业务转向文字、话音、数据、图片和视频等多媒体综合业务。网络从各自独立的专业网络向综合性网络转变。三网融合是业务的整合,不仅继承原有的语音、数据和视频业务,而且通过网络的整合,衍生出更加丰富的增值业务类型,如图文电视、视频邮件和网络游戏等,极大地拓展了业务范围。

国家新闻出版广电总局重点发展基于互联网的广播电视,如网络广播电视和移动多媒体广播电视,三网融合下的网络电视集互联网、多媒体、通讯等多种技术于一体,向用户提供包括数字电视在内的多种交互式服务。广播电视系统利用网络覆盖面广、影响力强等优势,打造了一批网络电视台,将广播电视内容上的优势同网络的传播优势有效结合。用户只要将终端插上网线或连接到无线网络,就可以在线观看互联网上的电影、电视剧及娱乐节目,同时也能够直接快速地下载影视资源。

网络电视台是以宽带互联网、移动通信网等新兴信息网络为节目传播载体的新形态广播电视播出机构。网络电视台并不是电视台的网络版,它突出视频、互动、自制节目三部分,设置有新闻、电视剧、综艺、直播和博客等频道。同时,网络电视台可以充分发挥互动优势,无论是网络自制剧还是电视台热播剧,都能加强与观众的互动性。近年来还出现了视频网站自制剧反哺电视的现象,如土豆原创中心自制偶像剧就曾被深圳卫视、安徽卫视购买,并与土豆网同步播出。[①]

---

① http://tech.qq.com/a/20120308/000436.htm.

中国网络电视台(CNTV)作为中央电视台旗下的国家网络广播电视播出机构，于2009年12月28日正式开播，并在2013年7月23日推出“央视新闻”手机客户端。中国网络电视台已建设网络电视、IP电视、手机电视、移动电视、互联网电视五大集成播控平台，通过部署全球镜像站点，已覆盖全球190多个国家及地区的互联网用户，并推出英、西、法、阿、俄、韩6个外语频道以及蒙、藏、维、哈、朝5种少数民族语言频道，建立了拥有全媒体、全覆盖传播体系的网络视听公共服务平台。①

随着新媒体技术发展的日新月异，电视与新媒体的融合不断提速，对电视媒体的生产方式、传播方式、经营方式和战略转型等都将产生深刻影响。传统电视与新媒体的融合是双向的渗透和融入：新媒体融合了电视的一些元素；新的技术元素进来之后，电视业态也发生变化，延伸或者提升为新媒体，两者相互交融。全媒体是广播电视行业竞争与发展的必然趋势，它以融合业务系统和多功能融合终端为支撑，为用户提供集文字、图片、超文本、音频、视频和监控为一体的多媒体业务服务，实现娱乐和信息的综合服务及交换。

在媒体的形式和传播手段不断发展的背景下，要特别认识到技术并非主导，技术只是为业务提供更好的表现手段。

2. OTT TV 与 IPTV

OTT TV(Over The Top TV)是指基于开放互联网的视频服务，终端可以是电视机、电脑、机顶盒、平板电脑、智能手机等。从用户角度讲，OTT TV可称为互联网电视，具有集成互动功能。它的出现标志着用户从“看”电视向“用”电视转化，显示出开放、多屏和互动等优势。OTT TV(互联网电视)可以理解为电视终端网络化的一种新型技术，而且互联网内容和服务模式也可以在OTT TV终端得到延伸。②

IPTV(Internet Protocol Television)，是利用宽带有线电视网，集互联网、多媒体等技术于一体，可以为用户提供包括数字电视在内的多种交互式服务的技术。

3. 中国下一代广播电视网

中国下一代广播电视网(Next Generation Broadcasting，NGB)的概念在2008年首次被提出。NGB是以有线电视数字化和移动多媒体广播(CMMB)的成果为基础，以自主创新的“高性能宽带信息网”核心技术为支撑构建的适合我国国情的、“三网融合”的、有线无线相结合的、全程全网的下一代广播电视网络。

NGB的核心传输带宽将超过每秒1千千兆比特，保证每户接入带宽超过每秒40兆比特，可以提供高清晰度电视、数字视音频节目、高速数据接入等“三网融合”的“一站式”服务，使电视机成为最基本和最便捷的信息终端，使带宽互动数字信息消费遍及千家万户，让电视机真正成为下一代的家庭信息和娱乐中心。

NGB解决了互联互通的问题，全国的广播电视网联成一个整体，每一台机顶盒相当

---

① http://www.cntv.cn/special/guanyunew/PAGE13818868795101875/index.shtml.

② 参见罗松：《OTT TV推动新一轮三网融合的兴起》，《电信网技术》2013年第1期。

于一台计算机、有线电视前端，或者是电视台的节目库和各种媒体的节目库。

NGB 的基本特征可归纳如下：可交互、定制；可迁移、漫游；可沟通、联网；可互通、扩展；可管理、运营；可控制、追踪。NGB 的业务从内容来分，可以分为业务类、信息类、娱乐类、应用类、消息类。从技术属性来分，可以分为双向互动类、跨越互动类、同样互动类。NGB 是一个多业务的战略网络，包括视频、图片、文字等形式，业务形态是全业务。

NGB 的理想境界是不仅能让用户通过电视机看到、用到广播电视业务，同时，还要让用户看到、用到互联网的业务。用户在看单向广播电视时，看到一个感兴趣的节目，可以点击进入互联网选项，屏幕中将会弹出一个小屏幕，将互联网的内容呈现在里面。

NGB 通过机顶盒方式入户，安装机顶盒之后，电视机将跃升为互联网终端，观众可以在电视机上点播自己需要的内容，同时通过对机顶盒功能的扩展实现多业务的应用，机顶盒和电视的组合将是下一代的家庭信息和娱乐中心。

NGB 的概念不仅仅限于固定的家庭终端，高速移动的多媒体终端也是其内涵的一部分，已成规模的移动多媒体广播（CMMB）和正在研发与试验中的数字调频广播（DFM），可以为移动中的用户提供更加丰富的音视频服务。

NGB 的发展将促进“三网融合”的整体竞争和综合发展，使我们感受到媒介融合时代的到来，感受科技创新给广播电视带来新的表现形式和新的传播手段。

二、电视节目制播系统

（一）电视演播系统

电视演播系统指的是电视演播中心内的节目制作、播出控制和局部传输等系统，除布景、灯光音响系统外，还包括摄像机、录像机、同步机、视音频放大器、特技切换台、字幕、动画、台标、监视器、帧同步机、灯光、音响等各种设备。

电视节目制播工作都是在电视演播中心完成的，它既包括系统设备，又包括电视节目制播流程及控制信息。电视演播中心是电视台的核心部门，主要分为三大部分：节目制作、节目播出和新闻中心。机构设置有总编室、制作部、新闻部、技术部、播出部、广告部等。如图 1-1 和图 1-2 所示，分别为电视演播中心的构成及电视演播中心运行的总工艺流程。

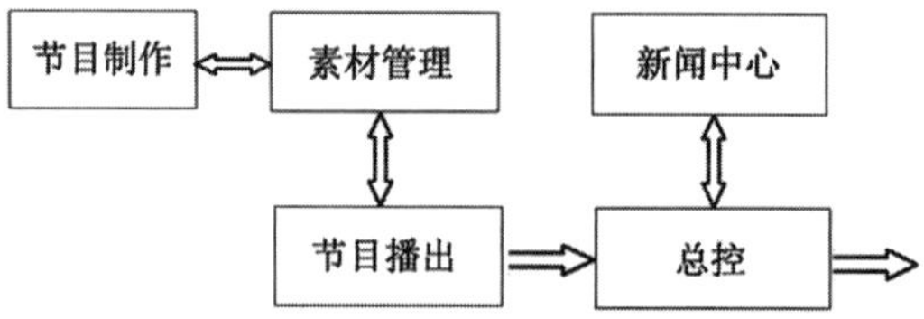

图 1-1　电视演播中心的构成

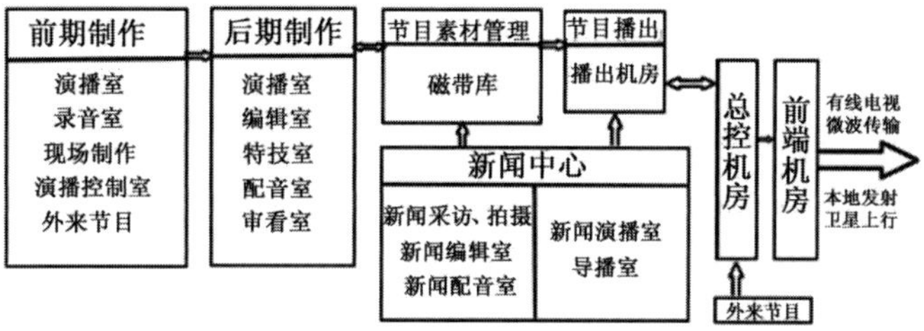

图 1-2　电视演播中心的总工艺流程图

（二）电视制作系统

在传统概念的节目制作系统中，节目制作过程分为两个阶段——前期制作阶段和后期制作阶段。它们是由具有不同制作功能的各种硬件（如录像机、切换台、特技台和调音台等）组合而成的，外景地或演播室拍摄的节目素材录制到录像机的磁带上之后，可以直接编辑，也可以复制成低带，供脱机编辑之用；在脱机编辑中得到镜头编辑清单，据此进行联机编辑，包括图文制作、特技制作和声音的混录，如图 1-3 所示。

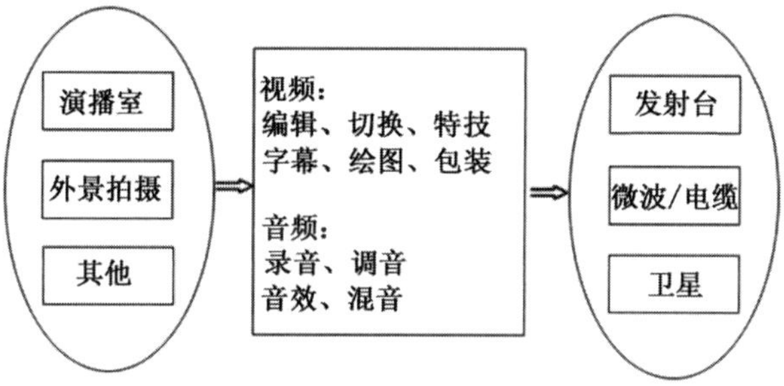

图 1-3　传统概念的节目制作系统

以数字系统为基础的制作环境是图像、声音及有关信息统一作为数字数据处理，同时一些基本工作如选材、合成和编辑都是以综合方式完成的。图像、声音直接作为数字数据记录在服务器上；外景素材储存在磁盘存储器中，然后传送到服务器上；运用非线性编辑系统制作。非线性编辑系统集编辑、特技、动画、字幕、切换台和调音台的功能于一身，能做到对图像和声音要素的复杂处理。把编导从繁琐的重复性工作中解放出来，电视台的艺术创作人员获得了最大的自由度，节目的表达方式更加多种多样，制作节目的工作效率也大大提高。如图 1-4 所示。

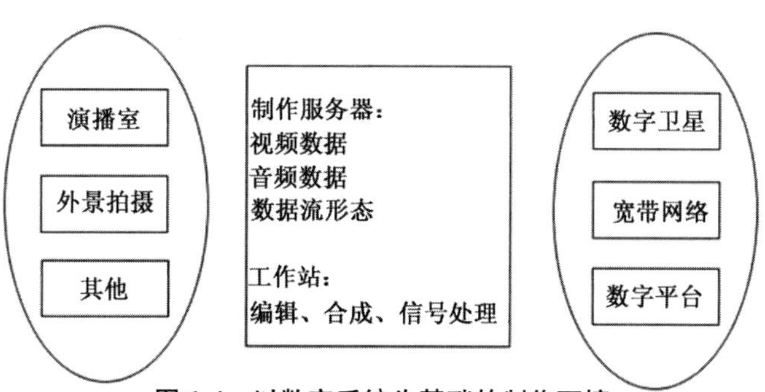

图 1-4　以数字系统为基础的制作环境

(三)网络化制播系统

随着数字图像压缩技术、高速带宽数字传输技术、海量数据冗余存储技术的日益成熟和标准化,网络化制播日渐成为电视节目制作和播出的主流,不仅使资源有机地结合在一起,而且极大地提高了节目制作的效率。

网络化制播系统主要由节目生产管理系统、视音频网络制作系统、节目收录系统、播出系统、广告串片播出系统及媒体资产管理系统等组成。

节目生产管理系统是电视媒体从磁带到全面的网络化制作、播出、存储、交换的技术平台,也是电视媒体科学规范的管理平台。节目生产管理系统主要由生产管理、辅助管理、运营管理、技术资源管理等若干个子系统组成。生产管理子系统包括节目规划与生产管理两个环节,是节目生产管理系统中的核心。节目生产管理的流程主要包括计划阶段(节目规划、选题选定、生产流程的确定等)、生产阶段(生产流程和节目质量监控、版权管理、服装道具舞美业务管理等)、入库播出阶段(节目文件管理、播出节目编排等)、播后管理阶段(版权管理、节目播出统计和综合评价、观众反馈等)。

视频网络制作系统打破了以往各工作站相互孤立的模式,实现了节目资源共享,提高了节目编辑的质量和效率。视频网络制作系统由专业化应用系统(非线性编辑系统、专业音频处理系统、上下载系统和审片系统等)、文件共享系统、核心服务器、网络架构、存储设备、传统视频设备和其他设备组成。

音频网络制作系统主要包括网络管理部分(服务器、以太网交换机、数据库)、中央存储部分(音乐资料、音频制作资料及其备份存储)及音频工作站部分(I/O 模块、逻辑运算模块、存储单元模块、控制同步模块等)。

节目收录系统主要负责采集和录制各种视音频信号,并向网络制播系统提供其所需素材,同时兼容各种接口与格式。主要包括应用系统(视频录制系统、简单编辑和转码打包系统、设备控制系统等)、服务器系统、以太网设备和存储设备。

播出系统是网络制播系统中的重要组成部分,通过计算机控制和管理网络传输信息,可以自动控制视频服务器播放和切换台切换。播出系统主要由信号源、控制系统、切换系统、应急系统、节目存储、视频服务器等组成。

广告串片播出系统可以作为网络化制播的一部分,也可以单独作为一个系统,通常由管理信息系统、广告播出素材管理系统、广告硬盘控制系统组成。

媒体资产管理系统是针对数字电视、移动电视等多种业务需求而开发的内容管理平台。主要由存储管理、内容管理、网络管理、数据处理、采集管理、系统监控、资料编目、检索查询、素材输出、信息发布等若干个子系统构成。

以中央电视台为例,央视新址面向新闻类节目构建了高标清兼容的新闻网络化制播系统,该网络制播系统是中央电视台新闻生产的基础平台与核心力量,可以满足央视新闻业务灵活、多样的需求,同时实现新闻生产的快速反应与安全保障。新闻网络化制播系统以中央电视台全台整体智能化管理为基础,建立新闻业务管理系统,以任务驱动的方式将新闻生产的管理流程与具体操作相分离。新闻网络制播系统在编辑、配音、审片和播出等环节配备了约 500 台工作站，依托技术进步多方优化系统，实现快捷高效的新闻生产。[①]

（四）电视节目文件化播出

电视节目文件化播出是指将制作完成的备播节目以文件化方式通过网络传输到播控系统缓存区，再经文件化上载、入库、技审、软审、迁移、播前审看、段落包编辑、编单等环节，最终由视频服务器完成播出的过程。[②]

中央电视台新台址播出系统采用全高清、全文件的播出方式，应用网络化和数字化技术，实现节目制作、播出、存储全程文件化，构建了制播一体化的现代电视媒体业务平台。全文件制播流程要求各档录播节目都以文件形式备播。[③] 如图 1-5 所示。

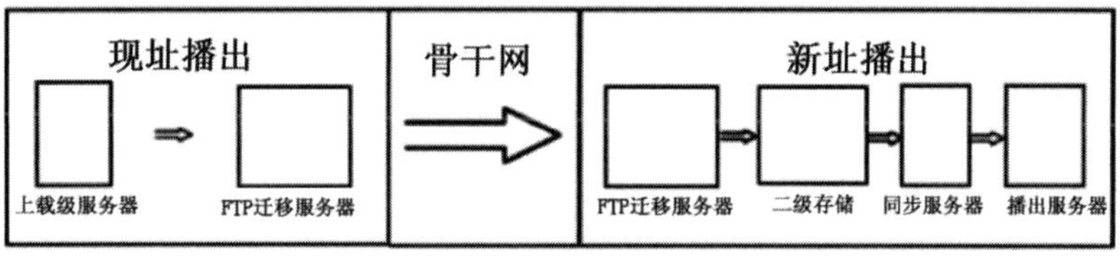

图 1-5　现、新址文件传输示意图

（五）云计算

2006 年 Google、Amazon 等公司提出"云计算"构想。根据美国国家标准与技术研究院的定义，云计算是一种利用互联网实现随时随地、按需、便捷地访问共享资源地（如计算设施、存储设备、应用程序等）的计算模式。云计算的重要表现形式是计算机资源服务化，可以为用户屏蔽数据中心管理、大规模数据处理、应用程序部署等一系列问题。

云计算已经成功应用到移动互联网、商业、教育等各个领域，正日渐发挥愈来愈重要的作用。随着三网融合的深入，云计算在广播电视领域中的应用必将迅速扩大。

云计算能够有效整合传统广播电视、OTT TV、IPTV、网站视频等，实现内容共享和智能分发，降低制作成本，满足媒体内容生产和交易的需要。随着网络带宽的提高，未来混合电视用户的终端呈现多屏融合趋势。多屏融合的一种表现方式是"一云多屏"，即内容服务商通过统一内容前端，向电视机、计算机、平板电脑、智能手机等多屏终端分发不同码流的视频内容，用户可以随时随地通过各种终端享用数字内容服务。[④]

云电视是一种多媒体综合服务的云设备，是应用云计算、云存储技术的电视产品。除外观时尚、画质立体高清外，云电视还具有开放性操作系统、专业可扩展云电视平台、双核 CPU 和 10Gbit 内存空间，这样的硬件标准可实现应用程序的快速下载与在线升级。

---

① 赵震：《中央电视台新址新闻网络制播系统设计与优化概要》，《现代电视技术》2013 年第 3 期。

② http://www.chinadmd.com/file/6wu33soiuz6x6iiwx6zucpcu_1.html.

③ 刘晶晶：《浅析中央电视台新址播出文件化适配系统的整备流程与技术实施》，《现代电视技术》2013 年第 9 期。

④ 《现代电视技术》编辑部：《也谈多屏融合》，《现代电视技术》2013 年第 6 期。

此外，云电视还具备强大的云应用和云功能，能够快速满足用户需求，为用户提供安全、可靠、便捷的云服务，如在线购物、炒股、在线游戏等。

第二节 电视节目制作手段与方式

一、电视节目制作手段

电视传媒的兼容性，充分体现在它节目制作手段的多样化。电视屏幕上传出的信息，代表着人类传播技术的综合成果，它把广播的、电影的、印刷文化的、舞台剧场文化的最有效手段，兼收并蓄，融为一体。

电视节目制作有以下三种手段：电视直播、录像制作、电子制作。

(一)电视直播

电视直播是在摄取图像、声音的同时，直接进行广播的制播方式。它的特点是制作和广播这两个过程的同步或合一。因此，现场性、即兴性、观众参与性都十分强烈。

电视直播使用多台摄像机和转播车，通过设在主控室或转播车里的电缆和导演台(或叫切换台)，对图像、声音进行即兴处理，用微波传送给电视台，然后再广播发送出去。

电视直播又可以分为：现场转播、演播室直播两类：

1.现场转播

1999年10月1日，盛大的国庆庆典在天安门广场隆重举行。中央电视台以现场直播的方式真实转播和记录了庆典盛况。中央电视台投入大量的人力、物力，动用大批先进的技术设备，共设置摄像机讯道47个，摄像机机位50个，17米高的升降车4台，10米吊杆车4台，滑轨摄像车1辆，音频车1辆，检阅摄像车2辆，激光传输设备3套，微波传输设备数十套，以及大批ENG型、EFP型、55倍广角镜头等先进的摄像设备，其中激光传输设备运用到信号传输中，在国内大型直播报道中尚属首次。

为保证电视图像更加清晰明亮，在信号源设备上首次全部使用数字设备，而且首次采用数字高清晰度电视技术并获得成功。

这一类重大节庆活动、重大会议的直播，虽然不可能预先进行构思，但需要事先制订一个周密的计划，拟订一个切实可行的实施方案，把可能遇到的情况都估计进去，并预先安排好应急措施。然后，还要建立严密的组织、指挥系统，确立摄制、音响、照明、传送、编导、后勤、保卫等各工作的岗位责任，才能保证高质量的实况转播。

单摄像机的实况直播，常用作电视新闻报道。比如，对一些突发事件的目击报道就是这样。美国、德国和日本的一些中小城市的电视台，在电视中心高空建筑物顶端架设昼夜转动的“奴隶摄像机”，这种摄像机配有高倍望远镜头，可以把一定半径范围内发生的火灾、抢劫及其他暴力行动或交通事故的情况拍摄下来，编辑记者可以直接选用并随即播送出去。

2.演播室直播

实况直播方式还大量运用在电视演播室里，世界上大多数电视台的新闻节目、谈话节目、教育节目和综合艺术节目都采用这种方式。

如2012年11月，“十八大”直播报道的后方总报道点设在中央电视台新闻中心演播区，由三个演播室构成：主演播室为250平方米的演播室，备演播室为150平方米的演播室，D229演播室提供延时后的公共信号。新闻中心演播区的三个演播室均为新闻直播专用的高清演播室，250平方米的演播室作为主演播室向CCTV-1、CCTV-1（高清）、CCTV-1（香港）和新闻频道提供“十八大”报道各场直播（经演播室在线包装后）的节目信号；150平方米的演播室作为备份演播室可随时接替主演播室承担所有的播出工作；D229演播室负责为其他频道新闻演播室和播送中心总控提供延时后的公共信号。直播时，所有演播室各岗位人员均在线值班。

在用实况直播手段来制作传播时事、生活常识、猜谜、综合艺术、教育等节目时，还可以使用电话、电子计算机等反馈系统，让观众直接参加到节目制作、演播过程中来，并随时获取观众的反馈和意见。例如，使用演播室谈话或讨论的直播方法时，需要在节目演播过程中公布观众反馈专用电话号码、主持人和其他节目演播人员（各种专家和电视台的嘉宾——影视明星、球星及政界要人）的姓名，在节目中实现演播人员、主持人同观众的对答、论辩。

（二）录像制作

随着20世纪70年代科学、技术以及电子工业的飞速发展，电子技术已经不仅仅在电视播出和发送系统中运用，还扩展到电视新闻采访、节目合成以至整个节目的制作和传送等各个领域。在世界上许多国家的主要电视台、电视系统中，都装备了电子计算机系统，实现了电视节目制作、管理及播出的全自动控制。

电视节目的制作如果不是送入播出线直接播出，而是用录像机记录下来，在以后的时间播出，就称为录像制作。通常录像制作的时候，不必在现场直接做出最终的节目，可以在后期制作中进行二次剪辑，加入视频特技特效，加入字幕说明等，所以录制时的制作方法与设备应用与现场直播有所不同，可简化。可以将大量的工作留待后期制作阶段再进行。

（三）电子制作

数字技术、计算机技术、电视技术的融合应用，产生出新的制作手段——电子制作。它完全依靠计算机来完成电视节目的创作及制作，人物、景物全部由计算机虚拟制作，没有真实的人物和景物。如动画片、电视节目中的虚拟主持人等。

二、电视节目制作方式

电视节目制作方式实际是从另一个角度来对电视节目制作的过程进行描述，制作方式是指使用录像手段和直播手段中的几种制作方式，着重于所使用的设备系统及与此有关的软件系统。

(一)ENG 方式

ENG，即“电子新闻采集”(Electronic News Gathering)。这种方式是指使用便携式摄像和录像设备来采集电视新闻。20 世纪 70 年代以前，世界上所有电视台摄制的电视新闻都是用 16 毫米电影摄影机制作的。因为那时候的电视摄像机和录像机都是庞大笨重的设备，一般都安装在演播室、机房内，或是将转播车改装成录像车，并用专用运载车辆送到体育竞赛场馆、剧场完成实况录像任务，不能适应新闻采访的运动及灵活性。新闻事件的突发性、电视报道的时效性和现场性，要求新闻记者携带小型、轻便、灵活、机动的采录设备。便携式电子摄录设备诞生后，立即被广泛运用到电视新闻采集中来，而且也为拍摄电视纪录片、文艺专题片、电视剧所采用，比如中央电视台的《故宫》《森林之歌》等就是采用 ENG 方式拍摄制作的。

ENG 非常方便于现场拍摄，但它所获取的素材还需要在电子编辑设备上进行编辑。因此，它很接近电影制作方式，分为前期拍摄与后期编辑两个阶段。

ENG 方式与电缆通信、微波通信、卫星通信技术结合后，就如虎添翼了。有些新闻节目可以用便携式摄像机与发射装置、传送系统连接，实现新闻直播；有的则可在进行简单编辑后，经过电缆、微波或卫星由记者直接进行广播报道。这样，大大提高了电视新闻的时效性。

(二)EFP 方式

EFP，即“电子现场制作”(Electronic Field Production)。EFP 方式也是电视技术迅速发展的产物，它是对一整套适用于“野外”(准确地说是“台外”)作业的电视设备的统称。这套系统包括三台或三台以上的摄像机，一台视频信号(图像)切换台，一个音响操作台及其他辅助设备(灯光、话筒、录像机运载工具等)。利用 EFP 方式可以在事件发生的现场或演出、竞赛现场制作电视节目，进行现场直播或录播。

由于使用三台以上的摄像机进行现场摄制，又经过现场切换，因此，EFP 方式提供的视频信号是连续不断的，一次完成的，这样大大简化了节目制作的工艺。采用 EFP 方式制作电视节目需要摄制团队的协调一致，摄像机提供的画面应当有变化，如景别、角度、技巧、节奏的变换和穿插，要依靠导播高超、娴熟的指挥，更依赖全体现场操作人员的密切配合。

不论现场直播还是现场录像，摄录过程与事件发生发展都同步进行，现场感强烈，这是 EFP 方式最突出的优点。如建国 60 周年国庆阅兵式、第 22 届索契冬奥会赛事等转播节目都采用 EFP 方式拍摄制作而成。因此，EFP 也可称“即时制作方式”，由于 EFP 必须多台摄像机拍摄，所以也同“多机摄录”的概念相通。EFP 方式是最具有电视特点、最能发挥电视独特优势的制作方式，每一个成熟的电视台都必须具备 EFP 制作能力。

（三）ESP 方式

ESP，即“电子演播室制作”（Electronic Studio Production）。电子演播室制作（ESP）主要是指演播室录像制作，也包括演播室直播。因为演播室设备的不断现代化，增加了演播室制作方式的适应能力。如室内灯光系统的全自动化，高清晰度的广播级摄像机系统，高保真音响系统；特别是数字特技、动画特技系统，组成了一个高科技制作系统。

ESP 方式既可以先摄录、后编辑，也可以即摄、即播、即录（实况播出/录像），是电视台制作自办节目的主要手段。由于 ESP 方式常常需要搭景排练，演播室要被占用一定时间，因此，加强对演播室的科学管理，改进电视布景、道具的搭置工艺，提高导播和摄录效率，缩短演播室制作周期，是一个至关重要的问题。如果演播室的制作管理水平不提高，演播室制作方式就会被不必要的非业务因素拖累，不能发挥更大效用。

第三节　电视节目制作流程

一、电视节目制作环节

媒体数字化时代的到来，电视节目制作环境将会发生什么样的变化呢？电视机将会是“智能”可视信息终端，能够进行交互式存取，人们在任何方便的时候，都能够观看自己喜欢的节目或获取所需要的信息。广播电视台不仅进行广播电视服务，而且还要使用各种数字媒体为人们提供高质量、多品种的信息服务。因此，节目制作必将做出相应的变化。

先来讲一下网络化制播系统中的视音频制作流程。

视频网络制作系统主要包括选题策划、采访拍摄、节目粗编、节目编辑、节目配音、演播室录制、广告编排等一系列环节。

选题策划的流程如图 1-6 所示。

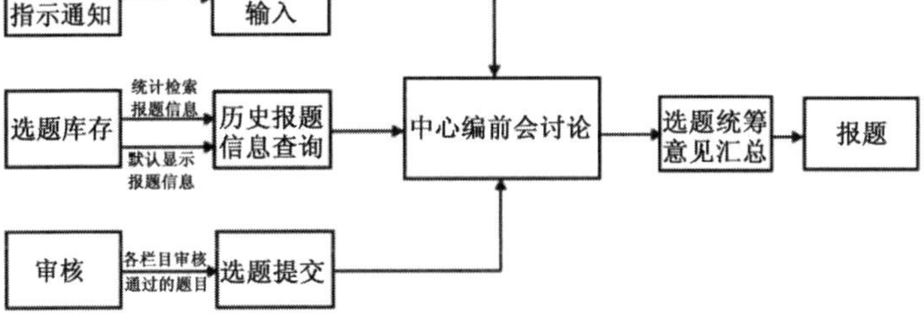

图 1-6　选题策划流程图

采访拍摄的流程如图 1-7 所示。

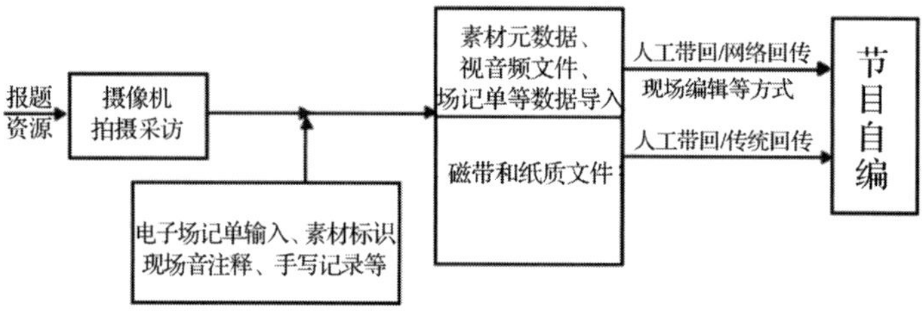

图 1-7 采访拍摄流程图

节目粗编的流程如图 1-8 所示。

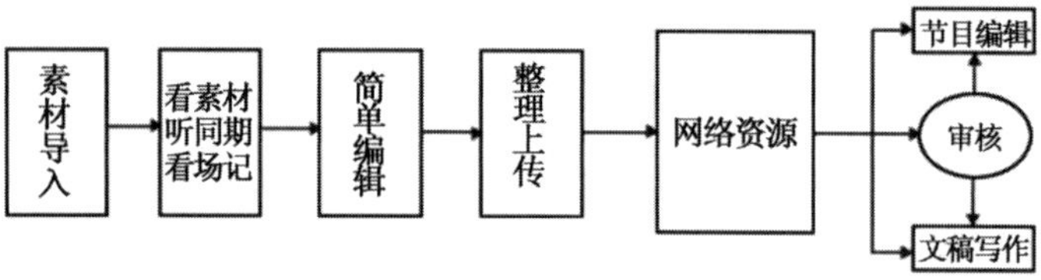

图 1-8 节目粗编流程图

节目编辑的流程如图 1-9 所示。

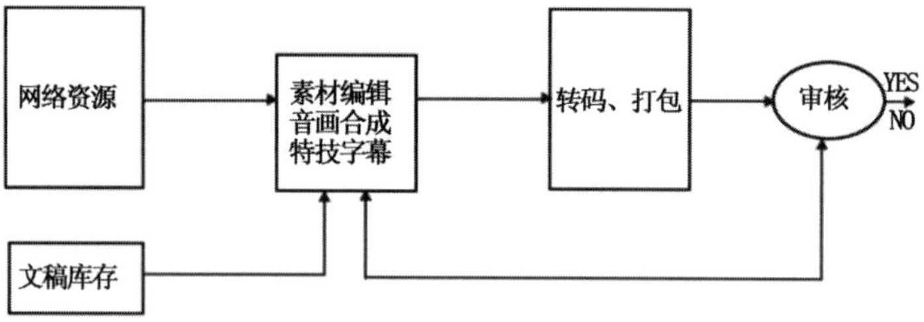

图 1-9 节目编辑流程图

节目配音的流程如图 1-10 所示。

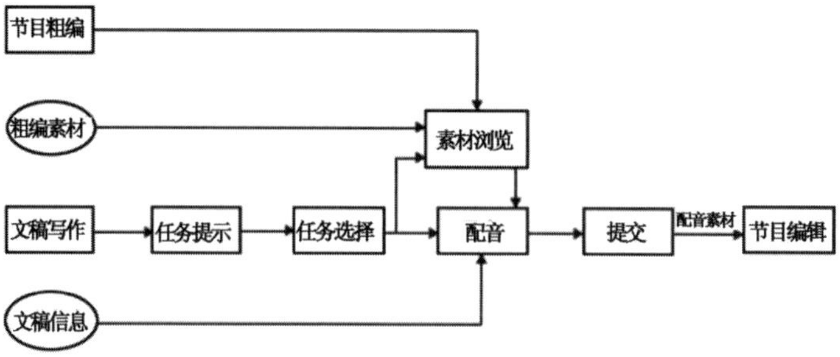

图 1-10 节目配音流程图

演播室录制的流程如图 1-11 所示。

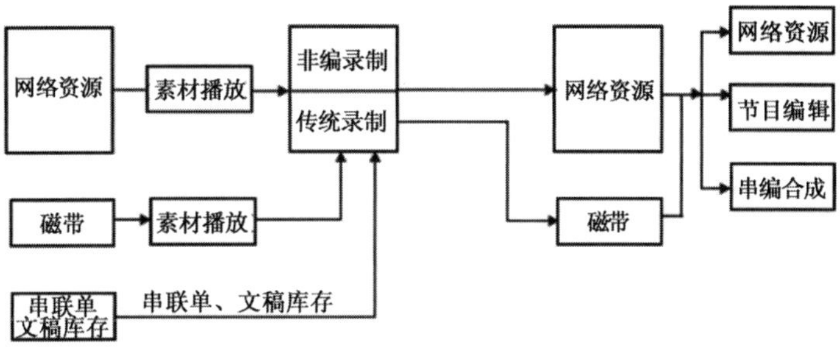

图 1-11　演播室录制流程图

广告编排的流程如图 1-12 所示。

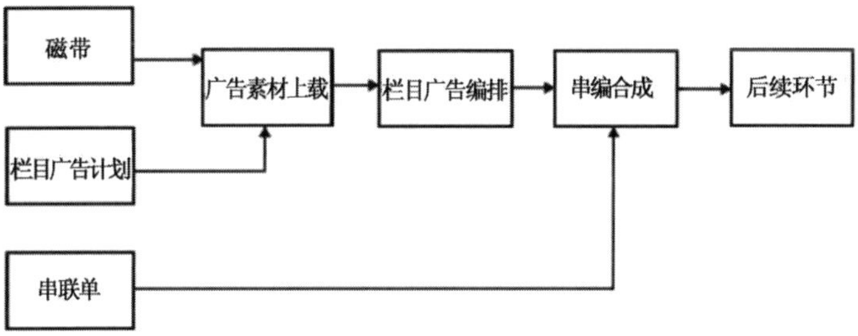

图 1-12　广告编排流程图

音频制作的工作流程如图 1-13 所示。

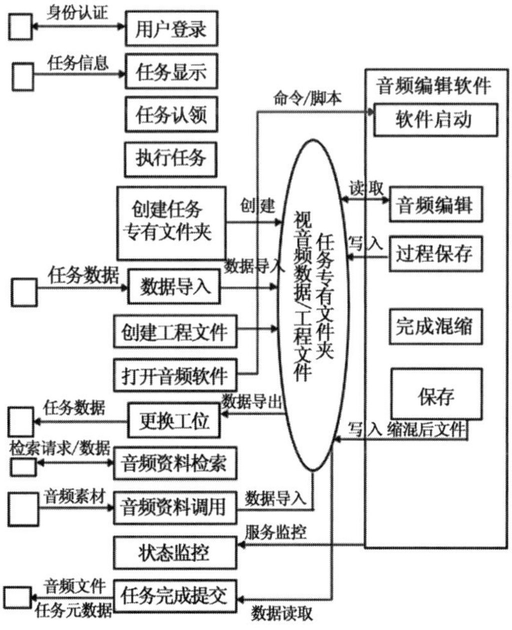

图 1-13　音频制作工作流程图

总体来说，电视节目制作包含节目生产过程中的艺术创作和技术处理两个部分。前者被习惯性地称为“软件”，后者则称“硬件”。在制作的实践中，软件和硬件同属于一个完整的节目生产系统的不同部分，往往互相依存而不可分离，而且是相互渗透的。

电视节目制作人员要重视节目制作工艺流程，加强制作节目的计划性，遵循制作流程的科学性，这样才能有条不紊地进行节目制作工作，提高制作节目的质量和效率。节目制作流程中，某些环节处理不当，会影响节目的质量，增加版数，即使设备是一样的，节目的技术质量也会有差异。

电视节目制作的全过程可以分成若干阶段，一般分为“前期制作”与“后期制作”。前期制作工作包括构思创作、拍摄录制；后期制作工作包括画面编辑、混音合成。

（一）前期制作工作流程

1. 第一阶段：构思创作

(1)构思节目，确立节目主题，搜集相关资料，草拟节目脚本。

(2)主创人员碰头、写出分镜头方案。分镜头脚本的常见格式如表 1-1 所示。

表 1-1 分镜头脚本案例常见格式

镜号	景别	技巧	画面	解说	音乐	音响	时长	备注
1	全景	摇	老人浇花		轻盈的音乐		2’	
2	中景	移	小孩踩住浇花水管		开始加快		1’	
3	近景	机位不动，摇回老人	老人发现水管无水，拿起来看		继续加快		1’	
4	中景	拉	孩子挪开脚，水喷到老人脸上		背景音乐到高潮部分		2’	
5	特写	推	特写老人的脸，回头发现孩子恶作剧		同上		2’	
6	全景	镜头回拉	老人追赶孩子		快节奏音乐		3’	
7	近景	跟拍孩子	小孩离开		音乐舒缓		1’	
8	全景	摇	老头继续浇花，拍花园		轻盈的音乐		2’	

(3)制订拍摄计划。计划是节目的基础，节目的构思越完善，拍摄的条件和困难考虑得越周全，节目制作就会越顺利。制片人根据节目性质确定导演、演艺人员、主持人、记者的人选；向制片、服装、美工、化装人员说明并初步讨论舞美设计、化装、服装等方面的要求。确认前期制作所需设备的档次及规模，配备摄像、录音、音响、灯光等人员。制片部门要确定拍摄场地及后期保障。各部门主要负责人讨论、确认拍摄计划并执行。

(4)各部门细化自己的计划，如租赁合同，建造场景道具、图版，征集影片、录像资料等。

2. 第二阶段：现场录制

不同类型的节目有其不同的制作方式，以演播室拍摄为例讲解流程：

(1)排演剧本。

(2)进入演播室前的排练:演员练习走位、表情、动作、交流;导演阐述;灯光、舞美的最后确定;音响、音乐处理;转播资料的确定。

(3)分镜头剧本:镜头序列、景别、角度、技巧、摄像机和切换键编号、提词器的内容。

(4)演播室准备:舞美置景,服装配齐,灯光检验,通话联络,录像磁带配备。

(5)设备准备:摄像机检查,存储设备的检查,调整灯光,声音操作演练,化装材料的准备,布景,道具,特技的运用演练。

(6)走场(以上诸项完成之后进行)。

(7)最后排演(带机排练),各工种总协调。

(8)录像。正式录制,记录场记以及备份镜头的拍摄。

(二)后期制作工作流程

后期工作即总工作流程的第三阶段:编辑混录。

(1)决定采用直接编辑还是间接编辑(是否进行脱机编辑)。

(2)素材审看。检查镜头的内容及质量、选择所需镜头,在场记单上做标记。

(3)素材编辑。确认编辑方式,搜寻素材和母带的入、出点并确定。

(4)特技的运用,字幕的制作。

(5)审看。画面编辑后,可进行初审,检查结构是否合理,段落层次是否清楚,有无错误并修改。

(6)混录。录解说词的配音及所需的音乐,将解说词、效果声、音乐进行混录,处理音调、音量等。

(7)成片审看。负责人审看成片后提出意见。

(8)播出带复制存档。

电视制作是一个复杂的过程,节目制作者要熟悉各个工序,根据节目内容和节目规模具体问题具体分析处理,使制作的工序更加合理,高质量、高效率地制作电视节目。

(三)工作效率

不同类型的电视节目在制作方法上存在着差异,采取什么样的工作程序取决于节目本身对时效性的要求、节目的规模及场面、工作人员及演艺人员的素质以及经费等诸多因素。电视节目是集体创作的结晶,电视节目制作的管理和效率是一个必须引起重视的问题。

电视节目制作的效率受许多因素制约。首先要强调的因素是设备,技术进步是提高效率的前提。设备的高性能和完善的系统性是基础,但是操作设备的是人,所以人员素质的高低是影响效率的直接原因之一。其次,影响电视节目制作效率的因素还有时间的制约和经费的制约,而后两个因素在某种程度上又可因人的因素而转化和克服。所以说,影响电视节目制作效率的关键因素是电视节目制作人员的个人素质和整体素质。

如何检验电视节目制作的效率呢?节目制作效率是由节目的艺术质量、技术质量、设备的损耗时间和制作周期等方面体现的。

节目的艺术质量：包括主题提炼、剧情结构处理、演员表演、摄像构图、照明艺术、镜头剪辑、音响混录等所有因素所体现出的综合效果。

节目的技术质量：包括画面的彩色重现、图像的清晰度、信噪比等。

设备的损耗时间：所有制作设备都有其工作的最佳时期，使用是有期限的。如录像机的磁头会磨损，需定期更换。所以，制作节目时，如果能减少设备使用的时间，便能减少设备的磨损时间，降低制作成本，提高了工作效率。

节目的制作周期：节目构思，就是节目制作的周期开始。一人或多人构思节目主题，搜集相关资料，写出节目脚本，然后进入最繁忙的拍摄录制，而后进行编辑混录直至所有工作全部完成。整个工作所需的时间就是制作周期。延长周期，付出的代价是显而易见的。所以在保证质量的前提下应尽量缩短制作周期。

电视节目制作是一个实践性非常强的工作。不同的时期有不同的特性；了解它、掌握它的唯一方法就是实践。实践出真知。

二、电视节目制作人员

(一)节目制作人员

电视节目是集体创作的作品，电视节目制作是通过各种专业技术人员的共同努力来完成的，每个人都直接或间接地参与创作。

制片人：负责节目的构思，摄制计划的制订，协调各部门的关系，对遇到的各种复杂情况作出决定。应当了解熟悉节目制作的过程和手段，具有组织能力。要有效地监督、管理和协调全部制作活动，帮助导演按期完成拍摄计划，并且掌握财务大权。

编剧：以文字形式完成整个节目设计的工作。影视剧的脚本创作者，一般仅从事文字工作，不参与摄制工作。

导演：负责把节目构思转变为节目，塑造具体的视觉形象和听觉形象，是影视剧创作的负责人，是节目制作具体工作的组织者和实施者。全部创作工作都是在导演的指导下全面展开的，所有辅助性创作人员必须服从导演调遣。其工作从编写分镜头脚本、收集素材、选择演员、组织拍摄，直至编辑完成。

助理导演：导演的助手，在准备阶段根据导演的要求，找寻演员、安排道具、选择服装、收集素材等；在拍摄现场协助导演进行人员调度，给出各种提示。

现场导演：演播室制作时，导演在控制室切换画面，摄像师、演员在演播室工作，因此，需要有一个人在现场协助导演指挥，这就是现场导演。

编辑：非文艺类电视节目的构思设计者，这类节目一般都有真实性和典型性的特点，不能任意虚构。编辑要构思设计，参与摄制，编辑合成，是节目的负责人。

技术导演：负责技术上的各项工作，保证设备正常运行，保证节目的技术质量。演播室制作时，技术导演在导演身旁操纵视频开关，并在技术上给予协助。

切换员：节目制作时，需要在多个信号源的信号中频繁切换。有来自摄像机的信号、有来自素材放像机的信号、有来自字幕机的信号等等，常常需要切换员来操作。简单的节目中，切换员的工作有时由导演或技术导演、助理导演兼任。

视频工程师：监视各个信号源的图像亮度和色彩，进行必要的调整。

音频工程师：布置和选择话筒，负责声音的拾取，调音师负责录音和音响合成。

摄像师：将文字的表述转化为实实在在的画面，即根据节目要求摄取画面，熟练操纵摄像机。正确地选择镜头画面和拍摄角度，是一项重要的创作工作。

灯光师：负责灯光设计、布置和调整灯具、创造节目所需要的意境。

场记：在拍摄现场准确记录摄像工作，每一个镜头都要记录在案。包括拍摄失误的镜头的内容和原因。场记单上记录有镜头顺序号码、次数号码以及所需提示内容，是后期编辑的重要依据。场记是导演的得力助手，凡是与导演有关的活动，都会涉及场记。

美工师：负责布景、大小道具和图表的设计。制片人和导演一开始就应当与美工进行讨论，交代节目构想，由美工据编导意图先行设计草图。

道具师：根据美工设计师的要求制作大小道具。

化装师：负责演艺人员的化装，有时需进行造型的设计及特殊化装，使出镜人员更加符合节目角色的要求。

当然，还有很多制作人员参与节目创作，如录像师、特技制作人员、烟火师、剧务等等，不一一列举，他们同样都是不可缺少的。

(二)素质要求

电视制作技术发展迅速，为适应数字化时代下的新特点和新要求，必须提高电视从业人员的素质。不管哪一种类型的电视节目制作，都是技术性很强的工作，都需要融入艺术性的思维和创作。因此，电视节目制作人员必须熟练掌握各种电视节目制作技术，不断提高综合艺术素养，才能制作出优良的电视节目。

思考与研讨题

1. 简述电视制作技术的发展及特点。
2. 网络化制播系统的构成及流程是什么？
3. 云计算的特点及应用有哪些？
4. 电视节目制作的手段、方式有哪些？
5. 如何策划与制作一部电视节目？
6. 论述电视节目制作技术的重要性。

参考文献：

1. 徐明：《影视制作技术教程》，郑州大学出版社 2013 年版。
2. 刘建福：《电视制作技术》，北京大学出版社 2010 年版。

第二章 图像画面采集

本章重点

1. 摄像机类别
2. 摄像机性能指标
3. 数字摄像机的使用
4. 前期拍摄制作要点
5. 单反视频拍摄相关性能
6. 单反视频拍摄操作步骤

第一节 摄像机的主要性能

一、摄像机的分类

(一)摄像机发展进程

美国安培公司生产了世界上第一台摄像机,当时的摄像机采用电子管作为成像器件。随着技术的不断发展,摄像机也经历了几个阶段。

电子管时期(20 世纪 30 至 40 年代):该时期生产的摄像机采用电子管电路,其成本高,体积大,耗电多,绝大多数为黑白摄像机,图像质量也较差。

晶体管和集成电路时期(20 世纪 60 至 70 年代):由于晶体管和集成电路的发展,光学成像器件在技术上不断提升,摄像机在性能上也有了较大改进,广播级、专业级等多种摄像机不断推出。这一时期彩色摄像机的研制获得了较大成功。

大规模集成电路时期(20 世纪 90 年代初期):大规模集成电路应用到摄像机技术中,使摄像机某些调整和控制技术基本实现全自动化,摄像机的功能和质量产生了巨大飞越,如信噪比、图像清晰度等技术指标得到较大提高。小型、轻便摄像机开始广泛出现在新闻现场,电子管式摄像机开始逐渐被淘汰。

数字时期(20 世纪 90 年代后期):数字摄像机引发了电视节目制作的拍摄变革,各种类型的摄像机各方面性能指标都得到大幅度提升，控制功能更加趋于多样化、自动化、小型化和人性化。摄像机逐渐过渡到高清式摄像机。①

（二）数字摄像机的类别

摄像机种类繁多，用途越来越广泛，可以从多个侧面对其进行分类。

1. 按性能和用途分类

（1）广播级摄像机

广播级摄像机主要用于专业电视制作机构。其拍摄的图像质量最好，色彩、灰度都很逼真。在允许的工作范围内，图像质量变化很小。即便是在工作环境恶劣的情况下，也能拍出比较令人满意的图像，性能稳定，自动化程度高，遥控功能全面，体积稍大，价格也最高。

广播级摄像机可分为小型手持式摄像机、ENG 摄录一体机和 EFP 摄像机三种常见类型。小型手持式摄像机具有电视节目拍摄所需的最常用的功能，体积轻巧，耗电量低，便携性与操控性高，多用于新闻采访和特殊环境下的拍摄。例如，2008 年 5 月 8 日，北京奥运会火炬登顶珠峰的画面和声音就是由小型手持式摄像机摄取的。

ENG 摄录一体机是电视节目制作的主力机型，也是电视台等节目制作机构拥有数量最多的机型。ENG 摄录一体机能够获取最高图像质量，提供全面细致的拍摄功能。当前 ENG 摄录一体机已广泛用于纪录片、专题片、新闻和影视剧的拍摄。

通常 EFP 摄像机不带有信号记录模块，仅提供信号输出，常用于电视演播室及电视转播车，为综艺节目、情景剧、体育比赛、重大事件直播等现场切换提供信号源。

（2）专业级摄像机

专业级摄像机主要用于一般的电视制作部门，如电化教育、闭路电视、各种小型演出机构、中小型电视制作公司等。图像质量低于广播级摄像机，价格便宜、小巧轻便。

（3）家用级摄像机

家用级摄像机主要用于家庭娱乐，如旅游、婚礼、生日聚会等场合，图像质量一般，价格低廉。但它也可以用于电视新闻当中，使用家用级摄像机拍摄的突发事件经常被当作第一手资料播出，在电视节目制作中也占有一席之地。

（4）特殊用途摄像机

特殊用途摄像机是指除了广播电视用摄像机之外，还有工业、医疗、交通、刑侦、通信等行业所使用的摄像机。这类摄像机都要求机体体积小巧轻便，但不同行业对摄像机的要求也不一样，往往需要有比较特殊的功能。如夜晚监视交通情况或银行、商店安全情况的摄像机都具有红外线夜视功能；刑侦监视用摄像机的镜头都很小，便于隐蔽；医疗方面的摄像机对 X 光有高敏感度。这些摄像机所拍摄的画面同样能够应用于电视节目制作。

---

① 徐明：《影视制作技术教程》，郑州大学出版社 2013 年版。

下面详细介绍几种特殊用途的摄像机。

航拍又称空中摄影或航空摄影，是指从空中俯视拍摄。当前，通过远程控制的小型旋翼航拍器被广泛使用。以 Parrot 旗下的 AR Drone 2.0 四螺旋桨飞行器（如图 2-1 所示）为例，它采用 Wi-Fi 连接，可以通过 iPhone 进行控制，GPS 外设可以预先给飞行器设定飞行轨迹，机身前方内嵌高清摄像头分辨率为 1280×720，支持 720p 视频录制，可以满足拍摄者享受空中俯拍视野的需求。

图 2-1　AR Drone 2.0 小型航拍飞行器

极限运动专用摄像机：以 GoPro 相机（如图 2-2 所示）为例，小型、便携、易固定、防水及防震是它的特点。它可以承受运动中的极端环境，达到高清拍摄质量，为用户记录下极限运动中的精彩瞬间。GoPro 相机现已广泛被冲浪、滑雪、跳伞等极限运动团体使用，因而“GoPro”也几乎成为“极限运动专用相机”的代名词。

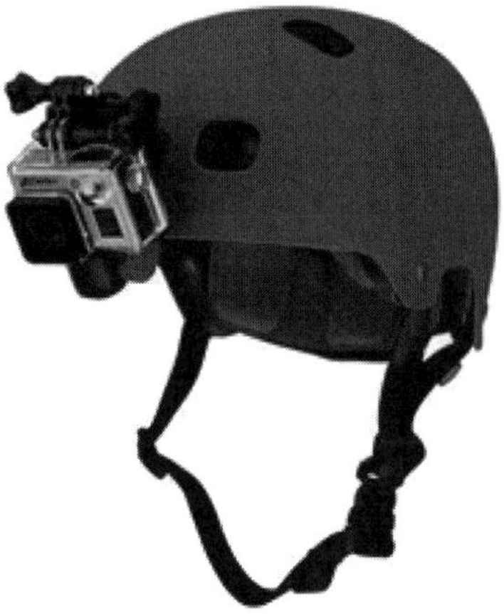

图 2-2　GoPro 极限运动专用相机

行车记录仪（如图 2-3 所示）是汽车的“黑匣子”，汽车发动引擎后即可进入录像状态，始终记录车辆行驶途中的影像及声音。若发生行车意外，可以凭借它所记录的影像保障驾驶人的权益。此外，行车记录仪也可作为 DV、家庭监控或停车监控使用。

监控摄像机（如图 2-4 所示）属于安防类摄像机，广泛应用于银行、交通、平安城市等领域，很多案件的解决都离不开它所提供的视频线索或证据。

摄录望远镜：以索尼的摄录望远镜 DEV-30/DEV-50 为例（如图 2-5 所示），体积小巧并具有防雨防尘功能。其内置双 Exmor R CMOS 影像传感器、双索尼 G 镜头及双 BIONZ 影像处理器，可以在使用望远功能的同时拍摄 1920×1080 分辨率的 3D/2D 高清视频，以及 2D 静态图像。摄录望远镜在观察野生动物、自然景观，观看体育比赛以及刑侦取证等方面均具有实用价值。

图 2-3　行车记录仪

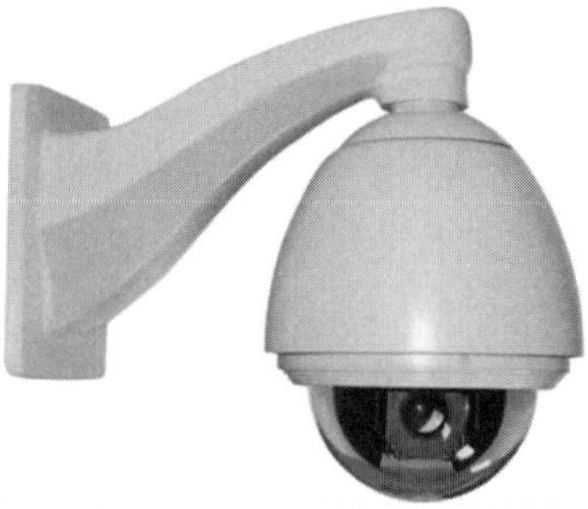

图 2-4　监控摄像头

图 2-5　索尼摄录望远镜 DEV-30

摄像机有时也常以制作方式来区分：演播室（ESP）用摄像机，图像质量最好，清晰度最高，信噪比最大，体积也稍大；现场节目制作（EFP）用摄像机，图像质量等指标略低于演播室用摄像机；电视新闻采集（ENG）用摄像机主要用于外景工作，体积小，重量轻，便于携带，操作简单。

由于摄像机技术的不断发展，高质量、小型化、自动化、数字化等程度不断提高，有些新一代专业级摄像机的性能质量也高于上一代广播级摄像机。

2. 按摄像器件分类

根据摄像器件的种类不同，摄像机可分为固体器件摄像机和摄像管摄像机两大类。

固体器件摄像机的光电转换是由半导体摄像器件完成的，其中广播电视用摄像机是由电荷耦合器件（CCD）构成的。其主要方式有三种：行间转移方式，简称 IT 方式；帧间转移方式，简称 FT 方式；“帧一行”间转移方式，简称 FIT 方式。

摄像管摄像机已经被淘汰。

3. 按摄像器件的数量分类

三片 CCD 摄像机：摄像机采用三个 CCD 芯片，分别产生出红、绿、蓝三个基色电信号，能够得到很高的图像质量，色彩还原好，清晰度与信噪比高，用于广播级和专业级摄像机。

两片 CCD 摄像机：摄像机采用两个 CCD 芯片，图像质量低于三片 CCD 摄像机，价格不便宜，是一种过渡型机种。

单片 CCD 摄像机：摄像机采用一个 CCD 芯片，用特殊的方法产生出红、绿、蓝三个基色电信号，图像质量一般，多用于监视系统及家庭娱乐类摄像机。

4. 按摄像器件的尺寸分类

摄像器件的尺寸大小与图像质量有直接的关系，尺寸大，有效像素数多，图像清晰度也就好，当然体积也大。

5. 按清晰度等级分

标准清晰度摄像机：主要是指现行电视体制下清晰度一般在 250～850 条电视线之间的摄像机。

数字高清晰度电视摄像机：它与标准清晰度摄像机的主要区别在于扫描格式。它的扫描格式有很多种类，包括 1080/50i、1080/60i、1080/50p、1080/60p、720i、720p 等。[①]

6. 一体化摄录机

一体化摄录机是指摄像机和录像单元结合成一体的设备。可分离型摄录一体机中摄像机配以摄像机附加器，可单独作为摄像机用；不可分离型摄录一体机中摄像机与录像单元完全组合成一个整体，不可分离。

一体化摄录机按存储单元类型分类，使用硬盘作记录单元的摄像机称为硬盘摄录机；使用光盘作记录单元的摄像机称为光盘摄录机；使用存储卡作记录单元的摄像机称为卡式摄像机。

此外，还有按适用场所、电视制式、摄像方式等来分类的，这里不一一列举。随着摄像机的发展和性能的不断提高，上述分类方法并非一成不变。

（三）感光单元

感光单元位于镜头与机身的衔接处，是摄像机实现光电转换的关键器件。目前，电视摄像机普遍使用 CCD 或 CMOS 两种感光单元。

根据摄像机中所安装光电转换模块的器件数量，摄像机可分为单 CCD 摄像机、3CCD 摄像机、单 CMOS 摄像机和 3CMOS 摄像机。广播级摄像机通常使用 3CCD 感光单元，安装在 3CCD 前方的高精度分光棱镜可以利用光线的折射、全反射等原理，将光线筛选为红、绿、蓝三种，分别投射至不同方向。3 个独立的 CCD 感光靶面置于红、绿、蓝三束光线的成像面上，将这三束光线转换为 RGB 信号，输出至摄像机的视频处理电路。

在摄像机的光电转换模块中，感光靶面上集成有大量的感光单元。由于制造工艺和

① 杨晓宏：《数字电视节目制作技术》，国防工业出版社 2013 年版。

感光材料上的局限，在特定面积中能够置入互不干扰的感光单元的数量是有限的。感光靶面的尺寸越大，能够置入的感光单元数量就越多(或者每个感光单元面积就越大)，摄像机的成像像素就越高，灵敏度也越高，画面自然就越清晰。因此，大尺寸的感光单元可以为摄像机提供更高的画面清晰度和感光灵敏度，但也会相应增加设备的体积和功耗。

1. CCD

CCD 是 Charge Coupled Device(电荷耦合器件)的缩写，它是一种半导体成像器件(如图 2-6 所示)，具有灵敏度高、抗强光、畸变小、体积小、寿命长、抗震动等优点。

图 2-6 CCD 传感器

CCD 摄像机的工作方式：CCD 根据像素光的强弱积累相应比例的电荷，各个像素积累的电荷在视频时序的控制下，逐点外移，经滤波、放大处理后，形成视频信号输出。CCD 在工作时，上百万个像素感光后会生成上百万个电荷，所有的电荷全部经过一个放大器进行电压转变，形成电子信号。

CCD 在摄像机里是一个极其重要的部件，它将光线转换成电信号，类似于人的眼睛，其性能的好坏将直接影响摄像机的性能。目前，CCD 摄像机中采用的传感器主要有 3 种类型：行间转移式 CCD(IT 式)、帧转移式 CCD(FT 式)、“帧一行间”转移式 CCD(FIT 式)。

2. CMOS

CMOS 是 Complementary Metal Oxide Semiconductor(互补金属氧化物半导体)的缩写，它也是一种半导体成像器件(如图 2-7 所示)，具有低成本、低功耗以及体积更小的特点。

图 2-7 CMOS 传感器

CMOS 摄像机的工作方式：CMOS 在工作时，每个像素点都有一个单独的放大器转换输出，能够在短时间内处理大量数据，输出高清影像。每个 CMOS 都有单独的数据处理能力，大大减小了集成电路的体积，CMOS 工作所需电压比 CCD 低很多，功耗大约只有 CCD 的三分之一。

CMOS 传感器拥有和 CCD 传感器同样的感光度，但速度上比 CCD 传感器要快 10 到 100 倍，非常适用于特殊应用的高清摄像机。CMOS 传感器可以将所有逻辑和控制环都放在同一个硅芯片块上，使摄像机变得简便、易于携带，因此 CMOS 摄像机可以做得非常小。

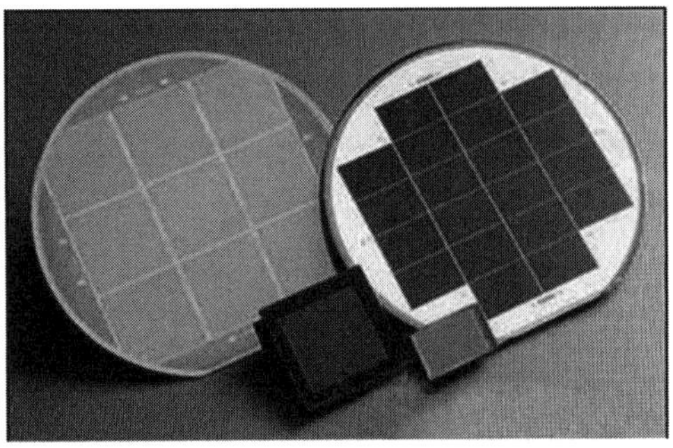

图 2-8　CCD 传感器和 CMOS 传感器

如图 2-8 所示，左边为 CCD 传感器，右边为 CMOS 传感器。

3. CMOS 与 CCD 的比较

CCD 被称为“电荷耦合器件”，它实际上是一个把从成像半导体中出来的电荷有组织地储存起来的方法。

CMOS 被称为“互补金属氧化物半导体”，它实际上是将晶体管安装在硅芯片块上的一种技术。

CCD 与 CMOS 传感器是普遍采用的两种图像传感器，两者都是利用感光二极管进行光电转换，将图像转换为数字数据，二者主要差异是数字数据传送的方式不同。

在 CCD 传感器中，每一个像素的电荷数据都会依次传送到下一个像素中，由最底端部分输出后，再经由传感器边缘的放大器进行放大输出；而在 CMOS 传感器中，每一个像素都会邻接一个放大器及 A/D 转换电路，用类似内存电路的方式将数据输出。

CCD 的特殊工艺可保证数据在传送时不会失真，各个像素的数据可汇聚至边缘后再进行放大处理；CMOS 工艺的数据在传送距离较长时会产生噪声，必须先放大，再整合各个像素的数据。

由于数据传送方式不同，CCD 与 CMOS 传感器在效能与应用上也有诸多差异。

（1）CCD 传感器的噪点会随感光度升高而增加，它更适合在低感光度下进行拍摄，图像质感与锐度均较高，且更加真实。由于 CCD 表面容易形成静电场，因此容易吸附灰尘。CMOS 传感器在低感光度下成像不容易吸附灰尘，非常干净，但色彩饱和度较低，质感与锐度也不如 CCD 器件。目前大多数 CMOS 具备硬件降噪机制，在高感光度下，CMOS 传感器的表现好过 CCD 传感器。

（2）CMOS 传感器转换快速，不需要复杂的处理过程，可以直接把成像半导体产生的电荷转变成电压信号，在短时间内完成大量数据处理，输出高清影像，非常适用于诸如高帧摄像等特殊应用，高帧速度可达到 400 到 2000 帧/秒。

（3）在像素尺寸相同的情况下，CCD 传感器的灵敏度要高于 CMOS 传感器。由于 CCD 器件采用电荷传送数据，一个像素无法运行就会导致数据传送失败，CMOS 则采用一般的集成电路工艺，因此 CCD 传感器的成本通常会高于 CMOS 传感器。

（4）CMOS 相对于 CCD 来说功耗较低，较为省电，运用 CMOS 器件制作的摄像机更趋于“小型化”。随着 CCD 与 CMOS 传感器技术的进步，两者的差异有逐渐缩小的趋势。除了 CCD 光电转换器件外，也有相当数量的新型广播级专业摄像机采用 CMOS 光电转换器件。

二、摄像机的性能

(一)技术指标

数字摄像机常见的技术指标有灵敏度、分解力、信噪比、量化比特数、最低照度、几何失真、色温和灰度特性等。

1. 灵敏度

灵敏度是摄像机的重要技术指标之一，它是指在同一照度下拍摄同一景物得到额定输出时，所用的光圈大小值。通常取照度 2000Lux，色温 3200K，拍摄白反射系统 89.9% 的景物，视频信号输出为 700 毫伏。此时，光圈越小，表示摄像机灵敏度越高；反之，灵敏度越低。

2. 分解力

分解力相当于清晰度，可以用调制度或用在画面上可分辨的电视线数来表示。通常分解力指的是水平分解力。高档摄像机水平分解力都在 800 线以上，有的摄像机采用了像素错位技术，清晰度可达到 850 线以上。

3. 信噪比

信噪比是指视频信号电平(S)与噪声电平(N)之比，实际计算时因噪声的性质不同，计算方法有所不同。摄像机的信噪比越高，表示图像质量越好。不同档次的摄像机，其信噪比也不尽相同。

4. 量化比特数

数字摄像机图像一般都符合 4∶2∶2 的取样规格，量化级可以为 8、10、12、14 比特。比特级越大，产生的量化噪声越小。对于演播室来说，应尽可能选用量化比特级高的摄像机。既能获得较小的量化噪声，又可以获得较高的处理和调整精度。

5. 最低照度

从技术定义上讲，最低照度是在标准的帧比率下，摄像机输出电平为某一幅度时，拍摄标准屏幕所需的屏幕照度，其单位为勒克斯(Lux)。测试条件为：摄像机处于最大增益，光圈最大，反射率 89.9%，色温 3200K，伽玛值 0.45，自动拐点关断等。通常来说，照度越低，摄像机灵敏度越高。

6. 几何失真

几何失真是指重现出来的图像与原图像的几何形状差异，比如桶形、菱形等。目前的 CCD 型摄像机几何失真很小，只有高档专业仪器才能测量出来。

7. 色温

摄像机的色彩重现很大程度上与光线有关。例如，摄像机无法做到如人眼一般可以在一定范围内自动适应外界光源的色温变化。当光源的色温发生变化后，通过摄像机呈现的颜色会有较大差异。当前，所有的广播级专业摄像机的电路都是以 3200K 作为标准色温来设计的。也就是说，对于摄像机，不管外界色温如何变化，自身始终工作在固定色温状态下。当外界光线变化为 3200K 之外的色温时，就需要在到达 CCD 成像靶面之前将入射到镜头的光线色温转化为 3200K，以使摄像机的电路正常处理该信号，实现颜色还原。[①]

8. 灰度特性

自然界的景物具有非常丰富的灰度层次，摄像机并不能绝对真实地重现自然界的灰度层次。要想获得良好的图像灰度特性，就必须调整好摄像机的伽玛特性。一般在室内情况下，图像的最低亮度与最高亮度之比在 1∶20 的范围内是适当的，灰度层次在 11 级左右，可以获得满意的观看效果。如果这个比例太大，长时间观看就容易产生视觉疲劳。

（二）主要性能

数字摄像机具有先进的 12 比特数字信号处理能力，提高了清晰度，扩展了图像细节校正，提供了更灵活的色度控制，增加了更大的曝光信号的控制，具有 16∶9/4∶3 可转换的两种格式。

1. 拐点控制

内部装备自动拐点/拐点孔阑电路，可以获得强光部分没有畸变但有灰度感的画像或宽域的动态范围。传统的拐点处理电路使拍摄物体高亮度区的饱和度降低，而通过拐点饱和度控制可以减少发白的区域，使高亮度区的色调更自然地重现。例如拍摄背景窗外高亮度的画面。

2. 暗部扩展和压缩

图像的黑区对比度可用暗部扩展/压缩控制功能做各种调整。暗部扩展（Black Stretch）加强暗区内的对比度，只提高暗部的视频电平，从而可改善被摄物体黑暗部分低沉色调，有 3 挡可切换。暗部压缩（Black Compress）则加深暗度。

3. 细节控制

自适应细节控制是通过减少高对比度信号的细节信号而不是采用简单的剪切方式，由此可以获得自然的没有"黑斑"效果的图像细节。为了能得到更自然的再现图像，通过细节优化控制，可以不移动扩展信号的峰值频率而减少细节信号的水平细节宽度。

4. 电子柔焦

电子柔焦通过减少原始信号的细节信号使得画面的锐度降低，提供与柔焦滤色片相似的效果。这个功能与肤色细节校正功能配合使用，能够使得粗糙的皮肤变得光滑。

---

① 刘羽、郭艳民：《电视数字摄影艺术与技术》，高等教育出版社 2012 年版。

5.肤色自动光圈

控制光圈对有效区域进行自动检测，皮肤细节调整可以使拍摄对象的脸部肤色令人满意，同时仍保持画面其他部分的清晰度。例如在新闻演播室的应用中，发言人物面部的曝光情况不会因翻动新闻稿而发生变化。

6.参数存储卡

参数存储卡能存储 4 个场景文件和 2 个操作者文件。供操作者使用的文件允许每个操作者进行自己偏爱的操作设置，如文本显示数量、安全区域、中心交叉点和音频设置等。可以将大量的设定参数存储于参数存储卡上，使摄录一体机的现场设置快捷准确。不同摄录一体机的设置可预先在电视台内调整好，并存储在参数存储卡上。当同一个节目需要不同时间来拍摄，或是同一时间需要遥控不同位置的摄像机时，参数存储卡可使多台摄录一体机的设定参数匹配。

7.综合菜单控制

综合菜单控制参数的设定分为两层菜单：用户菜单和工程菜单。用户菜单只能设置用户所需的基本功能，工程菜单则可以设置摄录一体机的所有参数。菜单可显示在摄录一体机的寻像器上，或通过视频输出显示在屏幕上。摄录一体机有专用旋钮开关设定控制系统的操作。

8.电气色温滤色片

电气色温滤色片通过电路控制，在保证灵敏度不出现下降的前提下，进行色温转换。由于滤色片与自动白平衡相联动，所以可简单地进行操作。不仅适合从正午到黄昏的拍摄，而且在高色温的照明下，也能用最合适的条件去摄像。为了增加拍摄时的灵活性，滤色片还提供特殊的光滑转变方法。当选择这一方式并手动转换成增益或白平衡设定时，光滑转变发挥作用，色彩或光线强度无明显跳跃。

9.自动跟踪白平衡(ATW)

通过自动跟踪白平衡(ATW)功能可快速地进行白色跟踪，以满足需求，提高了白平衡调节的精确度。

10.伽玛曲线可选

提供多种伽玛曲线类型，可连续调整伽玛值，提高色彩还原性并可重现难以还原的高对比度图像，尤其是黑伽玛功能增加了对画面低亮度区伽玛特性曲线斜率的选择。

11.多种格式的记录

扫描模式可以在 1920×1080、1280×720 和 1440×1080 分辨率之间切换。帧速率可以选择隔行扫描和逐行扫描(59.94i、50i、29.97P、25P 和固有的 23.98P)。在 1280×720 模式下还可以选择 59.94P 和 50P 逐行扫描记录。存储卡可以同时保存多个这些记录格式的文件。

12. 新型非线性记录介质

使用存储卡，摄像机能够提供非线性功能，例如直接随机存取基于文件的操作。配备两个存储卡的插槽，在一块卡转换到另一块卡的记录时，不会发生帧丢失，可以完成无缝切换。由于是在存储卡上完成图像记录，可以随时进入记录状态，摄像机操作人员不用担心会覆盖以前拍摄好的图像，也无须搜索整个影片确定开始下一个图像记录的正确位置，因为新的图像记录是在存储卡的空白区域上开始的。

第二节　摄像机的操作使用

一、摄像机镜头及附件

(一)镜头各功能部件

摄像机的镜头主要分为定焦镜头和变焦镜头两种。通常定焦镜头比较小巧轻便，不具备画面推拉的功能，只能通过改变摄像机机位来控制构图及景别。相比之下，变焦镜头的视场角可以连续调节，拍摄固定镜头时，不需要改变摄像机的机位就可以控制画面景别；在拍摄运动镜头时，变焦镜头可以方便地实现画面推拉。因此，广播级摄像机上变焦镜头的使用更为普及。以 HDC-1580R 为例，图 2-9 为镜头部件，图 2-10 为手柄部件。

图 2-9　镜头部件

图 2-10　手柄部件

①聚焦环

②变焦环

③光圈环

④左边是 FOCUS(聚焦)开关；右边是 ZOOM(变焦)模式切换开关

⑤MACRO(微距)开关

⑥REC START(开始/停止记录)

⑦电动变焦杆

⑧IRIS(光圈)手动或自动模式切换开关

(二)镜头操作要点

1.聚焦功能

准确聚焦是确保拍摄清晰画面的基础。聚焦的一般方法为:将景物画面推成特写,转动聚焦环,使图像清楚(即透镜聚焦在被摄主体上),然后拉成所需要的景别进行拍摄。如此聚焦,景深范围大(其他条件不变的情况下),便于一般拍摄。

光学镜头能把景物空间中一定范围的物体在像平面上形成清晰的图像,这个范围所对应的纵深距离称为景深。从聚焦点 A 到最近清晰点的清晰范围称前景深,从聚焦点 A 到最远清晰点的清晰范围称后景深,后景深大于前景深,二者之和称为全景深。

景深的范围是可以调节的,拍摄要求不同,对景深的需要也不同。如突出主体、虚化背景,可采用景深小的状态来拍摄。景深范围的大小与下列因素有关,如图 2-11 所示:

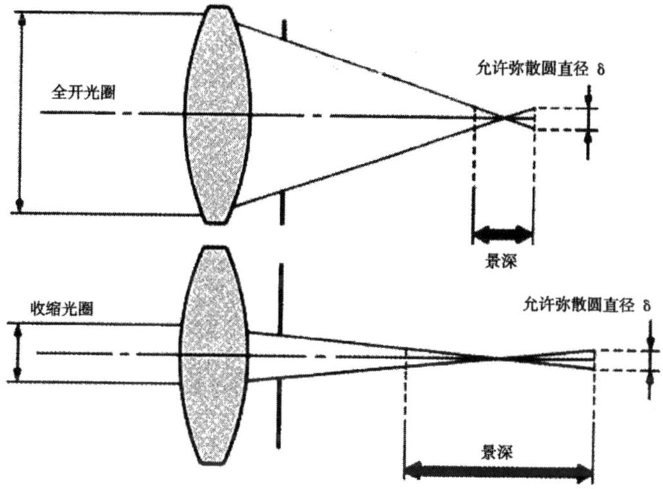

图 2-11　光圈景深示意图

(1)与镜头的焦距长短有关

当摄像机物距固定,光圈大小相同时,镜头焦距越短,景深范围越大,镜头焦距越长,景深范围越小。

(2)与光圈的大小有关

当镜头焦距相同,物距固定时,光圈越小,景深范围越大,光圈越大,景深范围越小。

(3)与物距长短有关

当镜头焦距相同,光圈大小相同时,物距越长,景深范围越人,物距越短,景深范围越小。

充分利用景深的特性,能够增强透视感,达到不同的艺术效果。

跟焦,即不断根据被摄主体的移动而随时调整焦距,使焦点始终聚在被摄主体上,保持被摄主体清晰。当摄像机和被摄主体分别单独运动或者两者同时运动时,它们之间的距离改变了，在原有景深状态下，不能保证画面清晰，这时应该使用跟焦手段。跟焦的规律需要在实践中摸索，熟能生巧。

在拍摄中，还可以运用移焦，以获得所需效果。移焦是指使画面中的焦点从一个被摄主体移至另一个被摄主体。通常，两个被摄主体距摄像机一远一近，分别位于画面的前景和背景中。通过焦点的改变，两个物体分别完成虚实转换的过程，使观众的视线在屏幕上产生转移。

由于自动聚焦功能在很多情况下无法使用，例如以下情况：被摄物体照度过暗、对比度不分明、没有垂直线条的画面、远近物体同时在检测范围之内、由远到近连续移动的物体、具有等距的很细条纹状物体的画面等。所以，专业级以上的摄像机一般不具备自动聚焦功能。

2. 变焦功能

变焦镜头具备在一定范围内连续变化焦距而成像位置不变的性能，在拍摄中对景物画面取景的大小可相应地连续变化，即景别可从大到小、从小到大连续变化。

变焦倍数即镜头的最长焦距与最短焦距之比。常用的倍数有 14 倍、18 倍、24 倍以及更大的倍数，某些镜头上有扩展镜，可以扩大镜头的变焦倍数，常用“2×”表示，如附加在变焦倍数为 14 倍的变焦镜头上，则其变焦数就被扩展为 2×14＝28 倍。因为焦距延长一倍，曝光量就会有所下降，要想保持原照度，必须相应地加大光圈。

长焦距镜头（窄角）视角小于 20°，放大倍率大、景深小，主体物周围很小区域清楚，前景、背景均模糊。其透视效果为：前景物体、背景物体看上去大小差别不明显，它们之间的距离似乎缩短了，物体间显得拥挤；对于物体的运动，视觉上感到比真实的要慢。由于空间深度被压缩使人难以判断真实距离及被摄主体的位置。

长焦距镜头适用于拍摄远距离局部放大画面，拍摄对背景、环境要求不高的特写，所摄局部细节清晰，可以造成虚实效果，以突出主体，表现压缩、拥挤的效果。如果所拍摄的画面上有空气层让人感到空气流动感和空间感，这是因为镜头离拍摄景物远，空气层较厚的缘故。

长焦距镜头不宜用手持肩扛拍摄，因为摄像机的抖动会被放大，而且对调焦的要求也高，所以应尽可能地采用三脚架等支撑物协助拍摄。

中焦距（标准）镜头视角为 24°左右，放大倍数中等，景深范围中等，只是最前面、最后面会模糊。其透视效果为：正常的透视感，与眼睛直接看的效果几乎是一样的，不具备各种夸张效果。

短焦距（广角）镜头视角大于 30°，放大倍率小，景深范围大，画面中的内容几乎全部是清晰的。其透视效果为：前景物体显得比背景物体大得多；空间距离显得比实际大，夸张了透视感、纵深感。物体与摄像机的运动显得比真实的要快；当被摄主体太接近镜头时，会变形失真，虽然某些部分被强调了，但看上去不自然。

短焦距镜头图像抖动率小，适用于摄像机运动拍摄。

变焦镜头的控制方式有电动控制、手动控制两种。电动变焦的最大好处是镜头变化均匀，在镜头一侧的手柄内，有一微型无级变速马达，用一个跷跷板式的开关控制马达运转。按下标有 T 的一头，镜头焦距变长，按下标有 W 的一头，镜头焦距变短。手按的压力轻重可以在一定范围内改变马达速率，如图 2-12 所示。

手动控制常常用于急推或急拉效果，可以营造出特殊的画面节奏和氛围，如图 2-13 所示。

图 2-12　电动变焦杆

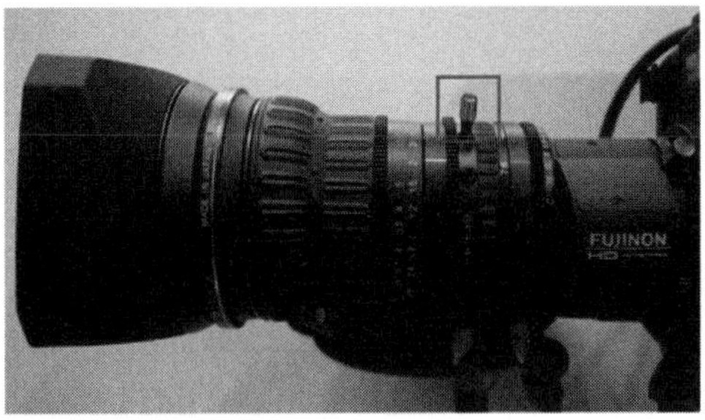

图 2-13　手动变焦杆

通常，即便完全按下摄像机的变焦伺服拨杆，也难以获得较快的镜头变焦速度。因此，要想实现镜头急推或急拉的效果，通常需要借助手动变焦：镜头对准被摄主体，变焦至最长焦端；调整聚焦环，清晰聚焦；将 ZOOM 开关置于 M 挡；拨动变焦环控制杆，确定起幅画面的构图，开始拍摄；快速拨动变焦控制杆，直至获得落幅画面的构图，完成变焦操作。

3. 光圈

镜头的光圈是一个由许多互相重叠的金属片组成的开度可调的圆形光阑，能在很大范围内变化镜头的有效孔径，控制镜头的透光能力。

光圈变化在图像上能改变图像的亮度、景深，如光圈大时景深小。对于亮度高的图像要减小光圈，对于亮度低的图像要加大光圈，使图像层次丰富，以体现细节，如图2-14 所示。

(1) 自动光圈调节法：根据被摄物体的亮度自动调节光圈，这是一般摄像时使用的模式，具体操作方法为：将光圈选择开关设定于 A 挡位处即可，如图 2-15 所示。

图 2-14　光圈调节位置

图 2-15　自动光圈调节

(2)手动光圈调节法：根据具体情况加以应用，如特殊效果拍摄时，或当拍摄人物、背景为非常明亮的天空时。当拍摄对比度极强的物体时，将光圈选择开关设定于 M 挡位处，根据需要调节光圈环，从光圈上所标的 F 数来识别光圈的大小，如图 2-16 所示。

(3)暂时自动调节法：当处于手动光圈调节模式时，本功能可以临时进入自动调节。在光圈选择开关处于 M 挡位处时，持续按暂时自动光圈调节按钮，光圈处于自动调节状态，手一松即回到手动光圈状态，并锁定于松手时的光圈值，如图 2-17 所示。

图 2-16　手动光圈调节

图 2-17　暂时自动调节

在自动光圈下，可以选择标准电平，使摄像机能够应付更广范围的选择。它有三种设定方式：标准、逆光和聚光灯，如图2-18所示。

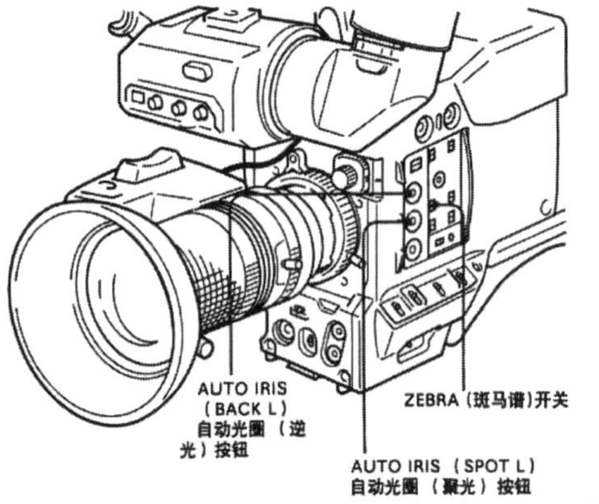

图 2-18　自动光圈模式

- 标准方式即处于标准光线条件状态。
- 逆光方式以图像电平的平均值作为调整自动光圈的基准。当被摄物体处于逆光情况下，如果用标准自动光圈系统拍摄，物体就会显得很暗。采用逆光方式，就为该物体选择了适当的光圈。在自动光圈调节模式状态下，按 AUTO IRIS(Back L)即“自动光圈(逆光)”按钮，指示灯点亮即可。
- 聚光灯方式用于聚光灯的场面，这时峰值电平被作为调整自动光圈的基准。若用标准自动光圈系统拍摄，物体则会显得太亮。在自动光圈调节模式状态下，按 AUTO IRIS(SPOT L)即“自动光圈(逆光)”按钮，指示灯点亮即可。

在手动光圈调节模式状态下，为了使用斑马纹作为光圈调节时的参考标准，将斑马纹开关置于 ON。在寻像器屏幕上，那些明暗度相当于 65%至 75%录像输出水平的部分将附有斑马纹。当拍摄对象是人物时，手动调节光圈，使斑马纹显示在人物面部的光亮部分；当拍摄其他景物时，手动调节光圈，使斑马纹显示在景物最重要的部分。通过“菜单”的设定，斑马纹也可以显示在录像输出水平超过 100%的录像部分。

为了使摄像机正常工作，自动光圈根据景物亮度的变化自动调节镜头光圈的大小，以保持适当的进光量，得到规定的输出信号值，保证画面的正确曝光。自动光圈在拍摄中有很多优点，但是由于它反映的是整个画面的平均亮度，所以在很多情况下会产生不良效果。例如，被摄体在大面积明亮或暗淡的背景前，就会明显造成主体物的曝光不足或过度。遇到诸如此类的情况，必须采用手动光圈。常用的方法是先用自动光圈状态测定光圈值，然后调至手动光圈状态，根据景物亮度分布和主体物的亮度进行修正，按修正后的光圈值进行拍摄。

如果人物站在窗户前，背景是室外自然光，两者的亮度间距一般非常大。在不加辅助光进行补光时，拍摄中如以人脸亮度为曝光的依据，人物在画面中就会成剪影效果。这时可以采用折中的办法，将部分高亮度和低亮度都舍去一些，确保中间各部分的景物亮度影调丰富，达到创作意图。只要实现创作者想要的画面效果，就可以认为曝光是正确的。

4. 法兰焦距调节

法兰焦距又称后焦距、背焦距或基面焦距，用 Ff 表示。正确调校法兰焦距可以让镜头在整个变焦范围内始终保持清晰成像于 CCD 感光靶面上。错误的法兰焦距会导致镜头在变焦时发生明显的焦点漂移。在日常使用中，一旦法兰焦距经过准确调校，则无需在每次拍摄时都重新调整。但是如果遇到以下情况，就必须重新调节法兰焦距：

摄像机初次安装镜头，或摄像机更换镜头后，必须重新调整法兰焦距。通常情况下，新安装镜头的成像位置均不能与摄像机 CCD 感光靶面吻合，所以需要调校法兰焦距，使之吻合。

拍摄的环境温度发生较大变化后，必须重新调整法兰焦距，以消除热胀冷缩对法兰焦距的影响。例如，将具有正确法兰焦距的摄像机从寒带携至热带或温带拍摄，必须重新调整法兰焦距；在昼夜温差较大的地区拍摄时，日景和夜景拍摄可能需要使用不同的法兰焦距。

在剧烈颠簸的环境下使用摄像机后，如骑马拍摄、越野车上拍摄、放置于铁轨上拍摄火车经过等镜头后，可根据具体情况判断是否需要重新调整法兰焦距。如果不慎发生摄像机跌落，则必须重新调整镜头的法兰焦距。

西门子星式测试卡，也称法兰焦距测试卡或后焦距测试卡，是专门用于调校法兰焦距和测试镜头成像特性的工具。如果在野外环境中调校，或未携带该测试卡，也可借助具有锐利细节或具有清晰轮廓的景物代替。如图 2-19 所示，调整法兰焦距的具体步骤如下：

(1)将光圈选择开关设定于 M 挡位；

(2)将光圈环调到 f/1.8(完全打开)，这是为了获得尽可能浅的景深，以便观察聚焦情况；

(3)将法兰焦距调节测试卡置于约 3 米处，然后调节照明，以便能获得在光圈 f/1.8 时合适的录像输出水平；

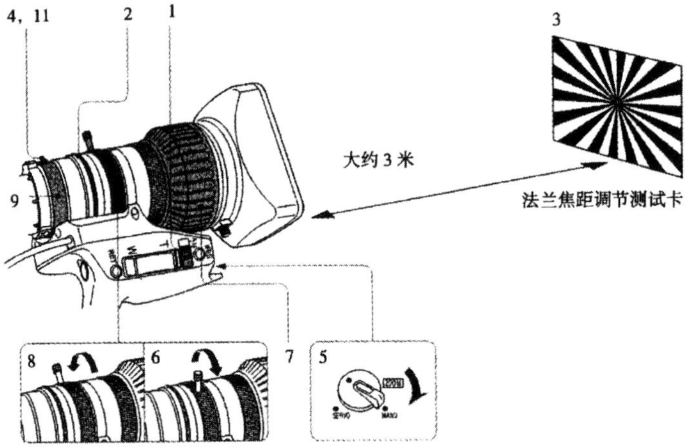

图 2-19 法兰焦距调整步骤示意图

(4)放松 Ff 固定螺钉；

(5)将 ZOOM(变焦)选择开关置于 M 挡位；

(6)将手动变焦控制按钮移到长焦镜头处；

(7)调节聚焦环，使镜头聚焦于测试卡上；

(8)将手动变焦控制移到广角镜头处；

(9)转动 Ff 调节环，使镜头聚焦于测试卡上使测试卡清晰成像，此时切勿移动聚焦环；

(10)重复步骤 6 至 9 的操作，直至测试卡的图像在长焦镜头和广角镜头上都能清晰成像，即镜头在广角和长焦之间变焦的过程中，焦点不发生改变；

(11)调节完成后，拧紧 Ff 固定螺钉。

5. 微距拍摄

所有变焦镜头的聚焦范围都是有限的。当被摄主体与镜头过于接近，如拍摄昆虫、花朵、硬币、珠宝、照片、报纸、杂志等较小物件，需要摄像机必须接近拍摄时，清晰聚焦将无法直接实现。这时，必须启用微距拍摄功能，以实现清晰聚焦，得到理想画面。

微距拍摄的具体步骤，如图 2-20所示：

(1)将镜头逐渐靠近拍摄对象直到达到所希望的尺寸；

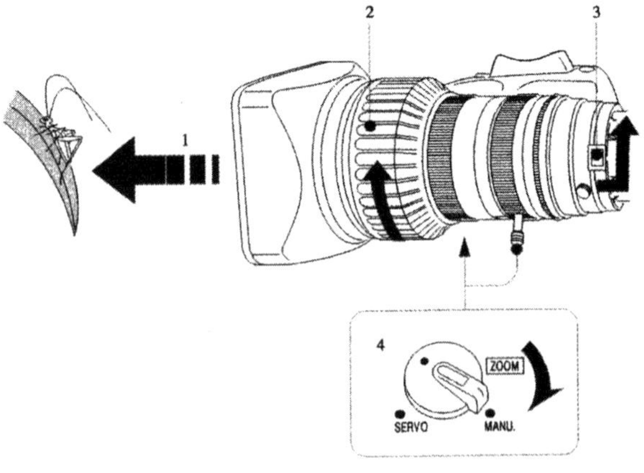

图 2-20 微距拍摄调节步骤示意图

(2)调节聚焦环把焦点调到最近处；

(3)将 MARCO 钮按下滑向摄像机本体的后方，同时把 MARCO 环调到底；

(4)将 ZOOM(变焦)选择开关调节到 M 挡位，调节手动变焦环聚焦成像。如果想缩小拍摄对象的尺寸，需先将 MARCO 环轻轻调回，然后再调节手动变焦环聚焦成像。

微距拍摄完后，务必将 MACRO 环及 MACRO 开关调至关闭位置，否则摄像机在变焦镜头正常聚焦范围内拍摄时，会出现无法聚焦的现象。

(三)摄像机主要附件

1. 寻像器

寻像器可用来取景以及检查图像质量和摄像机的工作状态，以进行正确的调整和操作。

寻像器大多是一块黑白监视器，也有的摄像机配有彩色寻像器。所用黑白显像管尺寸，对于演播用摄像机来说有 3 英寸和 5 英寸两种，如图 2-21 所示，便携式摄像机则一般为 1.5 英寸，如图 2-22 所示。

图 2-21　5 英寸寻像器

图 2-22　1.5 英寸寻像器

记录和重放时在寻像器里不仅能看到黑白图像，而且能看见相关的操作状态和设置、斑马纹、标志(安全框标志、中心标志)等警告和信息。

PEAKING(峰值)控制键用于调节寻像器里图像轮廓以便于聚焦，这个调节不影响摄像机的输出信号。

CONTRAST(对比度)控制键用于调节寻像器屏幕的对比度。这个调节不影响摄像机的输出信号。

BRIGHT(亮度)控制键用于调节寻像器屏幕的亮度。这个调节不影响摄像机的输出信号。

ZEBRA(斑马纹)开关控制用于在寻像器里显示斑马纹。“ON”表示显示斑马纹，

“OFF”表示不显示斑马纹。

屈光度控制旋钮用于将寻像器屏幕里的图像调整为最清晰，以适合操作者眼睛的屈光度。

寻像器显示纵横比标志将“宽高标记”设置为“ON”后，将在屏幕区域插入纵横比标志。通过“宽高选择”从 4∶3、13∶9、14∶9 和 15∶9 中选择标志的宽度，如图 2-23 所示。

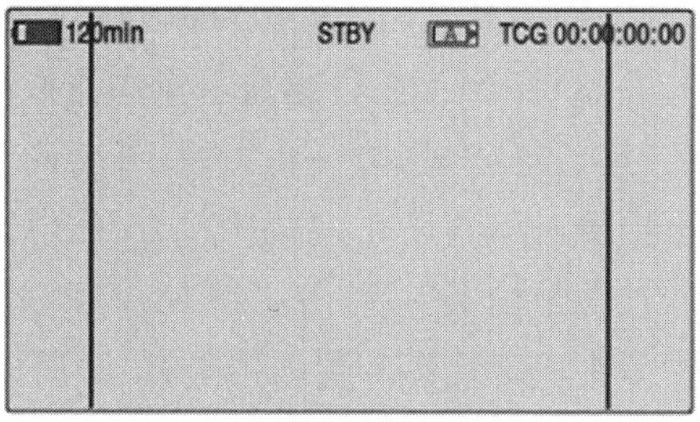

图 2-23 寻像器显示纵横比标志

寻像器可显示多项设置菜单。

2. 话筒

广播级摄像机使用的话筒通常是附加的外接话筒，可以任意装卸，只有极少数固定在机头部位。话筒分为动圈话筒和电容话筒。ENG 摄像机使用的一般是电容话筒，其灵敏度高，噪声小，音色柔和，如图 2-24 左图所示（即①）。话筒接口一般采用 XLR 三芯插头，俗称卡农头或公母头，采用平衡连接方式，抗干扰能力强，如图 2-24 右图所示（即②处）。

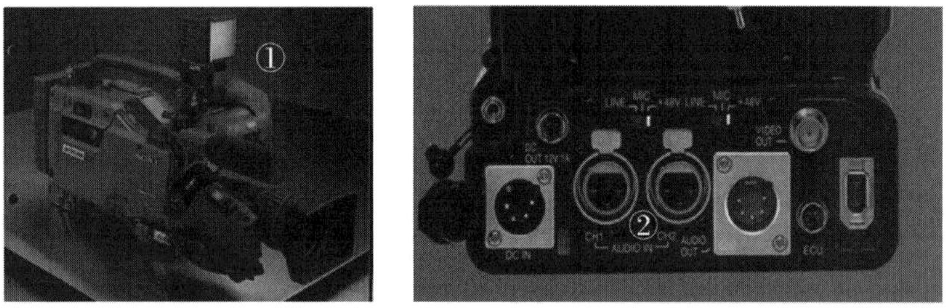

图 2-24 话筒

3. 可充电电池

目前摄像机普遍采用镍铬或锂离子可充电电池，是现代高性能电池的代表，如图 2-25 所示。这种电池容量大，寿命长，电压一般为 12V。电池要防止过度放电和过度充电，不然会导致功能退化。如果长期不用，应当每月给电池充一次电。

图 2-25 可充电电池

4. 附加镜头

附加镜头主要是指为满足各种特殊拍摄需要而安装在变焦距镜头上的各类光学器件,有附加广角镜头、附加长焦镜头、特效镜头等。附加广角镜头又称鱼眼镜头,它可以产生圆形影像,使被摄主体呈现出较畸形的形态,一般用在狭小场景中。附加长焦镜头多用于无法靠近被摄主体的场合,比如在拍摄一些危险的野生动物时。通过特效镜头拍摄可以给电视画面增添各类特殊效果,比如星光、彩虹、柔光等等。

二、摄像机的调整操作

(一)摄像机操作步骤

基本操作步骤如下:

(1)首先要给摄像机通电,如果使用的是蓄电池,应保证电池电量充足。

(2)打开电源开关,电源指示灯亮。

(3)摄像机的存储介质不同,如果是磁带,则打开磁带仓门,将盒式磁带放入,并关上带仓门。如果是使用半导体存储卡、硬盘或光盘,则应将存储卡、硬盘或光盘分别放入磁卡插槽、硬盘驱动器或光盘驱动器中,并确保存储介质有足够的存储空间。

(4)打开镜头盖,通过寻像器观察被摄主体,根据被摄主体所处的光线条件,设置滤光片,调整白平衡,将增益设置在正常位置,通过调节光圈来获取适当的光通量。

(5)打开外接话筒开关。

(6)合理构图,进行正确的变焦、聚焦等操作。

(7)按下录制按钮开始录制,再次按下录制按钮则停止本次录制。

(8)拍摄完毕后,取出磁带或其他存储介质,关闭光圈和镜头盖,断开电源。

(二)摄像机基本调节

1. 白平衡的调节

(1)为什么要调节白平衡

色温是用来描述光源的,但是,色温仅用于描述光源的光辐射特性,并非描述物体的颜色;色温表示的是光源的颜色成分,而非光源的实际温度。色温是摄像机色彩重现的关键因素。发光体色温变化后,它的光谱也随之变化。

人眼可以适应光线的变化,因此,无论光谱如何变化,白色的物体在人眼看来都是白色的,但是,摄像机就必须通过调整才能使白色视频信号及所有色度信号始终保持一致。

摄像机本身不能适应发光体光谱特性的变化,必须通过调整视频电平来保持一致,否则就不能保持颜色的一致性。例如,拍摄一个纯白色物体,分量视频信号的红、绿、蓝三路信号的比率为 1∶1∶1,这个比率在各种灯光下都应该保持一致。但是,每一个发光体的光谱特性是不同的,同样,白色物体的反射光和分光棱镜透射光也会根据光线的变

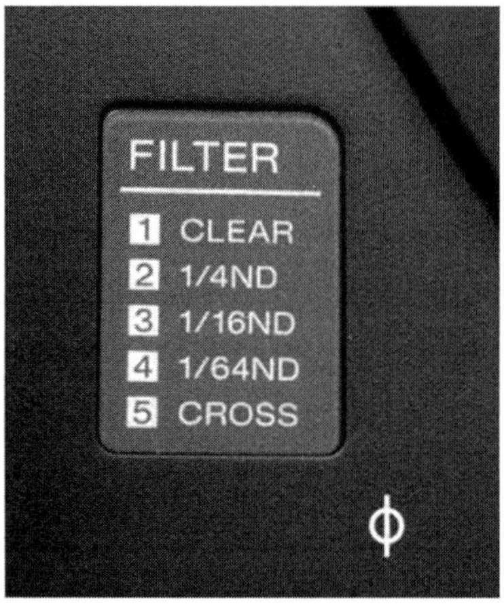

图 2-26 灰度滤色片挡位

化而变化。

由于视频信号是通过将光解析为三基色取得的，输出的三基色信号电压幅度不仅与被摄物体的色度和亮度有关，而且与照射物体的光谱功率特性有关。当拍摄一个色温为 3200K 的白色物体时，从蓝色 CCD 输出的信号非常小，从红色 CCD 输出的信号非常大，而对于一个 5600K 的发光体，这种比例关系恰恰相反。在这两种情况下，为了使再现的白色中 R、G、B 比例保持 1∶1∶1，在 CCD 的信号输出端需要进行电子调整。在后一种(5600K)情况下，蓝色 CCD 输出的视频信号电平调节率应小于 1，而红色 CCD 输出的视频信号电平调节率大于 1，使得红、绿、蓝信号相等，再现的白色物体也具有相同的光谱特性。这种调整我们称为“调节白平衡”。简单地说，调节白平衡就是根据不同的发光状况分别调整三个 CCD 输出的视频电平，使红、绿、蓝三路信号电平保持 1∶1∶1，正确重现白色，保证画面色彩正确还原。

(2)如何调节白平衡

为了应对各种亮度下的拍摄，广播级摄像机均配备了灰度滤色片。HDC 1580R 摄像机上各挡灰度滤色片如图 2-26 所示，其应用环境如表 2-1、表 2-2、表 2-3 所示。

表 2-1 挡位与环境对应表

挡位	ND	拍摄条件
1	CLEAR	透明，无任何滤光效果。光照不充分或多云、阴雨、雾霾等天气；演播室或室内拍摄。
2	1/4ND	光线充足的环境，如较亮的阳光下、晴天等。
3	1/16ND	在上午或下午的阳光下。
4	1/64ND	光线强烈的环境，如高海拔地区，或雪景、海景等存在明显反光的场景。
5	CROSS	十字星效果。

表 2-2 日光色温情况表

时间及气象条件	色温(K)
日出与日落	2000～3200
阴天	6800～7500
烟雾	8000
蓝天	10000～20000
中午	5400
一般白天	6500

表 2-3　灯光色温情况表

时间及气候条件	色温(K)
低色温摄影专用灯(摄影棚、演播室等)	3200～3400
高色温摄影专用灯(外景)	5500
闪光灯	6000
家用钨丝灯	2800
烛火或篝火	1900
日光灯	3000～4800

色温的调节

所有的彩色摄像机都是在一定的色温条件下使用的，为了使摄像机可以满足其他拍摄条件，在分光棱镜系统前设置了一系列可选择的色温转换滤色片，这些滤色片的功能是将光线色温的光谱特性校正到摄像机的操作色温，大约为 3200K。例如，我们拍摄一个环境色温为 5600K 的物体时，应该使用一块 5600K 的 CC 滤色片将入射光的频谱校正到 3200K，如图 2-27 所示。

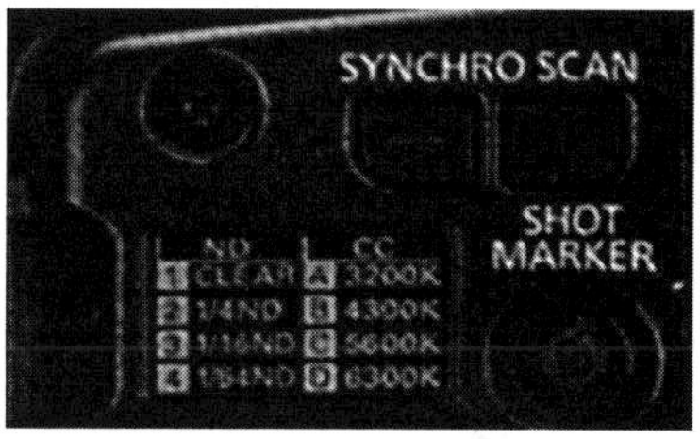

图 2-27　色温调节

通过 CC/ND FILTER(色温校正/中性密度滤色片)旋钮，可以正确选择适当照度的滤色片。

在室外拍摄时，摄像机经常要对准高亮度物体，有些情况下，即使光圈开到最小，也不能处理高光区。为解决这个问题，带有 CC 滤色片的分光棱镜系统前设置了一组可选择的 ND 滤色片，这些 ND 滤色片可以减少光的入射量以处理高亮度区域的信号，它并不改变入射光的色温。ND 滤色片的另一作用是可以获得较大的光圈，因为景深与光圈的关系，摄像师可以使用适当的 ND 滤色片获取更大的景深，使得前、后景物都能聚焦清晰。

广播级摄像机(以 DVW-700P 为例)的滤色片如表 2-4、表 2-5、表 2-6 所示。

表 2-4　DVW-700P 的 CC 滤色片

类型	色温(K)
A	十字星效果
B	3200
C	4300
D	6300

表 2-5　DVW-700P 的 ND 滤色片

类型	色温(K)
1	无阻光
2	1/4ND
3	1/16ND
4	1/64ND

表 2-6 DVW-700P 的滤色片匹配

类型	CC 滤色片	ND 滤色片
日出、日落或室内	B	1
晴天	C,D	2,3
阴天或雨天	D	1,2
非常亮的环境,雪景或海边	C,D	3,4

专业级摄像机的滤色片如表 2-7 所示。

表 2-7 滤色片的情况

旋钮的滤色片设置		适合的拍摄环境	
滤色片旋钮设置	说明	滤色片	拍摄条件
1	3200K	1	日出、日落、室内
2	5600K+1/4ND	2	晴朗的室外
3	5600K	3	多云或有雨的室外
4	600K+1/16ND	4	雪景、高山、海岸或其他明亮的场景

白平衡的调整

- 按以下所示设置开关

MENU SET/OFF:OFF,WHITE BAL:A 或 B,OUTPUT:CAM,GAIN:设置可能的最小增益值。

如果 GAIN 和 WHITE BAL 开关设置改变,在寻像器屏幕上设置改变信息的显示位置将显示新的设置信息,并持续大约 3 秒。

- 根据照明条件选择滤色片旋钮设置

如果 FILTER 旋钮设置改变,在寻像器屏幕上设置改变信息显示位置将出现新的设置信息,并持续 3 秒钟。

图 2-28 白平衡按钮位置

- 调整白平衡开关

扳动白平衡调节开关 WHITE,如图 2-28 所示,屏幕显示“WHITE BAL:OP”;2~3 秒后,屏幕显示“WHITE BAL:OK”,白平衡调节完毕。

- 当不能调整白平衡时,一个错误信息将显示在寻像器屏幕上

有关白平衡调整的错误信息显示如表 2-8 所示。

表 2-8　白平衡调整错误信息显示

错误信息	含义	处理
COLOUR TEMP. HIGH	彩色度太高	选择合适的滤色片
COLOUR TEMP. LOW	彩色度太低	选择合适的滤色片
LOW LIGHT	照明不够	提高照度或增益
LEVEL OVER	光照太强	降低照度或增益

根据以上的错误信息，进行相应的处理，再试着调整白平衡。如果在多次尝试之后，仍然显示错误信息，则需技术人员处理。

当设置菜单显示在寻像器屏幕上时，不能调整白平衡，应将 MENU SET/OFF 开关设为 OFF。

● 白平衡值的存储

根据前面的设定选择，此调整数值将自动存入存储器 A 或 B 中。需要存储不同照明条件下的白平衡调整值时，重复进行上述过程。使用时可在存储器 A 或 B 中存入不同的白平衡值。

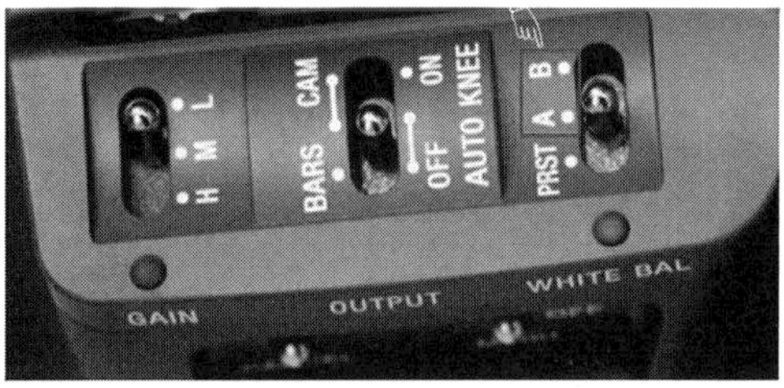

图 2-29　A 和 B 存储开关

两个独立的存储器 A 和 B 中分别存入白平衡值，即使是在摄像机已关闭电源的情况下，只需将 WHITE BAL（白平衡）开关转向 A 或 B，就可自动得到存储的白平衡值。这一功能使得在两种不同照明条件下进行的摄制变得容易，如图 2-29 所示。

在通常情况下，A 和 B 的白平衡值可以用作全部滤色片的设定值，通过调节“AWB MEN”菜单，使四个滤色片的设定值与 A 或 B 的白平衡值对应。

在开始摄制之前，应将 WHITE BAL（白平衡）开关设置在 A 或 B 位置。这一过程将自动地把摄像机设定到对应的存储器储存的白平衡值。

● 使用预置白平衡设定值

为便于以比较准确的调整值即时开始拍摄，某些机型能提供两个白平衡设定的预置值。在某些特殊的拍摄条件下，预置值可能会比调整值的效果更好。

将 WHITE BAL（白平衡）开关设定在 PRESET（预置）上，设定 FILTER（滤色片）控制。例如，当 FILTER 控制设定在位置 1 或 2 时，白平衡自动调节到 3200K；当 FILTER 控制设定在位置 3 或 4 时，白平衡自动调节到 5600K。

● ATW（白平衡自动跟踪）功能

ATW 功能通过不断地对白平衡进行调整，自动跟踪照明条件的变化。

按下 ATW 按钮使指示灯点亮，启动 ATW 功能，同时，ATW 指示也将出现在寻像器屏幕上。取消 ATW 功能时，可再次按下 ATW 按钮。ATW 功能不能正常工作时，寻像器屏幕上会出现一个告警信息。

受拍摄条件的影响,自动调节不一定能给出最佳效果。为了取得尽可能好的效果,应利用 WHITE BAL(白平衡)开关调节白平衡。

如何进行色调的处理呢?可以利用白平衡调节时使用的白卡片来影响红、绿、蓝三原色的合成比例。由于白卡片所给出的基准白是摄像机确定红、绿、蓝三信号比例的依据,各种色温的光源,无论怎么偏色,都可以在白卡片上表现出来,如 3200K 色温光源偏红,照在白卡片上也偏红。调节白平衡,就是适当增加绿和蓝的合成比例,以此混合比例应用于 3200K 色温光源下的拍摄,就会修正偏色,白色不偏红了,其他色彩则正确还原。显然,白平衡确定的红、绿、蓝合成比例,正是加强了白色卡片上偏色的补色。根据这一特点,如果按正常情况调白平衡,摄像机拍摄的画面将会偏色,它必须偏向白卡片上所偏色的补色。

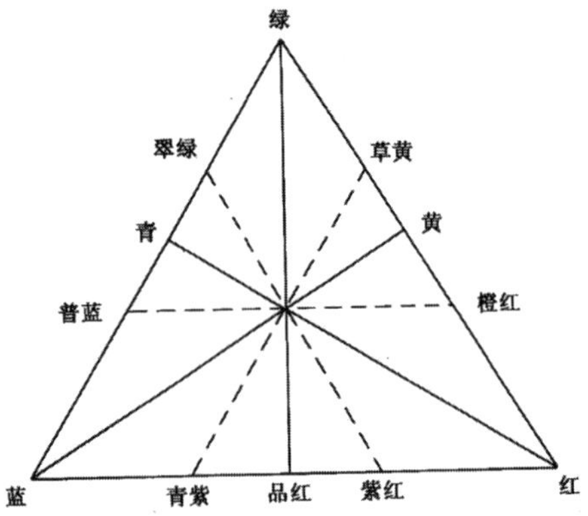

图 2-30 色彩的排列关系

如果希望拍摄偏红的暖色调画面,那么可以将调白平衡的白卡片上调入少许的补色——青色。如果想得到一个偏蓝的冷色调画面,那么可以使用偏黄的白卡片调白平衡。根据这个规律,只要了解了所有色彩的排列关系,如图 2-30 所示,即可进行画面色调的控制。

2. 黑平衡调节

黑平衡是指让 R、G、B 三路电信号正确到达零基准位置,从而使摄像机获得准确的黑色还原。黑平衡的正确调节对于摄像机的最佳拍摄也是十分重要的。当初次使用摄像机,或者长时间未使用以及遇上突然的温度变化时,都需要进行调整。

黑平衡调整值存储至存储器后,在关掉摄像机电源后或仅仅是照明条件发生改变的情况下无须重新进行黑平衡调整。

在实际使用中,黑平衡并不需要频繁设定。一旦摄像机经过黑平衡校正,即可在工作状态未发生改变的情况下一直沿用该设定。在以下情况下必须重新设定黑平衡:第一次使用本机;长时期没有使用,再次使用本机;在环境温度改变很大的条件下使用本机;增益选择值发生改变。

黑平衡的调节步骤如下:

- 开关设置:MENU SET/OFF:OFF,OUTPUT:CAM。
- 按 AUTO W/B BAL 开关到 ABB 一侧。放松开关。开关回到中间,黑平衡进行自动调整。
- 在调整中,镜头光圈自动置于“CLOSE”位置。
- 几秒钟后调整完成,调整值自动储存于存储器中,如图 2-31 所示。

3. 电子快门调整

摄像机在拍摄快速运动的物体时，例如赛跑、跳水、球赛等场面，图像易模糊。这是因为在一场扫描时间内，物体光像在感光面上会有明显的位移。此时，光像在感光单元上电荷积累的位置变化将使图像中运动物体的边缘变得模糊不清，运动物体的清晰度变差，即动态清晰度较低，而电子快门可以提高动态的清晰度。

图 2-31　黑平衡按钮位置

当使用电子快门功能时，我们可以拍摄到高速运动物体的清晰画面，但设定的电子快门速度越快，CCD 所能接受的光量就越少，所需的光圈就越大。另外，使用连续电子快门功能我们还可以拍摄出清晰、无水平噪波带的计算机显示器、电影银幕、投影屏幕等。

常见电子快门的快门模式和选择的快门速度如表 2-9 所示。

表 2-9　常见电子快门的快门模式和选择的快门速度

模式	快门速度	应用
STANDARD	1/60，1/120，1/250，1/500，1/1000 和 1/2000 秒	用来拍摄快速移动的物体，得到清晰的图像
SYNCHRO SCAN	436 级(29.9Hz～252Hz)	用 25Hz 或更大的垂直扫描频率来减少监视器上的垂直条纹

电子快门模式/速度的设置通过 SHUTTER 开关设置，在 SYNCHRO SCAN 模式时，快门速度能在设置菜单的 SYNCHRO SCAN 页预先设置，也能用 UP 和 DOWN 键设置快门速度。多次按 SHUTTER 开关到 SEL 一侧，直到出现需要的模式或速度，如图 2-32 所示。

快门的速度设定得越快，图像就会变得越暗。应查看寻像器屏幕的亮度，如果需要的话，可以增加照明或调整光圈。

关于设定清晰扫描功能的注意事项：因为计算机屏幕的垂直扫描频率多种多样，可能无法完全清除干扰图形。

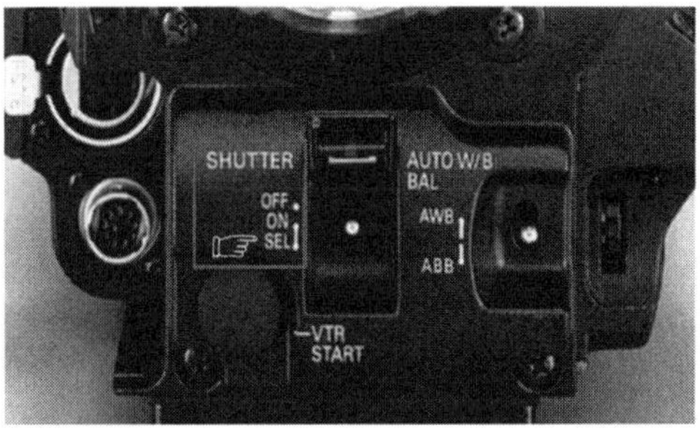

图 2-32　电子快门开关位置

4. 增益控制

增益(GAIN)是指摄像机电路对图像信号的放大。当拍摄环境的光照强度有限时，即使将光圈开到最大，仍无法得到亮度足够的图像，这时就可以使用增益控制来提升画面的亮度。

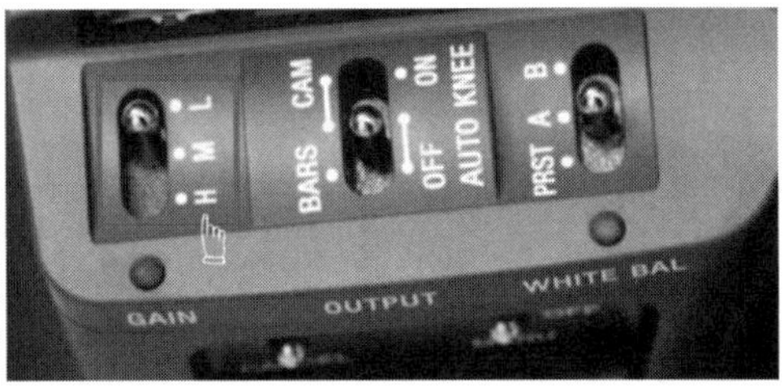

图 2-33　GAIN 增益选择

广播级摄像机的 GAIN 增益选择开关有三个挡位，分别为 L、M、H，如图 2-33 所示。

在增益挡位初始设置状态下，L 挡位增益值为 0dB，M 挡位增益值为 6dB，H 挡位增益值为 12dB。在菜单中，可供选择的挡位一般有 - 6 dB、- 3 dB、0 dB、3 dB、6 dB、9 dB、12 dB、24 dB、36 dB、48 dB、64 dB 等。

手持式摄录一体机一般 GAIN 增益选择开关的默认值为 L(0 dB)、M(9 dB)、H(18 dB)，当使用设定菜单中的增益菜单时，可在 - 3 dB 至 18 dB 的范围内更改各挡位的数值。

增益数值越小，图像信号放大倍数越低，图像信号电平越低，画面越暗淡，信号信噪比越高。光照充足时，应尽量使用 0 dB，以确保图像质量。如果光照不足，应优先使用一切办法尽量提高拍摄现场的亮度，若无法实现，则尽可能开大光圈。当光圈已开至最大，但画面亮度仍然达不到期望时，就需要提高摄像机的增益。

5. 其他调整

对于硬盘摄像机、光盘摄像机和存储卡摄像机还有一些较新的使用功能，如间隔记录、帧记录、慢动作 & 快动作功能等。

(1)间隔记录

间隔记录功能可以按照预先定义的间隔，间断性记录信号，按照指定间隔自动记录指定数量的帧，如图 2-34 和图 2-35 所示。

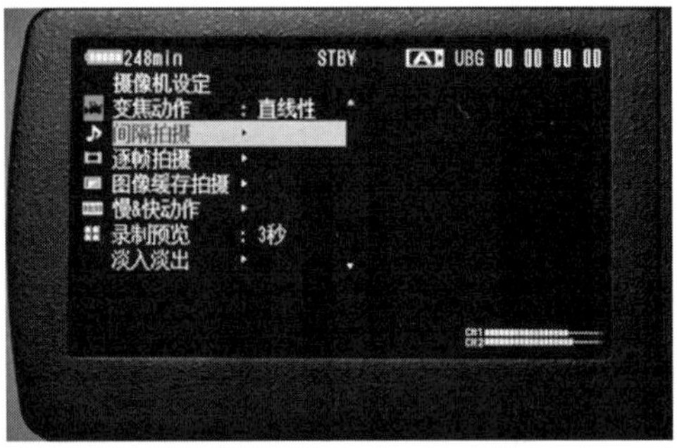

图 2-34　间隔记录功能

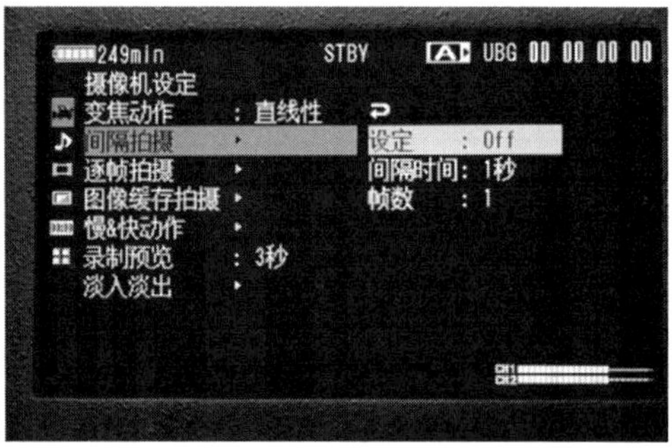

图 2-35　间隔记录设置

间隔记录(时间不连续记录)功能对于拍摄移动非常缓慢的物体特别有效，比如，种子发芽的过程能够得到具有极快动作特效的图像，比如，日出日落和云彩快速移动的效果。在间隔记录中不执行音频记录。

使用间隔记录功能时，要将摄像机固定在三脚架或类似设备上，最好使用遥控器控制录制，而不是摄像机的 REC START/STOP 按钮，以防止抖动影响画面的录制。

不能同时将间隔记录与帧记录或慢动作 & 快动作同时设置为“ON”。将间隔记录设置为“ON”时，帧记录和慢动作 & 快动作会被强制设置为“OFF”。

选择摄像机设定菜单的“间隔拍摄”，将“设定”设置为“ON”，摄像机进入间隔记录模式。当屏幕上的特殊记录模式指示处于活动状态时，屏幕上闪烁“Interval Rec”，通过“间隔时间”设置记录间隔时间，通过滚动显示从 1 到 10/15/20/30/40/50 秒、1 到 10/15/20/30/40/50 分钟和 1 到 4/6/12/24 小时中选择时间，通过“帧数”设置每次记录的帧数。按一下 REC START/STOP 按钮，开始间隔记录，屏幕上闪烁的“Interval Rec”常亮。

在间隔记录进行中，无法更改“间隔时间”和“帧数”设置。要更改这些设置，需要暂停记录。时间码是以 Rec Run 模式进行记录的。

要取消间隔记录，将摄像机设定菜单中“间隔拍摄”的设定设置为“OFF”。当电源开关关闭时，间隔记录设置自动返回到“OFF”状态，“间隔时间”和“帧数”设置会被保留。

以 PMW-EX1 为例，执行间隔记录操作时，步骤如下：

- 选择 CAMERA SET 菜单中的“Interval Rec”；
- 将“Setting”设置为“On”；
- 通过“Interval Time”设置间隔时间，可以从 1 到 10/15/20/30/40/50 秒、1 到 10/15/20/30/40/50 分钟和 1 到 4/6/12/24 小时中选择时间；
- 通过“Number of Frames”设置每次记录的帧数，比如可以从 1/3/6/9 帧中选择；当视频格式为 720/60P 或 720/50P 时，可以从 2/6/12 帧中选择；
- 按下 REC START/STOP 按钮，开始间隔记录。

(2)帧记录

帧记录多用于定格动画的制作。定格动画是一种使物体对象(如木偶或泥塑)呈现出活动影像的特效。这个对象在两个单独的镜头帧之间“移动”或“重建”，当这些帧按顺序连续播放时，就出现了目标对象在移动的假象。如图 2-36 和图 2-37 所示。

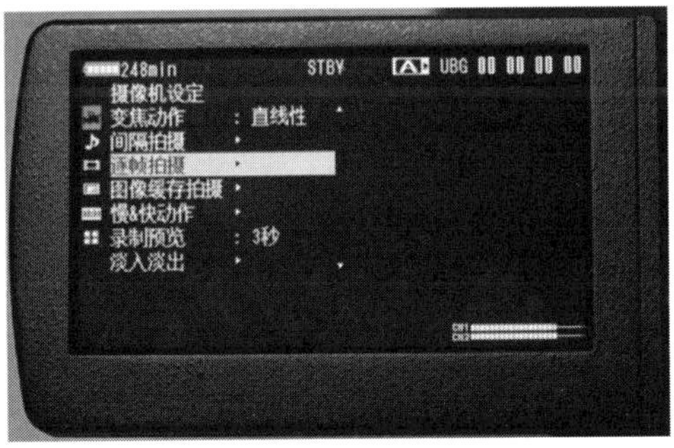

图 2-36　帧记录功能

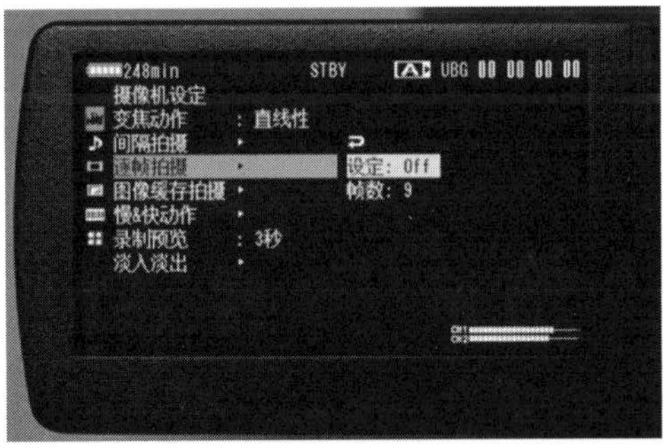

图 2-37　帧记录设置

以 PMW-EX1 为例，执行帧记录功能时，步骤如下：

- 将 PMW-EX1 设为摄像机模式，按下“MENU(菜单)”按钮；
- 使用搜索轮或操纵杆选择“OTHERS”，然后再选择视频格式；
- 选择“摄像机设定”，随后选择“逐帧拍摄”；
- 将设定设为“On”，然后从 1/3/6/9 中设置帧数量；视频格式设为 SP 1080/60i 或

SP 1080/50i、LINK I/O 关闭，或视频格式为 SP 1080/24P 时均无法进行帧记录拍摄；视频格式设为 HQ 720/50P 或 HQ 720/60P 时，帧数量可设为 2/6/12；

- 按下 REC START/STOP 按钮，开始记录。

(3)慢动作 & 快动作功能

慢动作 & 快动作功能可以拍摄出慢/快动作图像的特效或创建独特的“视觉效果”。相比慢速或快速播放以正常速度记录的画面素材，以不同的帧速率进行记录的形式可以获得更平滑的慢动作或快动作效果。如图 2-38 与图 2-39 所示。

选择 HQ 逐行扫描(P)视频格式时，可以将记录的帧速率设置为与播放不同。例如，视频格式为 HQ720/24P，以 1 到 23fps 之间的帧速率记录，可以在播放时实现快动作效果，以 25 到 60fps 之间的帧速率记录可以在播放时实现慢动作效果。

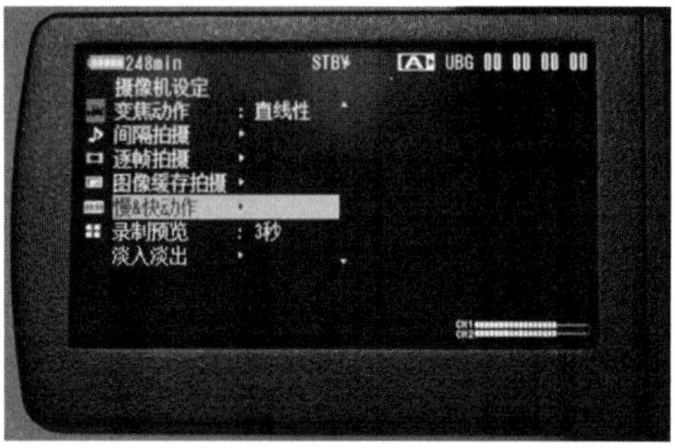

图 2-38　慢动作 & 快动作功能

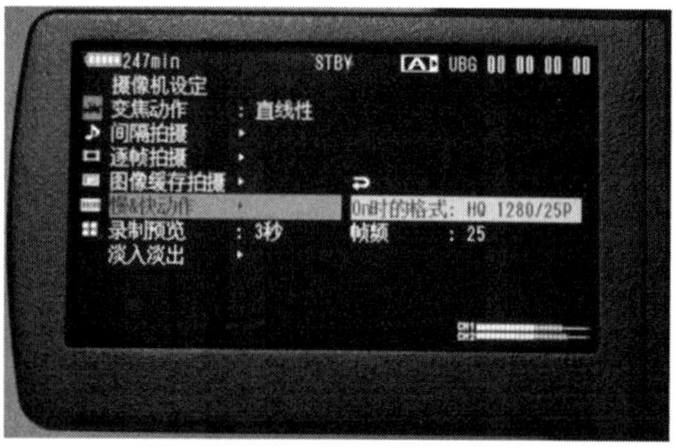

图 2-39　慢动作 & 快动作功能设置

不能把慢动作 & 快动作与间隔记录或帧记录同时使用。使用慢动作 & 快动作时，间隔记录和帧记录会被强制设置为“OFF”。如果记录帧速率设置为不同于播放帧速率的值时，不记录音频。

将慢动作 & 快动作拨盘按住超过 1 秒的时间，摄像机进入慢动作 & 快动作待机状态，屏幕上的特殊记录模式指示显示“S&Q Motion”并在下面显示[Recording frame rate]/[Playback frame rate]。转动慢动作 & 快动作拨盘设置用于记录的帧速率，设置范围根据当前视频格式而有所不同，对于 1080 格式：1 到 30fps；对于 720 格式：1 到 60fps。按下 REC START/STOP 按钮，开始慢动作 & 快动作记录；再按下 REC START/STOP 按钮，慢动作 & 快动作记录停止。以低帧速率记录时，按 REC START/STOP 按钮后，需要经过一段时间才停止记录。

正在进行慢动作 & 快动作记录时，不能更改帧速率设置。如要更改设置，要暂停记录。在慢动作 & 快动作记录期间，时间码是以 Rec Run 模式记录的。

取消慢动作 & 快动作模式，按一下慢动作 & 快动作拨盘。当电源开关关闭时，慢动作 & 快动作功能设置自动返回到“OFF”状态，而帧速率设置会被保留。

以 PMW-EX1 为例，执行慢动作 & 快动作记录时，步骤如下：

- 从 CAMERA SET 菜单中选择“S&Q Motion”，如图 2-40 所示；
- 将“Setting”设置为“On”；
- 使用“Frame Rate”选择用于记录的帧速率，设置范围根据当前视频格式而有所不同，对于 1080 格式是 1 到 30fps，对于 720 格式是 1 到 60fps；
- 退出菜单，按下 REC START/STOP 按钮，开始慢动作 & 快动作记录。

图 2-40　S&Q Motion 钮

三、摄像机辅助设备

便携式摄像机可以肩扛或手持，但要想长时间保持稳定比较困难，特别是在移动过程中，镜头通常会摇晃。为此，需要一些辅助设备来保持摄像机的稳定。

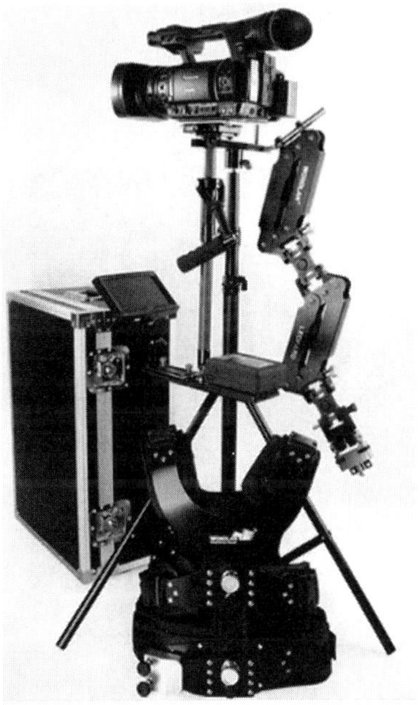
图 2-41　斯坦尼康

（一）斯坦尼康

斯坦尼康（Steadicam）是摄像机的稳定器，由美国人 Garrett Brown 发明，能够减少拍摄时不必要的晃动感。斯坦尼康具有极强的灵活性和便利性，更利于长镜头的拍摄，可以适应山地、台阶等复杂环境，如图 2-41 所示。

重型摄像机和摄录一体机采用大型斯坦尼康，大型斯坦尼康由摄像机承重背心、减震力臂、稳定平衡杆等组成；小型摄像机则采用手持斯坦尼康。斯坦尼康的出现大大拓展了摄像师的视角和创作手法。

斯坦尼康的使用对摄像师提出了更高的要求，包括走路姿势、呼吸、手臂弯曲程度等等，这些都是需要经过长期练习的。

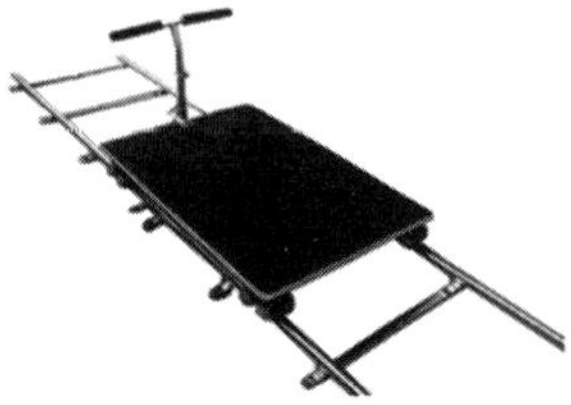
图 2-42　轨道

（二）轨道

摄像轨道又称移动车，常用于运动摄像。它由两个部分组成，一是带有四个橡皮轮和扶手的小推车，二是或直或弯的轨道，每节两米。摄像师在小推车上面操作摄像机，配有相关人员负责推车，这样就可以进行运动拍摄了。为了提高轨道的平稳度，一般的移动轨道车都安装有 8 个胶皮轮，如图 2-42 所示。

随着电视节目制作要求的提高，轨道拍摄系统机器人在拍摄中得到了广泛应用。轨道拍摄系统机器人适用于众多的节目种类，它将摇臂功能和机器人结合，使摄像师能以更多角度和速度拍摄画面。例如在2012年西班牙甲级联赛巴塞罗那主场的一场足球赛中，K2轨道拍摄系统机器人的轨道设置在球门后面，进行特殊视角的进球拍摄，使画面更具冲击力。

（三）摇臂

摇臂是摄像机承托设备，如图2-43所示，在电视剧、电影、广告等作品的创作中经常会使用这种大型器材。常见的摇臂由臂体、电控云台、伺服系统、中控箱和液晶监视器组成。摇臂可以一人操作，也可以两人相互配合操作。摇臂的操作非一日之功，需要有扎实的功底和一定的经验。在电视节目拍摄过程中，摇臂的应用越来越多，既丰富了画面的造型语言，也加强了画面的动态感和空间感。图2-44所示为摇臂＋摄像机，图2-45所示为摇臂＋配重。

图2-43　摇臂

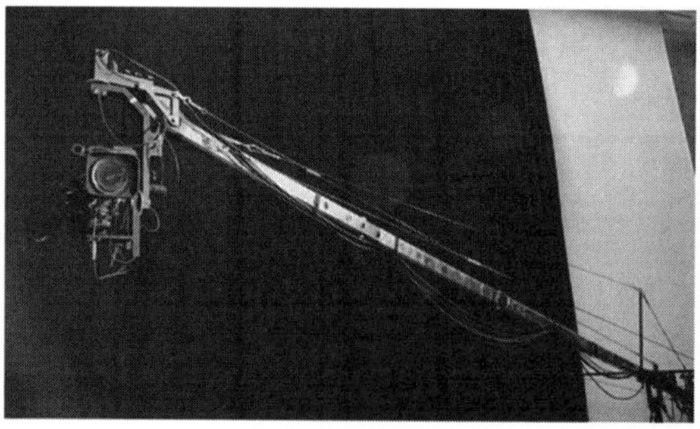

图2-44　摇臂＋摄像机

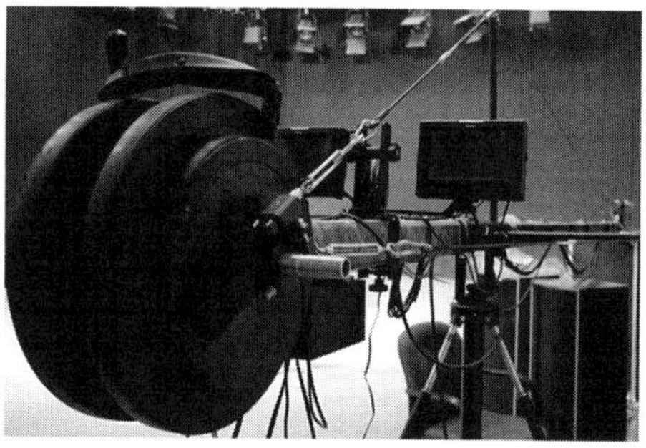

图2-45　摇臂＋配重

（四）三脚架

三脚架（如图2-46所示）的主要作用就是稳定摄像机，以便更好地达到某种拍摄效果，如夜景拍摄、微距拍摄等。三脚架，顾名思义是由三个支架构成的，其上面是装有水平仪的云台。通过旋转螺丝调整支架的伸缩，使气泡停在水平仪中心，如图2-47所示，这样即使地面不平时也可以保持摄像机的水平。云台可以实现四面转动，以保证摄像机可以获得更广的拍摄角度。如果想让摄像机固定，需将连接云台与托板的螺丝完全拧死。有些三脚架还配有脚轮，可以方便移动。图2-48为演播室用三脚架。

图 2-46　三脚架

图 2-47　气泡在水平仪中心

图 2-48　演播室用三脚架

（五）升降车

升降车可以将摄像机从低处提升至高处，并且能做前后左右或弧形运动，升降车的操作一般需要助手。

（六）悬臂

悬臂是一种反向平衡的摄像机支架，主要用于外景拍摄，可以将其固定在门框、椅子或车窗上。比如，在足球赛中悬臂可以悬挂在球门柱上，对进球画面进行清晰、生动的拍摄。

第三节　前期拍摄要点

一、画面拍摄基本要点

（一）电视构图的影响因素

影响电视构图的因素是多种多样的，如镜头的运动性，前后镜头是否连贯、是否符合轴线规律等等。

电视摄像是一种时间段落艺术，是以镜头为单位进行叙事表意的。在拍摄一个镜头时，特别要注意起幅画面和落幅画面的构图，充分考虑主体陪体的位置、前后景的关系、光线照明、运动方向等，严格遵循构图艺术规律。

电视作品中各镜头画面不是孤立的，除了要注意镜头内部，还要注意上下镜头是否能够顺畅组接，以保证观众观赏和解读电视作品的恰当性，如人物位置、画面角度、景别、被摄体动作、光线等都要对应和连贯。

轴线规律是指在电视摄像中，各分切机位要保持在轴线同一侧一百八十度范围内进行拍摄(机位至多可以设置在轴线上,而不可越过轴线拍摄)。[①] 轴线规律也是电视构图需要考虑的一个重要因素,这样才不会出现镜头内部空间方位的错乱和运动方向感的错乱。

在拍摄电视镜头时,常常要“听着声音拍画面”,被摄人物的声音与环境音对于拍摄对象的选取、镜头运动方式及画面构图等都有直接影响。

随着高清技术的发展,影响电视摄影构图的因素也在不断变化。如目前 16∶9 的画幅也使已经惯用的东西发生了一系列变化,如摄像机机位、主持人站位等等。这些都对电视拍摄提出了新的思考与挑战。

(二)画面常用表现手法

1. 固定镜头构图

关于平衡。平衡与否和构图本身并没有正确与错误之分,关键看是否有助于整体创作。画面中的物体如果是平衡的,整个构图就显得稳固、坚实,但有可能会显得呆板、缺乏深度;如果是不平衡的,往往在视觉上富有动感、比较生动而有张力。如在电影《国王的演讲》中,男主人公坐在沙发一角,占到画幅的六分之一,显示出孤僻的性格与紧张的情绪。

关于画面稳定。构图中要注意画面的稳定,即画面上景物的水平线要水平,垂直线要垂直。倾斜镜头可能会使观众感到惊惶不安。另外,画面影调上的均衡也是稳定的一种表现。

屏幕内外的空间。可以通过被摄主体的出入画突破画面边框对空间的限制,增加观众的想象空间。

留白。在画面主体四周留有一定的空白,能使主体醒目、突出。画面上下左右不留一点空白的话,容易给人拥塞窒息的感觉。

三分法。作为一种古老的构图法则,三分法通过两条竖线和两条横线形成“井”字形状等分画面。其中右侧两个交叉点被认为是视觉的重点位置,在取景时有意识地将画面主体安排在视觉重点位置可以吸引观众视线。

纵深感。营造固定镜头纵深感的方法很多,如层次分明的前景、中景、背景或者不平衡构图、明显的对角线构图等,都能够增强固定镜头的纵深感。

此外,还要考虑背景、色调、线条、光线造型与空间造型等方面的因素。

2. 运动摄影

运动摄影主要是指在改变摄像机镜头焦距、光轴、机位的同时所进行的拍摄,主要方式有推、拉、摇、移、跟、升降、旋转、甩等。[②]

推拉镜头。推拉镜头指的是将摄影机变焦镜头伸长或缩短,从而使得被摄对象在镜头下发生变化的方式。推拉镜头可以把行动中的人物和景物交织在一起,产生强烈的动

---

①② 刘羽,郭艳民:《电视数字摄影艺术与技术》,高等教育出版社 2012 年版。

态效果。使用推拉手法拍摄时,不同的被摄主体、推拉节奏和场景也会产生不同的效果。在拍摄推拉镜头时,应尽量保持匀速,做到缓推缓拉,尽量让观众察觉不到摄像机的运动。当拍摄急推或急拉镜头时,也尽量做到匀速。

摇镜头。摇镜头一般用在交代性的场面中,带领观众了解环境。摇镜头分为平摇镜头和俯仰摇镜头。它具有明确的起幅、运动过程和落幅,拍摄时有很强的针对性和目的性,拍摄过程中可以配合镜头推拉来增强运动感。需要注意的是起幅和落幅要稳当,过程要均匀,这样才能将画面叙述语言体现出来。

移动镜头。移动镜头是将摄像机放置在一个运动摄像辅助设备(如轨道)上前后移动拍摄画面,随着辅助设备的移动,摄像机也随之运动。手持摄像或斯坦尼康也可以达到移动镜头的拍摄要求。① 如横摇和横移是不同的,前者只是将摄像机从左转向右,而后者则需要三脚架与摄像机同时移动,或者摄像机在移动轨道上进行前后移动拍摄,给人的感觉是跟着被摄景物运动,能够体现出较强的参与感。在横移的过程中,背景也始终保持平行。

跟镜头。跟镜头又称跟摄,是指摄像机跟随运动的被摄对象进行拍摄的方法。跟镜头始终与被摄对象保持较为同步的运动状态,可以造成连贯流畅的效果,一般在人物拍摄中用于展现人物的精神面貌,可以表现行动中的被摄主体的动作表情,还可以交代其运动速度、方向、与环境的关系等等。跟镜头能够完整地记录被摄对象的变化及其与环境之间的关系变化,具有极强的纪实性,因此跟镜头作为叙述性镜头是非常合适的。

根据被摄主体运动方式的不同,摄像机也会有不同的跟镜头拍摄方式:前跟、后跟和侧跟。对于跟镜头拍摄的要求是,被摄主体在跟镜头中一定要明确,且摄像机与其保持一致的运动关系,从而使得被摄主体在画面中看起来相对稳定。跟镜头拍摄时,焦点会发生移动,因此要一边跟拍,一边修正聚焦与构图,使其保持美感。要特别注意步伐的控制,尽量选择在平坦的地面上进行,不能出现过度的晃动和颠簸。跟镜头常常使用广角镜头进行拍摄,通过镜头物距的改变可以代替焦距的变化,这样既可避免虚焦,又增加了画面的变化。

升降镜头。摄像机借助升降设备做上下运动进行画面拍摄,常用的升降设备包括摇臂、升降车、直升机、热气球等,这是一种可以从多视点表现场景的手法。借用这些设备摄像机可以从不同高度和角度拍摄画面,如有垂直升降、弧形升降和不规则升降等等。升降镜头有利于表现高大的物体、有纵深感的空间或者是恢宏的场景。升降镜头如果在速度节奏方面运用得当,可以表达出不同的情调。

此外,电子快门、升降格拍摄都会影响画面的效果。不论摄像机如何运动,或以多少种方式在运动,都必须要符合被摄主体自身的运动轨迹和方向,使摄像机运动与被摄主体运动相匹配。

---

① 刘羽,郭艳民:《电视数字摄影艺术与技术》,高等教育出版社 2012 年版。

二、摄像机拍摄注意事项

(一)摄像基本要领

1. 稳

电视画面不稳、镜头晃动会影响画面内容的表达,破坏观众的欣赏情绪,使眼睛疲劳。利用三脚架是减轻画面晃动的有效办法之一。在情况允许时,应尽量利用三脚架,充分利用各种支撑物,如身边的树、电线杆、墙壁等等。

持机姿势很重要,应面对被摄体,两脚自然分开与肩同宽,身体挺直站立,重心落在两脚中间。右肩扛着摄像机,右手握住手柄,左手握住聚焦环,眼睛贴在寻像器上,四个支撑点把牢摄像机。拍摄运动镜头时,如横摇镜头,身体扭向侧面从起幅开始,逐渐转动身体回到正面,直至落幅,身体状态应该从不舒服的位置转到舒服的位置,这样就不会导致镜头越来越不稳的现象。

拍摄镜头时,应尽量屏住呼吸,如画面较长时,应采用腹式呼吸,胸部不动,呼吸匀而浅,不能做大幅度的深呼吸。

如果可能的话,尽量用广角镜头拍摄。移动拍摄时,步伐最为重要,双膝应略弯曲,脚与地面平行,擦地移动。

2. 平

"平"指所摄画面中的地平线一定要平。寻像器中看到的景物图形应横平竖直,可以寻像器的边框为准来衡量。画面中的水平线与寻像器的横边平行,垂直线与寻像器的竖边平行。如果线条歪斜了,将会使观众产生某些错觉。

摄像时确保画面中地平线平的关键是放好三脚架,利用三脚架上水平仪的气泡将三脚架调平,调整云台的位置或者三条腿的长度,使气泡水平仪的小气泡正好处于中心位置点上。如果肩扛摄像机,以寻像器的边框作调整。

3. 准

"准"一般指落幅要准。当某个技巧性镜头(如推)结束时,落幅画面中镜头的焦点、构图应该是正好的。任何落幅之后的构图修正都会明显地在画面中表现出来,而且落幅后还在修正构图会给观众造成一种模棱两可的印象。

"准"在摄像中是较难掌握的,如推镜头和摇镜头,画面中的构图在不断变化,为了保持构图平衡,常常结合两种技巧,在最适当的时机,推和摇同时结束,落幅应当是最佳构图。要达到"准",必须加强基本功训练。一旦操作失误,只要条件允许,就应当毫不犹豫地重新来一次。

拍摄中"准"还有其他一些意思:正确地重现彩色,白平衡调整要正确;聚焦要准确;光圈调整要准确等等。

4. 匀

"匀"指运动镜头的速率要匀,不能忽快忽慢,无论推、拉、摇、移还是其他技巧,都应当匀速进行。镜头的起、落幅应缓慢，不能太快，中间必须是匀速的。

(二)拍摄注意事项

第一，暂停状态不宜过长。暂停状态是指录像机的录制暂停和放像暂停状态。此时，录像机中的磁鼓都是处于调整旋转状态，而磁带绕紧在磁鼓上静止不动。暂停的时间越长，磁头与磁带间的相互磨损越严重。新型存储设备也有同样的问题。录像单元现在均有自动保护装置，暂停超过一定时间后会自动脱离暂停状态。

第二，拍摄每个镜头前应提前录制 5～10 秒的画面。这是因为录像机从停止到磁带以正常速度行走有一个伺服过程，这一过程中录制的图像是不稳定的。另外，在进行后期电子编辑时，编辑系统要求素材带上镜头的入点之前必须有至少 5 秒钟的连续稳定画面，以此信号作为编辑录像机间同步锁相的参考。如果不够 5 秒，则编辑点画面会跳动。新型存储设备也有同样的问题。

第三，拍摄一场戏或一个动作结束时，不要马上停机，应该多录几秒。例如记者在现场报道完，不要立刻关机，应该让记者不出声地再停留几秒。这样为下一个镜头的编辑留出余地。同时，考虑到后期的技术要求，拍摄的画面长度要比实际用的时间长。

第四，摄像师应注意，即使导演没有要求，也要拍摄一些转场镜头。因为转场镜头是维持两个镜头之间连续性的简短镜头，非常有用，但它必须与实际事件有联系。如被摄体入画出画，正向堵住镜头，背向远离镜头等。还应多拍摄一些空镜头，如蓝天白云、花草树木，以备编辑时用。

第五，拍摄有特征的全景镜头，使人们能够辨认出发生事件的地点，如交通事故，不能只拍撞毁的车辆等，也应拍摄事故发生地点的路标或建筑物等。

第六，拍摄时如果有时间的话，应该做场记，可以准确地记录每一个镜头的起始，也可以段落性地记录，以利于后期剪辑。

第七，注意考虑不同景别的搭配，如全景、中景、近景各占三分之一左右。

第八，尽量采用顺光、侧顺光拍摄，以色彩的亮度和饱和度的关系来看，只有亮度适中，色彩才饱和。具体情况应根据编导的意图、现场条件而定。

第九，尽量避免画中出现高光点。这时画面反差较大，效果不好，有过亮或过暗现象。

第十，摄像机使用前务必调整白平衡，若是在室外拍摄，每一两个小时进行一次白平衡调整，因为色温在不断变化。黑平衡一般不用频繁调整，但为了预防万一，使用前调整一次就可以了。

(三)摄像机的维护与保养

一般来说，厂家保证摄像机使用环境温度为 $-10℃\sim+40℃$，相对湿度为 10%～85%，如在 $-10℃$ 以下的环境时，应该使用相应的保温套。

注意防潮、防湿、防尘、防腐蚀。摄像机受雨淋或在湿度较高的条件下工作，水和潮气会侵蚀机内，均会引起机器损坏或失效，雨天应使用防雨罩。要用软干布擦拭机身外表面板，或者用稍蘸清水或中性清洗剂的软布擦拭。切勿使用酒精、挥发性汽油等任何有机溶剂，以免机体外壳塑料老化，失去光泽。摄像机（主要是镜头电视的机械驱动部分）会因尘、砂粒进入而出现故障，如果天气条件不好，最好使用防尘罩。

不要将摄像机放在强磁场中，也不要在这种环境中使用。因为在广播发射台、电视台发射天线附近或其他强磁场附近使用均会引起图像失真。

搬运或运输摄像机时，应将其放入便携箱内，以减轻搬动或运输途中的震动。拍摄休息时，必须将摄像机放置平稳，放置在一般人员碰不到的地方。使用三脚架时，应拧紧各旋钮，或将摄像机取下，以免碰坏或摔坏。

需要特别注意结露现象，否则影响拍摄。从低温环境进入高温环境，如冬季进入温暖的溶洞拍摄或进入有暖气的房间采访，热空气中的水蒸气会在低温的摄像机上凝聚，出现结露现象时。如果此时拍摄，磁带会粘吸在磁鼓表面，会拉伤磁带或造成机器故障。摄像机一般均有自保护电路，出现结露现象，自动关机保护。应等机器内部温度升高，水汽蒸发，关机保护解除，才能使用。所以，从寒冷的地方将摄像机携带进温暖的房间时，最好用密封的塑料将其包住，以防摄像机内结露。新型存储设备也有同样的问题。

镜头要经常进行清洁保养，因为它始终暴露在机身外面，容易被灰尘雨水弄脏。有时镜头的自动光圈及自动对焦出现不灵活或不动现象，是因为光圈机械部分混入了灰尘。切勿自行使用润滑油。镜头表面常常吸附尘埃，可以使用吹风器吹去灰尘，或者使用干净柔软的刷子轻轻刷去灰尘，千万不能用纸使劲擦拭，否则会在镜头上留下无法弥补的划痕，绝不允许用手触摸镜头片表面。如果镜头片被油污或指纹印弄脏，可以用镜头清洁纸或者干净的麂皮沾上少许镜头清洁液，由镜片中心向四周以螺旋轨迹轻轻擦拭。

调整好的摄像机在使用一段时间后，需要作相应的调校。一般情况下，摄像机要定期进行性能检查，定期进行维护，检查其各项指标，以保持其性能的稳定性。

第四节　单反相机摄像

数码单反相机的全称是数码单镜头反光相机，它是专业摄影师和摄影发烧友的必备装备。2008 年 8 月，尼康公司发布了世界上第一台可以拍摄高清视频的单反相机——尼康 D90，其视频拍摄功能相当简单，只能以 Motion-JPEG 的压缩方式拍摄每秒 24 帧 720P 的 AVI 格式的影像，一次最长只能拍摄 5 分钟，这一技术的进步在当时被视为实用性不强的附属功能。时至今日，由于感光器件面积大，成像效果好，可媲美电影摄像机的小景深效果以及丰富的可换镜头，使得单反拍摄视频成为当下视频拍摄的一种重要手段，其视频功能不仅为民所用，更被新媒体、传统影视、广告制作等领域的专业人士所青睐。例如，江苏卫视交友节目《非诚勿扰》的嘉宾外景画面正是使用单反进行拍摄；旅游卫视旅游节目《发现中国》也曾使用单反拍摄节目；中央电视台广受热议的《舌尖上的中国》（第一季）也通过摄像机与单反混拍方式获得了完美的小景深画面；同时，单反还进入电视剧领域，例如美剧《医生豪斯》（第六季）的结局就使用了单反完成拍摄；另外，不仅多部微电影应用单反相机作为主镜头，而且一些好莱坞电影也在拍摄中使用了单反，如《复仇者联盟》中，5 部单反凭借体积小、适合隐藏的特点，增加了影片拍摄视角，而《勇者行动》中甚至有 75％的画面由单反拍摄完成。

单反相机的视频拍摄功能不断革新，尼康 D800、索尼 A99、宾得 K5 都是相机制造商注重视频功能研发的主力机型。以下，以佳能 EOS 5D Mark III（简称 5D3，如图 2-49 所示）的高清晰度（Full HD）视频拍摄功能为例，介绍数码单反相机的摄像功能。

图 2-49　佳能 EOS 5D Mark III 数码单反相机

一、拍摄参数

（一）单反镜头

1. 光圈

光圈是通过改变镜头光孔大小来控制进光量的部件，可以起到控制曝光、影响景深的作用。

光圈值通常用 F 表示，包括 F1.0、F1.4、F2.0、F2.8、F4.0、F5.6、F8.0、F11、F16、F22、F32、F45、F64 等。光圈 F 值是由镜头的焦距和镜头光圈直径来决定的，其公式为：光圈 F 值＝镜头的焦距/镜头光圈的直径。

由公式可知，当 F 值越小时，镜头光圈的直径越大，例如 F1.0 的光圈比 F1.4 的光圈大；当光圈越大时，单位时间内的进光量越多，同时景深也越小。

2. 焦距

焦距是指从镜头焦点到感光元件的距离。

焦距通常用毫米（mm）表示，常见数值有 8mm、15mm、24mm、28mm、35mm、50mm、85mm、105mm、135mm、200mm、400mm、600mm、1200mm、2500mm 等。同画幅相机，焦距值越大，焦距越长，视角越小，景深越小，拍摄到的画面内容越少。

对于全画幅相机 5D3 来说，标准镜头是 50mm，视角是 50 度，其形成的画面相当于人眼观察实景的效果；广角镜头的焦距值小于标准镜头，焦距更短，但视角更广，拍摄的画面内容多；长焦镜头的焦距值大于标准镜头，焦距更长，视角更小，但拍摄的画面内容少。

此外还有视角达到 180 度的 8mm 鱼眼镜头；能够在一定范围内变换焦距、调整视角的变焦镜头；可媲美电影摄像机影像效果的电影镜头；具有倾角和偏移功能、便于拍摄建筑物和风景的移轴镜头；具有更高放大率、更高分辨力、适于拍摄微小动植物的微距镜头等等。拥有丰富可换的镜头，是单反相机在视频领域广受欢迎的重要原因之一。图 2-50 中的镜头分别为标准、广角、长焦、鱼眼、移轴、微距镜头。

标准镜头

广角镜头

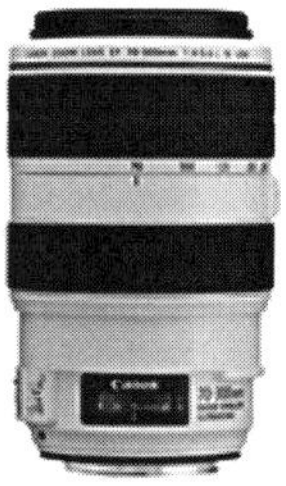

长焦镜头

鱼眼镜头

移轴镜头

微距镜头

图 2-50　单反相机的镜头

（二）画幅

画幅是指视频单反相机中 CMOS 传感器的尺寸大小。画幅越大，感光单元的面积也越大，画面的成像质量越高。常见的单反相机画幅有：全画幅（36mm×24mm）、APS-H（30.3mm×16.6mm）、APS-C（25mm×17mm）等。佳能 5D3 采用的是 36mm×24mm 全画幅 CMOS，具有较好的视频拍摄画质。

（三）分辨率

视频分辨率是指录制视频时的画面像素数。分辨率越高，画面越清晰，细节越细腻，同时存储视频所需的空间就越大，对剪辑、播放和显示设备的要求也越高。分辨率常以像素计量，单反相机常见的分辨率有：全高清（1920×1080 像素）、720 高清（1280×720 像素）、PAL 制式标清（720×576 像素）、NTSC 制式标清（720×480 像素）等。佳能 5D3 感光单元的有效像素高达 2330 万，支持全高清分辨率视频的拍摄。

（四）帧速率

帧速率（fps）是指视频每一秒钟里显示的帧数，即每秒显示的静止画面的数量。帧速率越高，画面刷新越频繁，对图像的动态再现能力就越好。单反相机拍摄的画面通常采用逐行扫描（Progressive）的刷新方式，帧速率通常为 24p、25p、30p、50p 和 60p。其中

25p 和 50p 适用于中国、欧洲、俄罗斯、澳大利亚等民用交流电为 50Hz 的国家和地区，30p 和 60p 适用于北美、日本、韩国、墨西哥等民用交流电为 60Hz 的国家和地区，24p 则是电影拍摄所常用的帧速率。

(五)文件格式

单反相机记录的视频文件通常为 MOV 格式，5D3 则增加了 MP4 和 AVI 这两种文件格式。多样化的格式选择可以减少后期编辑中因格式转换带来的画质损耗。

(六)压缩格式

视频信号的压缩方式也称为编码，目的是在保证画质的前提下，尽可能地缩小视频文件的体积，编码率越高，画质就越好，但视频体积就越大。单反相机主要采用 H. 264 编码和 Motion-JPEG 编码。5D3 采用的是 MPEG-4 AVC/H. 264 编码方式，借助转码软件，可以将视频转换为各种主流编辑软件可以编辑的格式。5D3 不仅拥有传统视频单反所使用的帧间压缩(IPB)，更加入了帧内压缩(ALL-I)。帧间压缩保留了画面两帧之间的冗余信息，虽然视频体积较小，但难以捕捉清晰的单帧信息；帧内压缩只保留本帧内的信息，无冗余信息，相当于高速连拍获得的画面，视频容量较大，但有利于后期剪辑。

(七)存储卡

单反相机通常使用 CF 卡或 SD 卡。5D3 具有双卡槽，同时兼容 CF 卡与 SD 卡。当两个卡槽均有存储卡时，可选择其中一张记录视频，若一张存储卡已满，相机可自动切换使用另一张存储卡，如图 2-51 所示。利用单反相机进行视频拍摄时，应尽量使用读写速度快的大容量存储卡，以保证视频的正确记录和回放，尤其是在录制视频的同时又需要拍摄照片的情况下，高速存储卡更具优势。

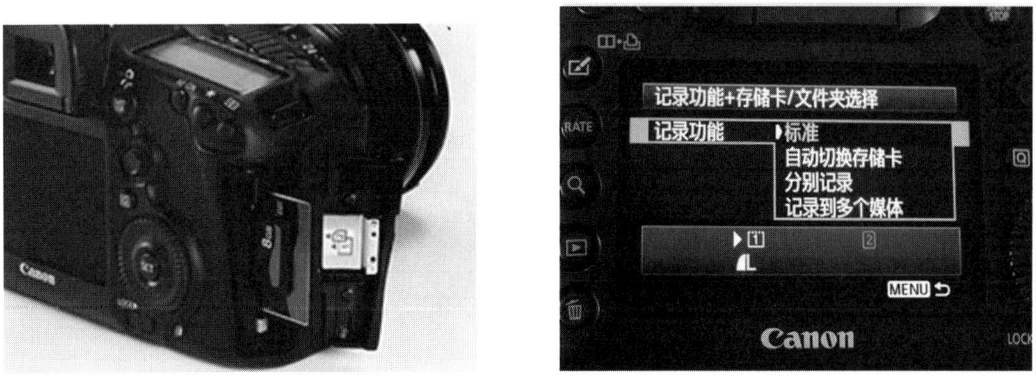

图 2-51　5D3 双卡槽设计

(八)电池

图 2-52 LP-E6 电池

5D3 使用 LP-E6 锂电池，如图 2-52 所示，也可以使用方便纵向拍摄的 BG-E11 手柄电池盒。使用 LP-E6 电池拍摄视频时，在室温(23℃)下可拍摄约 1 小时 30 分钟，低温(0℃)下可拍摄约 1 小时 20 分钟。

二、摄像操作

以下以 5D3 为例，简述单反相机视频拍摄的功能设定和操作方法。

(一)视频拍摄功能设定

1. 进入视频拍摄模式

如图 2-53 所示，将机身上的开关拨为视频拍摄模式，即可进行视频拍摄。此时，液晶屏作为寻像器使用，实时显示取景内容。

图 2-53 开关向左拨即进入视频拍摄模式

2. 设定视频制式

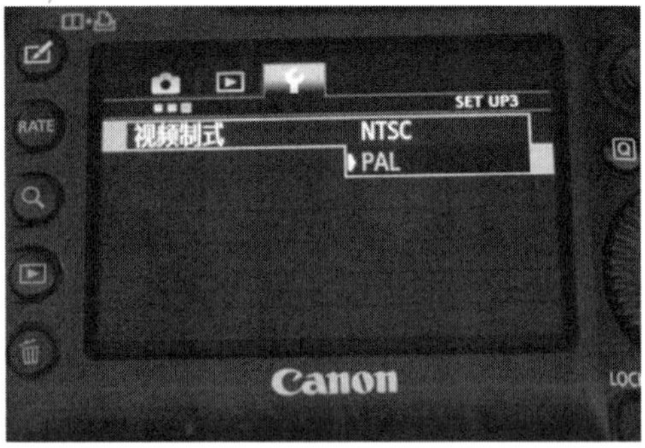

图 2-54 设定视频制式

如图 2-54 所示，可以在 PAL 和 NTSC 之间选择视频制式。前者适于在中国、欧洲等国家和地区的电视台播放，后者则适于美国、日本等国家和地区。若无需供电视台播出，可以任意选择，两种制式都可在电脑和移动终端上进行播放。

3. 设定视频分辨率

如图 2-55 所示，5D3 的视频分辨率可以设置为：

1920×1080：全高清(Full HD)画质，画面宽高比为 16∶9。

1280×720：高清晰度(HD)画质，画面宽高比为 16∶9。

640×480：标准清晰度画质，画面宽高比为 4∶3。

4. 设定帧速率

5D3 的帧速率可以根据视频制式，设置为 24p、25p、30p、50p 或 60p，如图 2-55 所示。

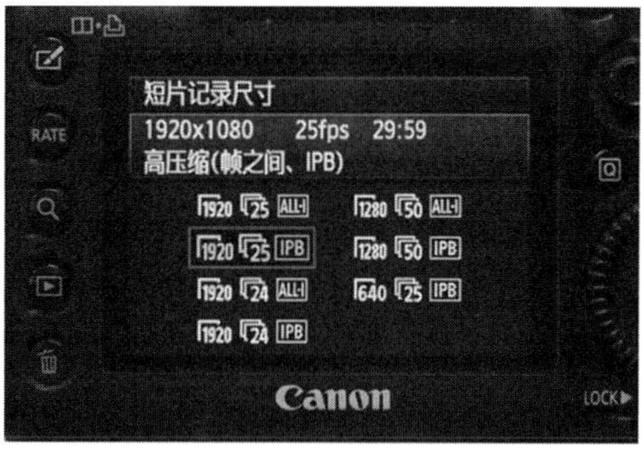

图 2-55　设定分辨率、帧速率、压缩格式

5. 设定压缩格式

如图 2-55 所示，5D3 的压缩方式分为：帧间压缩(IPB)和帧内压缩(ALL-I)。

6. 设定录音功能及电平

5D3 的音频采样频率为 48kHz，以 16 比特进行数字录音。既可以利用机身内置的麦克风录制单声道声音，也可以将带有 3.5mm 微型插头的立体声麦克风连接到相机的外接麦克风输入端口，进行立体声录音。

录音电平可以设置为自动或手动。设置成自动时，录制的音量会根据环境音量自动调节；设置成手动时，可以在转动转盘的同时监视音量表，调节录音音量电平，使音量始终维持在“0”刻度附近，如图 2-56 所示。

此外，在有风的情况下，启用风声抑制功能，可以降低风噪。该功能只对内置麦克风有效，外接麦克风需使用防风罩。

7. 设定液晶屏亮度

5D3 使用 3.2 英寸 104 万像素的液晶屏，在拍摄视频时，为了能够适应多变的环境光线，通常需要调整液晶屏的亮度，以便在拍摄时监看画面，如图 2-57 所示。

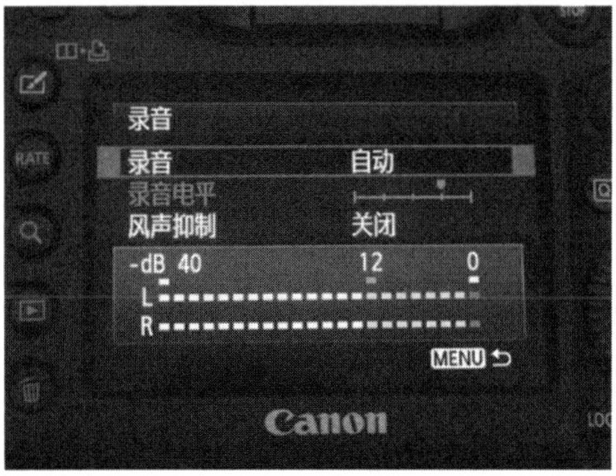

图 2-56　设定录音功能及电平

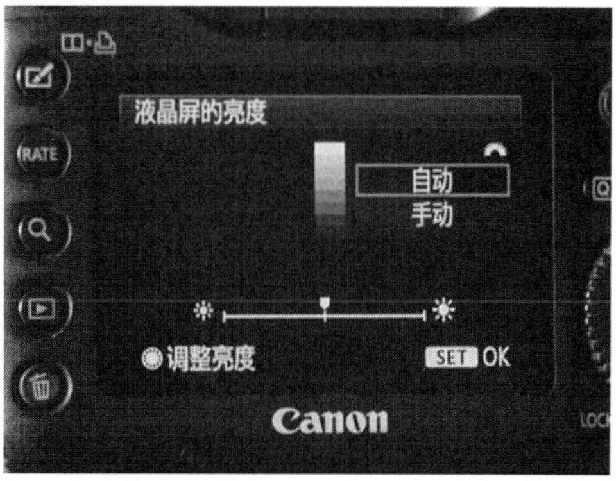

图 2-57　设置液晶屏亮度

(二)基本功能调整

1.控制白平衡

白平衡是描述单反相机中红、绿、蓝三基色叠加混合后能否精确重现白色的一项指标,在视频拍摄中十分重要。调节白平衡即调节色温,从而解决色彩还原和色调处理等问题。

图 2-58 控制白平衡

在 5D3 上,可以选择自动白平衡(AWB),如图 2-58 所示,也可以根据拍摄现场的光源选择日光、阴影、阴天(黎明/黄昏)、钨丝灯、白色荧光灯、使用闪光灯等图标,还可以自定义白平衡。

使用自定义白平衡可以最为准确地设定白平衡。在自定义白平衡时,首先需要让镜头对准白色物体,然后进入自定义白平衡菜单,选择自定义白平衡图标即可完成设定。

2.控制快门速度

快门速度是指快门开启的时间,即光线进入相机感光元件的时长。5D3 的快门速度范围在 30 秒到 1/8000 秒之间,在拍摄视频时,快门速度一般不宜超过帧速率的两倍。过高的快门速度,会使画面中运动物体的边缘过于锐利,使画面产生抖动。如图 2-59 所示,分别是以 0.8 秒、1/30 秒、1/500 秒拍摄的运动物体截图。

图 2-59 分别以 0.8 秒、1/30 秒、1/500 秒拍摄的运动物体

3.控制焦点

由于单反相机普遍具有大尺寸感光单元,因此拍摄的视频通常景深很小,这无疑增加了聚焦的难度。为了精确控制画面焦点,可以利用跟焦器等辅助设备,来标记人物走位或物体移动时的焦点位置,以便在正式拍摄时保持焦点正确,如图 2-60 所示。

图 2-60 跟焦器

4. 控制景深

景深是画面内清晰成像的景物范围。大景深画面的清晰范围大，甚至整个画面都很清晰；小景深画面的清晰范围小，能够通过虚实对比突出被摄体，增加画面的层次感。镜头的光圈、焦距、物距是影响景深的三个因素，如图 2-61 所示。

镜头焦距、物距恒定时：光圈越小，景深越大；光圈越大，景深越小，如图 2-61 第一组图所示；镜头光圈、焦距恒定时：物距越近，景深越小；物距越远，景深越大，如图 2-61 第二组图所示；镜头光圈、物距恒定时：焦距越长，景深越小；焦距越短，景深越大，如图 2-61 第三组图所示。

图 2-61　光圈、物距、焦距与景深的关系

5. 控制曝光

控制曝光就是控制画面的明暗程度。单反相机是通过光圈、快门和感光度（ISO）三者间的组合来实现曝光控制的。曝光正确的画面层次清晰、细节丰富；曝光不足的画面影调灰暗、细节模糊；曝光过度的画面则亮度超标，缺少层次。如图 2-62 所示：

图 2-62　控制曝光

图 2-63　控制 ISO 感光度

当拍摄模式设定为 A⁺、程序自动曝光(P)或 B 门曝光(B)时，是自动曝光拍摄，5D3 将根据拍摄环境自动曝光。

当拍摄模式设定为 Tv 时，是快门优先自动曝光，可以手动设定快门速度、自动设定 ISO 感光度和光圈值。

当拍摄模式设定为 Av 时，是光圈优先自动曝光，可以手动设定光圈值、自动设定 ISO 感光度和快门速度。

当拍摄模式设定为 M 时，是手动曝光拍摄，需手动设定快门速度、光圈值和 ISO 感光度。

6. 控制 ISO 感光度

ISO 感光度用于与光圈值、快门速度组合控制曝光，如图 2-63 所示。当光圈值和快门速度固定时，ISO 感光度越高，画面越亮。随着 IOS 数值的升高，拍摄的影像会增加噪点。

三、辅助设备

图 2-64　用于拍摄视频的单反装备

单反相机的视频拍摄功能为新媒体视音频创作提供了更多的选择，但对于以图片摄影为主的照相机，视频拍摄始终只是其附属功能。因此相比专业级摄像机而言，单反相机在视频拍摄中会遇到各种功能缺失，适当的配备辅助设备则可以有效地弥补这些缺失，协助完成视频拍摄，如图 2-64 所示。

(一)滤镜

图 2-65　中灰镜

滤镜是安装在单反相机镜头前的光学附件。在视频拍摄过程中，可以通过使用各种滤镜来得到高质量影像以及各种不同的画面效果。

1. 中灰镜

中灰镜全称中灰密度镜，简称灰镜、ND 镜，如图 2-65 所示。中灰镜可以通过减少镜头的进光量，达到控制曝光的作用。灰镜的阻光作用是非选择性的，即对各种波长光线的减弱作用是一致的，因而能够还原被摄物体的真实色彩，并且不影响画面的色彩表现力。灰镜的常见密度为 ND2、ND4 和 ND8，分别能够减少 1 挡曝光、2 挡曝光和 3 挡曝光，同时也可以组合使用灰镜。

2. 偏振镜

偏振镜也称偏光镜，简称 PL 镜，如图 2-66 所示。偏振镜可以选择性地通过来自某个方向振动的光线，从而消除或减少非金属物体表面的强发射光。

图 2-66　偏振镜

例如在拍摄玻璃后面的物体时，利用偏振镜就可以削弱玻璃反光，使被摄物体清晰可见，同时也增加了物体的色彩饱和度。在使用时，需要对画面进行曝光补偿。

3. 柔焦镜

柔焦镜又称柔光镜、朦胧镜，注有“Soft”标识，是一种特效镜，如图 2-67 所示。通过镜面的点状、水滴状、环形刻痕等图案，使入镜光线变得柔和，从而获得既清晰又朦胧的画面质感，同时可以有效掩盖被摄体的缺陷。柔焦镜常见值一般分为 1＃、2＃、3＃三挡。柔焦镜多用于人物拍摄，其柔焦效果可以掩盖人物面部皮肤问题，同时增加其柔美气质，提升画面的艺术效果。

图 2-67　柔焦镜

4. 星光镜

星光镜也是一种特效镜，如图 2-68 所示，其镜面上蚀刻有网状细线，可使被摄画面中的光源产生星光闪烁的效果。星光镜分为 2 线（一字型）、4 线（米字型）、6 线（六角星型）、8 线（八角星型）等。镜头光圈越小时，星光效果越明显，线条越长；光圈越大时，星光效果越小，线条越短。星光镜多用于有光源的夜景拍摄，要注意如果过度使用则会破坏画面表达。

图 2-68　星光镜

此外，还有产生强烈辐射效果的爆炸镜、产生影像重叠效果的多棱镜、产生彩虹效果的雨后彩虹镜等等，种类繁多的滤镜不仅能够增加单反视频拍摄的乐趣，还能提升画面的艺术感染力。

（二）跟焦设备

在视频拍摄过程中，相比专业摄像器材，单反相机的自动对焦能力并不十分理想，对运动物体的捕捉能力欠佳，即使是拥有革新技术的 5D3 也仍不具备连续对焦功能。跟焦设备能够在拍摄时帮助提高对焦点的控制精度，对拍摄运动物体是十分必要的。跟焦设备有跟焦器、跟焦鞭、加速手柄等。

跟焦器的设计符合人体力学，改变了镜头调焦时的动作方向，更易于操作，同时减少了人手对镜头直接调焦所引起的画面晃动。跟焦器附带的白色圆环可供标记，方便拍摄时根据事先标记点进行调焦工作。此外还有无线跟焦器,能够远距离操控。

跟焦鞭适用于空间狭窄、单反机位过高或过低的拍摄情况,可以在远离机身处操作跟焦。

加速手柄能够加快对焦速度,实现短时间准确对焦。

如图 2-69 所示,USB 跟焦器是佳能单反相机辅助视频拍摄的特有跟焦设备,其 USB 线与佳能单反相机连接后,直接通过内部程序来实现镜头跟焦。

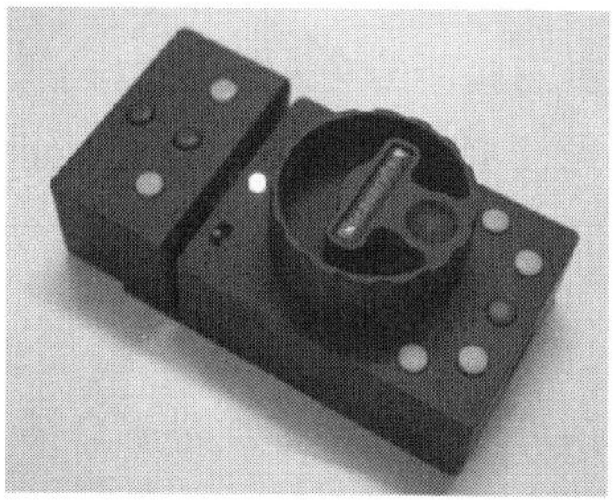

图 2-69 USB 跟焦器

(三)取景眼罩

室外或强光环境下,摄像师往往难以看清液晶屏中的内容,导致画面构图和跟焦误判。取景眼罩能够遮挡外界光线,方便摄像师监看画面,如图 2-70 所示。取景眼罩分为普通遮光取景眼罩和具有画面放大功能的取景放大器两种。

图 2-70 取景眼罩

(四)外接监视器

单反相机的小尺寸液晶屏幕,不便于专业影视监视,而且由于包括 5D3 在内的部分单反相机没有旋转屏幕设计,无论在进行高角度还是低角度拍摄时,拍摄者都很难通过液晶屏幕观察画面。

因此,单反相机可以通过外接监视器实现大尺寸画面的监视,如图 2-71 所示。5D3 拥有 AV OUT 及 HDMI OUT 两种视频输出接口。其中 AV OUT 输出常规的模拟视频信号,适用于几乎所有的监视器,画面质量较差;而 HDMI OUT 只适用于具备 HDMI 输入的监视器,输出的画面质量较好。

图 2-71 外接监视器

(五)外部拾音设备

单反相机内置话筒的拾音效果有限。为获得最佳音质,专业拍摄中常采用外部拾音设备。常用的拾音设备有拾音话筒、便携式调音台及便携录音机。

拾音话筒包括话筒、吊杆和防风罩。由于单反相机的音频接口无法为话筒供电,因此需要采用自供电的话筒,而 5D3 的音频接口为 3.5mm 规格,故需选择相应规格的话筒或通过转接头连接,如图 2-72 所示。吊杆可以在不影响拍摄的情况下靠近被摄人物,获得清晰的同期声。防风罩专门用于消减拍摄现场的风噪,如图 2-73 所示。

图 2-72　3.5mm 插头话筒

图 2-73　吊杆话筒与防风罩

如果配备调音台，拾音话筒拾取的声音可以经过调音台调节后再进入单反相机，从而获得足够大的声音响度，如图 2-74 所示。

图 2-74　调音台

如果需要录制高质量的声音，便携录音机是最好的选择，如图 2-75 所示。相比 5D3 的录音功能，便携录音机能够收录品质更高的音频文件，这对于专业后期制作非常有益。

5D3 机身有耳机接口，如图 2-76 所示，可使用 3.5mm 微型插头立体声耳机，对同期声的录制情况进行监听。

图 2-75　录音机

（六）遮光斗与摄影灯

遮光斗控制光线角度及镜头的进光量，能够有效避免杂散光及消除镜头光斑，从而提升视频的画面质量，尤其是在室内布光的场景下拍摄时，遮光斗是必不可少的辅助器材，如图 2-77 所示。

单反相机上使用的摄影灯能够对被摄物体进行照明补偿。在黑暗的环境下，手持跟拍时可以借助随机摄影灯（如图 2-78 所示）补光，提升画面亮度。

图 2-76　圆圈内为耳机接口

图 2-77　遮光斗

图 2-78　摄影灯

（七）支撑系统

单反相机外形设计的初衷是为了满足图片摄影的需求，所以很难通过手持单反相机拍摄出稳定的视频画面。借助支撑系统可以起到固定相机的作用，有助于消除画面晃动。常用的支撑系统包括符合人体力学的摄影托架、带脚轮的三脚架、适用于狭窄空间的独脚架，以及架设在汽车车身上方便拍摄车内人物和车外风景的车拍器等，如图 2-79 所示。

图 2-79　常用的支撑系统

迷你轨道和摇臂能够使移动拍摄的画面平稳流畅，可以拓展拍摄的视角，增强画面的空间感，如图 2-80 所示。单反相机使用的迷你轨道分为非电控轨道和电控轨道。电控轨道带有驱动相机云台的步进电机，当拍摄日月更迭等时间跨度较大的移动镜头时，通常需要借助电控轨道。

图 2-80　迷你轨道及摇臂

斯坦尼康稳定器可以防止运动拍摄造成的镜头抖动，保证画面稳定和流畅。其中，轻便小巧的手持式稳定器非常适用于单反相机的视频拍摄，如图 2-81 所示。

图 2-81　手持式稳定器

(八)单反拍摄的特点

感光单元面积大。感光单元的尺寸在一定程度上决定了画面效果。尺寸越大,光线照入越多,成像质量越高,容易营造出画面层次丰富的小景深效果。全画幅单反相机的感光单元面积已经超过了在广播级摄像机上通常采用的 2/3 英寸感光单元。

丰富的可换镜头。除标准镜头外,单反相机可以配备广角镜头、长焦镜头、鱼眼镜头、变焦镜头、远摄镜头、电影镜头、移轴镜头和微距镜头等,大量的可换镜头使单反相机在视频拍摄过程中更为灵活多变,从而获得比广播级摄像机更丰富的画面造型。

机身轻巧。相比广播级摄像机,单反相机更为轻便。尤其在突发事件中,单反相机不仅能够拍摄可媲美专业摄像机的高清画面,其轻巧的机身也方便记者随身携带,能够在第一时间记录新闻事件。

稳定性一般。虽然单反相机的视频功能不断得到革新,但毕竟还是相机,而不是按照持续拍摄视频所需的人体力学设计,很多广播级摄像机提供的专业操作功能在单反相机上无法实现。单反相机与摄像机的操作习惯大相径庭,操作起来存在不便。因此,利用单反相机拍摄专业视频时还需借助必要的辅助设备,例如斯坦尼康稳定器、符合人体力学的摄影托架等。

摩尔纹现象。当摄影器材的像素空间频率与被摄画面中条纹的空间频率数值接近,画面中就会呈现摩尔纹。由于单反相机的低通滤镜设计,使得其在拍摄具有带状或条纹的景物时,有可能呈现明显的摩尔纹,严重影响画面观感。若发现存在摩尔纹,可以适当调整拍摄角度或改变景别,消除或减弱摩尔纹现象。

录音性能薄弱。单反相机内置的话筒为单声道录音,录音效果不尽如人意,因此需要外接录音设备来保证录制高质量立体声。

容易记录操作声。在拍摄过程中调节 ISO 感光度、光圈值、录音电平等按键时,按键的操作声音会被记录下来,影响拾音效果。针对操作声音的问题,5D3 新增了“静音控制”功能,如图 2-82 所示,开启该功能即可通过触摸盘无声地改变 ISO 感光度、光圈值和录音电平等。即便如此,使用内置话筒录音时,镜头马达的驱动声等仍会被记录。

图 2-82　5D3 静音控制

单反相机的简单保养。除防水防撞外,切忌将单反相机靠近磁铁、电视机、扬声器、天线等强磁场物体,否则将引起单反相机故障或视频数据损坏。不要将单反相机放置在高温处,也切勿将单反相机置于汽车的窗边。当携带单反相机从低温处进入高温处时,要事先将单反相机放入密封袋中,待袋内温度逐步升高后再将设备从袋中取出,否则会造成单反相机表面及其内部部件结露。若出现结露现象,应迅速卸下镜头、存储卡和电池,待结露蒸发后,重新安装部件方可继续使用。不能采取烘烤等快速干燥法，这反而会使湿气侵入单反相机内部，无法排干。更不可以把镜头对准太阳，否则会损坏单反相机内部元件。

单反相机的清洁，应使用柔软干净的布块擦拭镜头外和取景器上附着的灰尘。若天气潮湿，使用后应立即擦拭单反相机并晾干机身。若在海上等盐分环境中使用过，应先使用沾有清水的湿布对单反相机进行擦拭，然后使用干布擦干。而对于单反相机反光片上的灰尘，应使用皮吹清洁，切忌擦碰单反相机内部元件。

若单反相机长时间搁置不使用，要将电池取出，因为电池也会自然失电。再次使用前要检查电池电量，及时充电。如果还有其他附件，也务必一并拆下存放，否则安装结合部位会黏合、生锈。同样，长期不使用单反相机时，其存储卡也要取出单独保存，但切忌放置在强磁场附近，也切勿靠近热源或者在太阳下暴晒。在不使用时，应将单反相机镜头缩至最短。若从单反相机机身卸下镜头，镜头应盖上镜头盖或朝下放置，这样可以避免损伤镜面和电子触点。

如今，单反相机在广播电视领域的应用越来越广泛，但其大面积的感光元件却是一把双刃剑，在色彩、层次对比、质感、影调、饱和度和信噪比方面都堪比甚至超越专业摄像机的同时，也留下了无法解决的问题。视频单反相机进入了电视节目制作的领域，却也在这个领域受到了限制，现阶段的电视节目拍摄过程中要尽量扬长避短。随着技术的不断发展，我们相信单反相机的高清视频拍摄功能会逐步得到加强，在更多的电视节目拍摄中得到拓展。

思考与研讨题

1. 数字摄像机的分类有哪几种?
2. 简述数字摄像机的常用功能。
3. 摄像机间隔记录/帧记录功能如何使用?
4. 前期拍摄有哪些注意事项?
5. 单反相机拍摄视频的优势与劣势有哪些?
6. 如何利用单反相机拍摄小景深画面?

参考文献:

1. 徐明:《影视制作技术教程》，郑州大学出版社 2013 年版。
2. 刘羽、郭艳民:《电视数字摄影艺术与技术》，高等教育出版社 2012 年版。
3. 杨晓宏:《数字电视节目制作技术》，国防工业出版社 2013 年版。
4. 李晋林:《电视节目制作技艺》(修订版)，中国广播电视出版社 2008 年版。
5. 秦丽娜、高沂涛:《数码单反高清视频拍摄与制作从入门到精通》，人民邮电出版社 2011 年版。
6. 罗勇:《数字摄影技艺教程》，上海人民美术出版社 2012 年版。

第三章　录像存储单元

■ **本章重点**

1.逐行扫描与隔行扫描的特点
2.音视频数字接口
3.彩色广播电视制式
4.新存储介质的特点
5.存储卡录像机的特点

第一节　视频信号概述

电视技术是利用光电转换原理实现光学图像到电视信号的变换，将所记录的活动景物在异地以图像形式实时重现的技术。电视的信号是什么？信号是如何进行转换和传递的？如何将视频信号进行存储？电视有什么样的实现方式？本节我们来了解电视原理以及录像存储单元原理。

一、电视原理

（一）扫描原理

1. 电视传像

电视传像的基本过程是：在发送端，电视摄像机经摄像器件的光电变换作用将景物的亮度和色度（包括色调和饱和度）信息按一定的规律变换成相应的电信号，适当处理后，再通过无线电波或有线通路传输出去；在接收端，电视接收机将接收到的电信号经显像管的电光变换作用，按对应的空间分布规律重现成图像，逼真地显示出原景物。

景物存在于空间，要将分布在空间的亮度和色度信息同时变换成电信号，可以将空间景物精细地分解为许许多多的小点，再逐一进行光电变换。这种由图像传输系统分解出的图像最小单元称为像素。各个像素在它们各自固定的几何位置上有各自的亮度和色度信息。电视系统要传输的是活动景物的图像,所以各个像素的光学信息不但因位置不同而不同,并且随时间变化也不相同。

从原理上说,传送像素信息的方法有两种:一种是将各像素的信息同时传输的方法,一种是将各像素的信息按顺序传输的方法。

同时传输制简称同时制,它是指将景物分解成许多像素后,把所有像素的信息同时转换成相应的电信号,并同时传输出去。在接收端,每条通路的电信号控制发光元件板上各自分别对应的发光元件,发光单元各自发光,综合成与原景物画面上一样的重现图像,如图 3-1 所示。像素数越多,越能分解、重现出景物的细节,图像越清晰。根据人眼的分辨力,要得到高质量的电视图像,应将景物分解成几十万个像素。同时传输制中各条传输通路所需的频带宽度很窄,但是几十万个像素便要求几十万条通路,这在电路技术上是难以实现的。

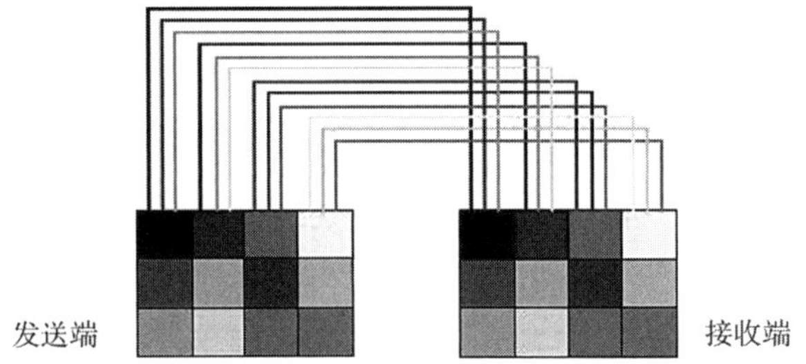

图 3-1　同时传输制示意图

顺序传输制简称顺序制,它是指将景物分解成许多像素后,把所有像素的信息按照时间顺序一一传输出相应的电信号,其所用的传输通路只需要一条。这条传输通路轮流接通每一个对相应的光电单元和发光单元。发送端和接收端各有一个转换开关,两者同步工作,顺序接通发、收两端画面中对应空间位置上的像素,以保证重现图像稳定、准确。接收端发光元件板上的各像素单元虽然是轮流发光的,但只要轮流速度足够快,由于人眼的视觉暂留特性,看起来好像所有像素都在同时发光,可以显示出完整的画面。如图 3-2 所示。

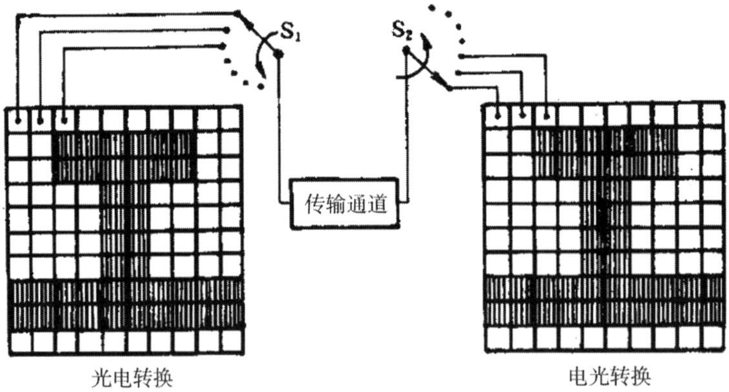

图 3-2　顺序传输制示意图

顺序传输像素的方式(或顺序地分解像素和综合像素的过程)称为扫描。相对于同时传输制,顺序传输制在电路技术上更容易做到。

顺序传输制的核心在于扫描,它是电视传像的关键技术。进行扫描的时候,必须做到发送、接收两端的扫描规律严格一致，这称为同步。

所谓同步，包含两个方面，一是两端的扫描频率相同，称作同频；二是两端画面的每一行、每一幅的起始时刻相同，称作同相。既同频又同相，才能实现同步扫描。实现了同步扫描，接收端才能重现发送端的图像。当收端、发端的频率与相位不同时，图像将无法正确重现。在频率相同、起始相位不同时，重现的图像是稳定的，但会被分裂移位造成畸变。

收发端扫描同步在电视系统中具有重要意义，若同步得不到保证，图像就无法正确重现。

在电视技术中，摄像管光电导层中形成的电图像在电子束的扫描下按顺序接通每一个点，并连续地把它们的亮度变化转换为电信号；扫描得到的电信号经过单一通道传输后，再用电子束扫描具有电光转换特性的荧光屏，从电信号转换成光图像。如图 3-3 所示。

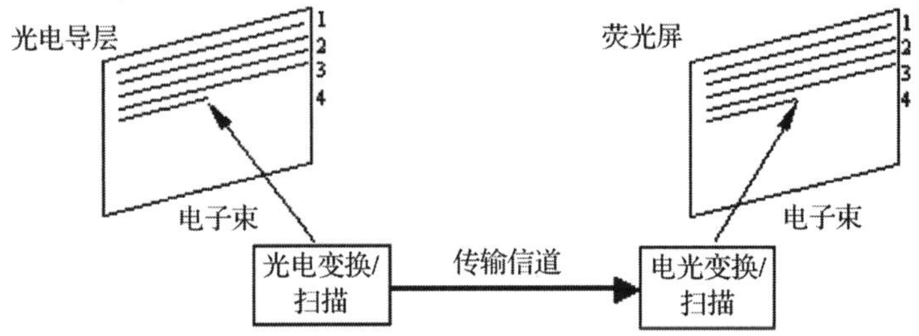

图 3-3　电视扫描示意图

扫描方式有逐行扫描和隔行扫描两种。电子束从左至右、从上而下逐行依次扫描的方式称为逐行扫描。电子束按顺序扫描屏幕所形成的直线状亮点轨迹称为光栅。

2. 逐行扫描

根据电子束运动的规律，扫描可分为直线扫描、圆扫描和螺旋扫描等几类。在电视系统中，为了充分覆盖矩形图像面，都采用匀速的单向直线扫描方式，即扫描速度是均匀的，扫描方向为直线方向，而单向扫描是指只在朝单个方向扫描时才传输图像信息，朝相反方向扫描时为回归过程，并不传输图像信息。

具体来说，电视扫描分水平和垂直两个方向，朝显像器件表面看去，水平扫描是从左到右，垂直扫描是从上到下。如图 3-4 所示。

水平扫描也叫行扫描，垂直扫描也叫帧扫描（逐行扫描方式）或场扫描（隔行扫描方式）。

在逐行扫描中，是逐行逐帧地不断扫描，反复地分解、重现图像；在隔行扫描中，是按相间行一场场地扫描图像。

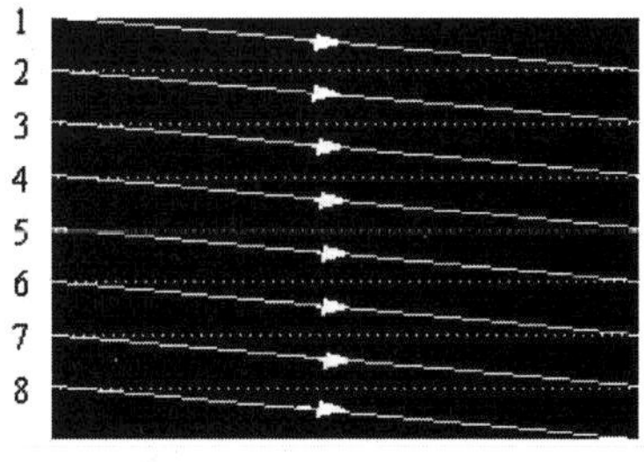

图 3-4　逐行扫描光栅

3. 隔行扫描

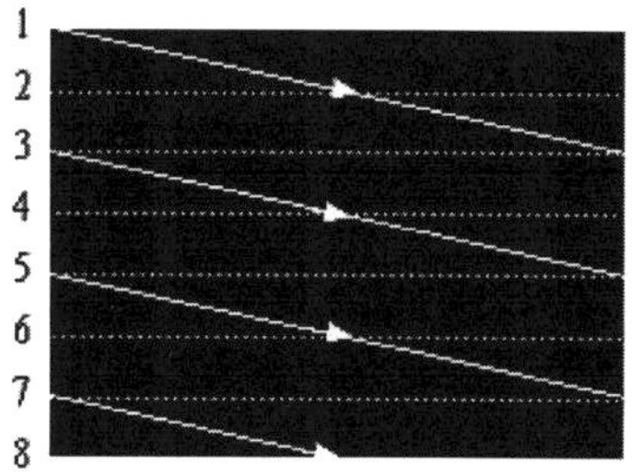

隔行扫描奇数场光栅图

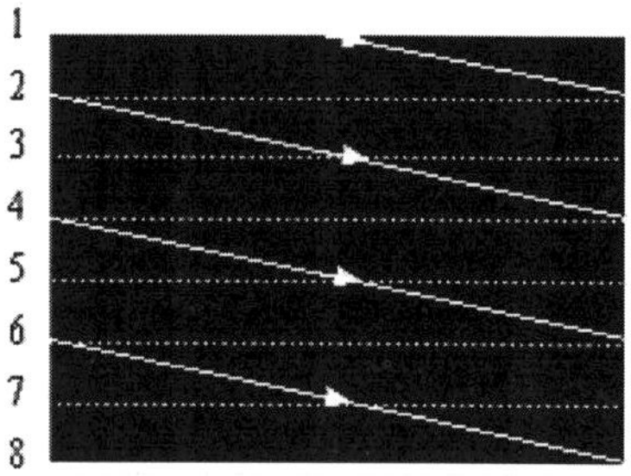

隔行扫描偶数场光栅图

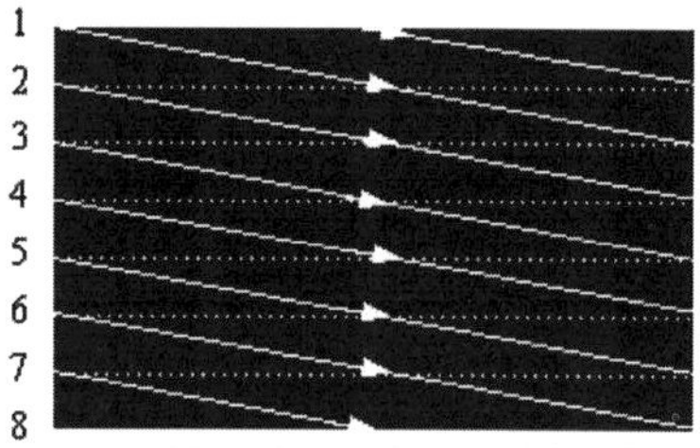

隔行扫描的一帧

图 3-5 隔行扫描

在逐行扫描中，视频信号的带宽约为 13.56MHz，要求传输通道带宽大，设备复杂，成本高。借鉴电影放映中遮光板的原理，在电视技术中采用隔行扫描方式，一帧画面分两场进行扫描，第 1 场扫描奇数行，第 2 场扫描偶数行，两场合成为一帧。这样，既保证了图像没有闪烁，又把视频信号带宽降低为原来的一半，也就是 6.78MHz。

在隔行扫描中，要求保证两场光栅精确地镶嵌，才能满足精确分解和重现图像的要求。实际中采用奇数行隔行扫描的方法，一帧图像的总行数取为奇数，每场扫描整数行再加上半行，这样的方法使电路的实现较为简便，如图 3-5 所示。

隔行扫描的优点是，可以在保证图像分解力无太多下降和画面无大面积闪烁的前提下，将视频信号带宽减少一半。同时，它也存在着固有的缺点：一是会有行间闪烁效应；二是会产生并行现象，包括真实并行和视觉并行；三是垂直边缘会产生锯齿现象。对于这些缺点，在以正常距离观看、扫描电路工作良好、景物运动速度一般的情况下，人眼是感觉不到的。

相比较而言，逐行扫描的优点是没有隔行扫描特有的帧间闪烁感，它的缺点是与相同场频的隔行扫描方式相比，数据量比较大。

(二)电视制式

电视制式是指电视信号的标准，是用来实现电视图像或声音信号所采用的一种技术标准。

黑白电视中的某种电视制式是指一个电视系统内下列参数的综合：扫描参数、视频带宽、射频带宽、调制极性、伴音与图像载频差、伴音调制方式等。在我国，黑白电视属于 D/K 制。

对于彩色电视而言，除了上述有关特性以外，还根据在收、发两端对图像三基色信号不同的处理方式分成许多彩色电视制式。

目前世界上彩色电视最主要的三种制式为：NTSC 制、PAL 制、SECAM 制。

NTSC 制：正交平衡调幅制，1953 年由美国创立，日本、加拿大等国相继采用。

PAL 制：正交平衡调幅逐行倒相制，简称 PAL 制。1967 年由前西德创立，我国大陆采用 PAL 制，英国、意大利、荷兰等西欧国家以及北欧各国也都采用这种制式。PAL 制中根据不同的参数细节，又可以进一步划分为 G、I、D、K、B、H 等制式，其中 PAL-D 制式是我国大陆采用的制式。PAL 制电视标准，每秒 25 帧，电视扫描线为 625 线，奇数场在前，偶数场在后。标准的数字化 PAL 制电视标准分辨率为 725×576，画面的宽高比为4∶3，供电频率为 50Hz，场频为每秒 50 场，图像信号带宽分别为 4.2MHz、5.5MHz 和 5.6MHz 等。

SECAM 制：行轮换调频制，1967 年由法国创立，俄罗斯与东欧各国也采用这种制式。

三种制式都属于兼容制，其共同点是都采用能与黑白电视兼容的亮度信号和两个色差信号作为传输信号；其不同点是两个色差信号对副载波采用不同的调制方式。NTSC 制和 PAL 制都属于同时制，SECAM 制属于顺序—同时制。

NTSC 制与 PAL 制、SECAM 制相比较，主要优点是 NTSC 制的色度信号组成方式最简单，最易于进行信号处理，如数码化、亮度与色度分离等。同时，NTSC 制的接收机、电视中心设备和录像设备最简单，成本最低。亮度信号和色度信号的频谱差距最大，兼容性好，亮度串色和色副载波干扰光电最小。无行顺序效应(即爬行现象)和亮度闪烁现象。因为 NTSC 制每一行对亮度信号和色度信号的处理和传送方式相同，而 PAL 制和 SECAM 制是逐行变化的，故引起行顺序效应。在没有信号失真的情况下，它有较高的图像质量，比如具有较高的色彩水平和垂直清晰度。

NTSC 制最主要的缺点是色调相位敏感性严重。

PAL 制与 NTSC 制相比，对相位失真(包括微分相位失真)不敏感，对传输设备和接收机的技术指标要求低，比 NTSC 制抗多径接收性能好。PAL 制对色度信号的正交失真不敏感，并且对色度信号部分抑制边带引起的失真也不敏感。

PAL 制的缺点是图像上容易产生爬行现象和半帧频闪烁现象。PAL 制信号不利于信号处理(包括数字信号处理、亮度信号的彻底分离等)，这是由于它的色度信号逐行倒相，色副载波相位 8 场一循环引起的。PAL 制的垂直彩色清晰度比 NTSC 制低。

(三)电视信号

1. 黑白全电视信号

图像信号、复合消隐脉冲、复合同步脉冲合在一起就是黑白全电视信号。

通过光电转换器件和电视扫描，将活动的景象转换成随着时间变化的电信号，这种电信号我们称之为图像信号。

在黑白电视中，图像信号是携带景物明暗信息的电信号，它是由电子束按行、场扫描把图像亮暗变换成高低不平的电信号，一般称作视频信号。其波形随着所摄取图像的不同而不同。

对应于景物中最黑部分的图像信号电平称为黑电平，对应于景物中最白部分的图像信号电平称为白电平。黑电平高、白电平低的图像称为负极性图像信号。反之，称为正极性图像信号，如图 3-6 所示。

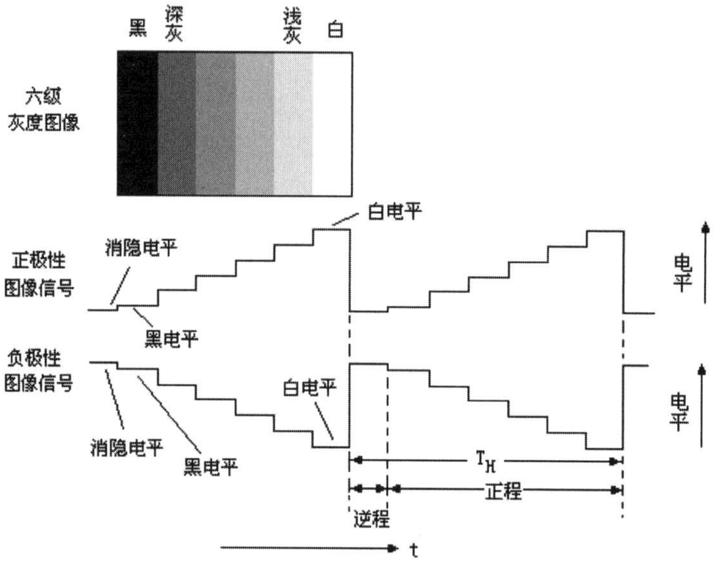

图 3-6 黑白全电视信号示意图

图像信号具有单极性和脉冲性两个特点：

单极性：图像只有从黑到白不同亮度的变化，图像信号呈现单极性特点。图像信号的平均值通常不为零，其值反映图像的平均亮度，亦即背景亮暗。

脉冲性：当图像有亮暗突变时，图像信号波形中有电平跳变相对应，具有脉冲性特点。跳变沿出现在景物中的物体边缘，它对应图像信号频谱中所含有的高频率成分。如果传输中高频分量丢失，重现图像跳变沿不陡峭，重现图像就会模糊不清晰。

无论行扫描还是场扫描，都是在电子束扫描的正程期间传送图像，并且必须给出适当的时间，让电子束回到下一行或下一场的起始部分，这段时间称为逆程。逆程期间提供图像信号且不能出现扫描线，否则会干扰图像，因此必须消除逆程期间的电子束。

抑制行逆程期间的电子束的脉冲信号，称为行消隐信号或行消隐脉冲。抑制场逆程期间的电子束的脉冲信号，称为场消隐信号或场消隐脉冲。行消隐脉冲和场消隐脉冲统称为复合消隐脉冲。

消隐脉冲所处的信号电平称为消隐电平。消隐电平要能截止电子束，其电子值至少要跟黑电平值相同，也可以比黑电平值更低一些（正极性图像信号中）。这时候，消隐电平与黑电平二者之间有一个差值，我们称之为台阶电平提升或者肩电平提升。实际图像信号中，以消隐电平作为基准电平值，图像信号幅度是消隐电平到白电平的峰值。

提供和传送电子束扫描规律的信息给接收端，以使行、场扫描电路的扫描频率及相位与发送端相一致的脉冲信号称为同步脉冲。

行同步脉冲标志控制行扫描逆程的开始时刻；场同步脉冲标志控制场扫描逆程的开始时刻。行、场同步脉冲统称为复合同步脉冲。

同步脉冲所在的电平称为同步电平。同步脉冲叠加在复合消隐电平上，处于图像信号电平的另一侧，即比黑电平还黑的电平范围，以消隐电平为基准，一边是图像信号，另一边是同步信号。规定黑白全电视信号的幅度为 1.0Vpp 时，同步脉冲幅度为 0.3V。

2. 标准彩条信号

为了计算和测量彩色电视系统的性能，常常利用彩条测试信号。它们是由电子电路产生的一种标准度很高的测试信号，信号图像是在荧光屏水平方向包含有黑、白、3 种基色和 3 种补色等宽度排列的 8 个竖条。按亮度顺序自左向右排列，依次是白、黄、青、绿、紫、红、蓝、黑。在黑白显像管上显示为 8 条不同灰度的竖条。其中 3 种基色和 3 种补色都是显像管所能显示的最纯的 6 种颜色，黑、白电平都是标准电平，表明信号的基准电平幅度。

研究彩条信号的波形，有助于清楚地了解彩色电视信号的特性。

彩条信号的基本参数有两个，即白条以及彩条的幅度和饱和度。常见的有 100-0-100-0 彩条、100-0-75-0 彩条、100-0-100-35 彩条等。

标准彩条信号可用 100-0-100-0 来表示和描述，是未经压缩的标准彩条信号。这时的彩条信号为 100%饱和度，100%幅度。100%饱和度是指彩条中每一色条均为纯基色或纯补色，即任一色条中基色电平的最大值为 1，最小值为 0（黑电平）。100%幅度是指任一色条中基色电平的最大值等于白条的 R、G、B 值，白条的 R、G、B 值均为 1。

图 3-7　100-0-75-0 彩条

我国采用 100-0-75-0 彩条，此彩条首先是由欧洲广播联盟提出并采用的，故称为 EBU 彩条，如图 3-7 所示。它与标准彩条信号的差别为各色条的基色电平值是白条中的基色电平值的 75%，白条的幅度仍是 1。

另外，还有一种彩条，由成立于 1916 年的美国电影和电视工程师协会 SMPTE 提出。它比标准彩条增加了一些项目，主要是 ±3 或 ±4 的黑条，更方便使用，如图 3-8 所示。

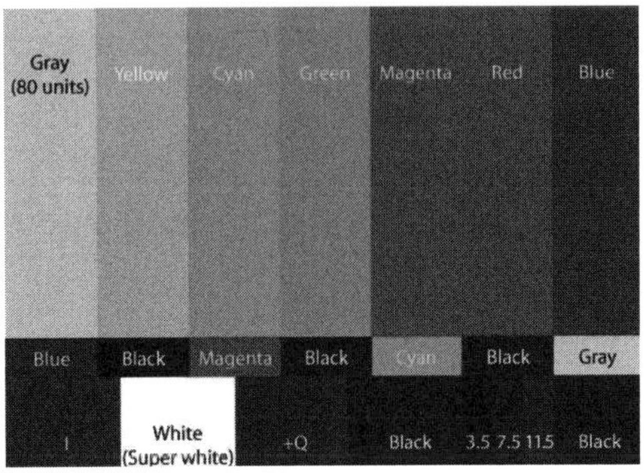

图 3-8　SMPTE 彩条

在实际工作中，除了在工程技术中用来测试系统的性能指标之外，彩条信号最常见的应用，就是用来调整和校准寻像器和监视器。

系统中有多台监视器，不同厂家的监视器在色彩还原上会略有不同，一般录像机监视器应选择高指标、高质量的。监视器所显现的同一图像的色彩和亮度有差异，可能是信号传输系统有问题，也可能是各个监视器本身重现图像的性能不一致。所以，在使用前必须调整和确保各监视器重现彩色和亮度的一致性。

在标准的75%彩条中，蓝信号分布在4个条中，相应的蓝信号在这4个条中的幅度应该是完全一样的。根据这个道理，就可以通过色度调整，使这4条蓝信号的颜色完全一样。监视器上一般会有一个“只看蓝色”的按键(BLUE ONLY)，按下去以后，只有蓝色的信号在监视器上显现。此时可以通过目测，调节色度钮，使蓝色区域一致。使用这种方法，可以使监视器比较准确地还原图像原始的颜色。

亮度调整实际上是对信号中黑电平的调整。调节亮度电平时，信号在Y轴方向整体移动。如果不能正确地调节亮度，在比较亮的区域或比较暗的区域，信号就会发生混叠，细节就难以分辨。对比度调整实际上是对亮度层次的调整。如果把对比度放大或缩小，信号暗部的基点是保持不变的。对于对比度来说，目前并没有一个相应的严格标准。在日常的维护和调节时，可以根据主观经验和感觉将对比度调到一个合适的电平，要防止高亮度使相应的图像清晰度下降。

具体调整步骤如下：

(1)给各监视器输入彩条信号，将监视器上的COLOUR(彩色)调节钮调节为最低，此时监视器上只出现灰度等级，从左到右，有一排白色、灰色并逐渐过渡到黑色的黑白图像。

(2)交替调节监视器上的BRIGHT(亮度)调节钮和CONTRAST(对比度)调节钮，使监视器上的各个灰度等级清楚显现。之后，固定BRIGHT钮和CONTRAST钮的位置。

(3)调节亮度一致后，进行颜色一致性调节。首先顺时针旋转监视器上的COLOUR钮，使监视器重现色彩鲜明的彩条图像。之后，按下BLUE ONLY按键，通过目测调节色度钮，使蓝色区域一致。至此，监视器调整完成。

以记录监视器为准，按以上步骤调节各监视器，就能保证各监视器重现同一图像的彩色和亮度一致。

二、电视信号类型及接口

(一)电视信号类型

所谓信号，是使用某种物理量来代表某种信息的形式或者符号。通常分为两大类，即模拟信号和数字信号。

1. 模拟信号

模拟信号的特点表现为连续性。在时间上是连续的，即每时每刻都存在一个信号幅值与之对应(也包括零幅值)；在幅度上也是连续的，即信号幅值在其动态范围(最小值到最大值的变化范围)之内的每个幅度水平上都可能存在。长期以来，声音、图像或文字信号的处理与传送方式均采用模拟信号方式。模拟信号的缺点是信号易受干扰，杂波较大。一旦窜入振幅性干扰杂波，其与信息内容叠加后将无法被区分开来从而形成干扰。模拟信号电路调整复杂，信号存储与信号延迟的电路实现较困难，不便于利用信号时间轴的压缩和扩张来实现信号的各种变换，所以难于实现多媒体化和网络化。这些都使模拟信号的使用受到一定的限制。

2. 数字信号

数字信号是将代表信息的物理量以一系列数据组合的形式来表示，其主要特点表现为离散性。它在时间轴上是离散的，即单位时间内存在有限个数的数据组（或称样值）；在幅度轴上是离散的，即每个数据存在于有限个数的状态数（或称量化等级）上。在数字信号情况下，电路中处理的信号是一系列数据流。

数字信号具有许多突出优点：由于二进制数表示的数据脉冲只有 0 和 1 两个幅值，故振幅性干扰可以通过限幅加以消除，抗干扰能力强；数字信号经过处理、变换或传输后，干扰杂波不会积累；数字电路或设备容易调整和实现自动化操作，一致性和互换性好，稳定性高，适合大规模集成化生产；数字信号便于存储、延迟和变换，通过改变存储器的读出顺序，可以在空间坐标轴上对数字信号实现各种空间变换；可以实现多媒体化和网络化。

模拟信号数字化后，数字信号的数码率（即单位时间处理的比特数）高，占用频带宽。彩色分量电视信号的数码率超过 200Mb/s，所以必须进行数码率压缩，才可以实现数字信号的处理与传输。数字信号在通道传输或处理中会产生数据的丢失或错误，必须利用检错或纠错来克服。

3. 电视信号数字化

电视信号的数字化需要三个步骤，即取样、量化和编码。

取样又称抽样，是指用每隔一定时间的信号样值序列来代替原来在时间上连续的信号，就是在时间上将模拟信号离散化。这是模拟信号数字化过程中的第一步。用这个时间上离散的信号可以恢复出原来的模拟信号，取样过程不会造成模拟信号信息的损失。

量化是用有限个幅度值替代原来连续变化的幅度值，把模拟信号的连续幅度变成有限数量的有一定间隔的离散值的过程。

编码即把代表特定量化电平等级的数据组合变换成以比特表示的二进制数码，每一组二进制数码代表一个取样值的量化电平等级。在接收端解码时，从这个数码（或称数据）中重新恢复出原模拟信号的电平。有时也把包括取样、量化、编码在内的模拟信号变换成数字信号的全过程称为数字编码。

电视信号本身有很大的冗余，如 18％的行逆程、8％的场逆程等。另外，视频图像本身也有图像数据冗余。主要有空间相关冗余、时间相关冗余、结构相关冗余和人眼视觉冗余等。

为了提高信息传输效率，应当尽量减少冗余量，提高有效信息量，所以要对数字视频图像进行数据压缩编码。由于图像信号中含有多种多样的冗余，所以数据压缩也有多种方式，不同方式的压缩效果和实现的难易程度是不同的，通常是选用几种压缩方式相互结合来取得最好的效果。数据压缩编码方法从不同的角度来看，可以有不同的分类。

根据压缩编码前后图像质量有无损失可分为无损压缩编码和有损压缩编码。

无损压缩编码是指使用压缩后的数据进行重构(或称还原),重构后的数据与原来的数据完全相同。它又可以称为可逆压缩编码或者信息保持编码。

有损压缩编码是指使用压缩后的数据进行重构,重构后的数据与原来的数据有所不同,但不会让人对原始资料表达的信息造成误解。它又可以称为不可逆压缩编码或者信息非保持编码。

根据压缩编码器处理的像素分布范围来分类,可以分为帧内编码和帧间编码。

帧内编码方式是在一帧(或一场)内进行的,其目的在于消除一帧(或一场)内图像的空间冗余。

帧间编码方式是在相邻两帧或几帧之间进行的,利用图像信号的时间相关性来消去冗余。这种方式对于静止图像或慢速运动图像有很强的压缩能力,但对于快速运动的图像,由于时间相关度降低,故压缩能力相应减弱。

根据压缩的方法或工作原理分类,主要可分为预测编码、变换编码、熵编码和量化编码。根据工作特性的不同,又分为自适应量化编码和矢量量化编码等。

(二)视频接口简介

电视机、播放器、视频会议产品和监控产品有许多视频接口,这些视频接口哪些是模拟接口?哪些是数字接口?哪些接口可以传输高清图像?

目前最基本的视频接口是复合视频接口和 S-Video 接口,常见的还有色差接口、VGA 接口、DVI 接口、HDMI 接口、SDI 接口等。

复合视频接口

复合视频接口也称 AV 接口或者 Video 接口,是目前最普遍的一种视频接口,几乎所有的电视机、影碟机类产品都有这个接口。它是音频、视频分离的视频接口,一般由三个独立的 RCA 插头(又叫莲花接口、RCA 接口)组成,其中的 V 接口连接复合视频信号,为黄色插口;L 接口连接左声道声音信号,为白色插口;R 接口连接右声道声音信号,为红色插口,如图 3-9 所示。

图 3-9 复合视频接口

它是一种复合视频信号,没有经过 RF 射频信号调制、放大、检波、解调等,信号保真度相对较好。复合视频信号分辨率一般可达 350～450 线,所使用的线材对图像质量影响最大。另外,由于它是模拟接口,用于数字显示设备时,需要一个模拟信号转数字信号的过程,会损失不少信噪比,所以一般不建议数字设备使用。

S-Video 接口

S 接口也是非常常见的接口，其全称是 Separate Video，也称为 Super Video。S-Video 连接规格中，S 指的是“Separate（分离）”，它将亮度和色度分离输出，避免了复合视频信号输出时亮度和色度的相互干扰。S 接口实际上是五芯接口，由两路视频亮度信号、两路视频色度信号和一路公共屏蔽地线共五条芯线组成，如图 3-10 所示。

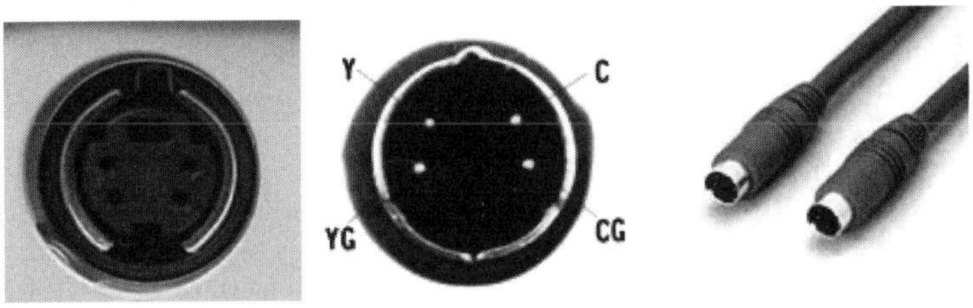

图 3-10　S-Video 接口

同 AV 接口相比，由于它不再进行 Y/C 复合传输，因此也就无需再进行亮色分离和解码工作，使用各自独立的传输通道在很大程度上避免了视频设备内因信号串扰而产生的图像失真，极大地提高了图像的清晰度。不过 S-Video 仍要将两路色差信号（Cr、Cb）混合为一路色度信号 C 进行传输，然后再在显示设备内解码为 Cr 和 Cb 进行处理，这样多少仍会带来一定信号损失而产生失真。Cr、Cb 的混合导致色度信号的带宽也有一定的限制。S-Video 是应用最普遍的视频接口之一。

YPbPr/YCbCr 色差接口

色差接口是在 S 接口的基础上，把色度（C）信号里的蓝色差（b）、红色差（r）分开发送，其分辨率可达到 600 线以上。它通常采用 YPbPr 和 YCbCr 两种标识，前者表示逐行扫描色差输出，后者表示隔行扫描色差输出，如图 3-11 所示。很多电视类产品都是靠色差输入来提高输入视频信号的质量，通过色差接口可以输入多种等级的信号，从最基本的 480i 到倍频扫描的 480p，甚至 720p、1080i 等等，都需要通过色差输入将信号传送到电视机当中。

图 3-11　YPbPr/YCbCr 色差接口

由电视信号关系 Y＝0.30R＋0.59G＋0.11B 可知，只需知道 Y、R、B 的值就能够得到 G（绿色）的值。色差输出将 S-Video 传输的色度信号 C 分解为色差 Cr 和 Cb，避免了两路色差混合解码并再次分离的过程，保持了色度信道的最大带宽，只需要经过反矩阵解码电路就可以还原为 R、G、B 三原色信号而成像，最大限度地缩短了视频源到显示器成像之间的视频信号信道，避免了因繁琐的传输过程所带来的影像失真，所以色差输出的接口方式是目前最好的模拟视频输出接口之一。

VGA 接口

VGA 接口也称 D-Sub 接口。VGA 接口是一种 D 型接口，上面共有 15 针，分成 3 排，每排 5 个，如图 3-12 所示。VGA 接口是显卡上应用最为广泛的接口类型，绝大多数的显卡都带有此种接口。音响或者家庭影院拥有 VGA 接口，可以方便地和计算机显示器连接，用计算机的显示器显示图像。

图 3-12　VGA 接口

VGA 接口传输的仍然是模拟信号，对于以数字方式生成的显示图像信息，通过数字/模拟转换器转变为 R、G、B 三原色信号和行、场同步信号，再通过电缆传输到显示设备中。VGA 接口应用于数字电视之类的显示设备，转换过程的图像损失会使显示效果略微下降。

DVI 接口

DVI(Digital Visual Interface)，它是 1999 年由 Silicon Image、Intel(英特尔)、Compaq(康柏)、IBM、HP(惠普)、NEC、Fujitsu(富士通)等公司共同组成的 DDWG(Digital Display Working Group，数字显示工作组)推出的接口标准。它是以 Silicon Image 公司的 PanelLink 接口技术为基础，基于 TMDS(Transition Minimized Differential Signaling，最小化传输差分信号)电子协议作为基本电气连接。

显示设备采用 DVI 接口具有速度快、画面清晰的特点。DVI 传输的是数字信号，数字图像信息不需经过任何转换，可直接传送到显示设备上，减少了数字→模拟→数字的转换过程，大大节省了时间。DVI 接口无需进行 D/A、A/D 转换，避免了信号的损失，使图像的清晰度和细节表现力都得到了很大提高。

目前的 DVI 接口分为两种：

DVI-D 接口只能接收数字信号，不兼容模拟信号，接口上只有 3 排 8 列共 24 个针脚，其中右上角的一个针脚为空，如图 3-13 所示。

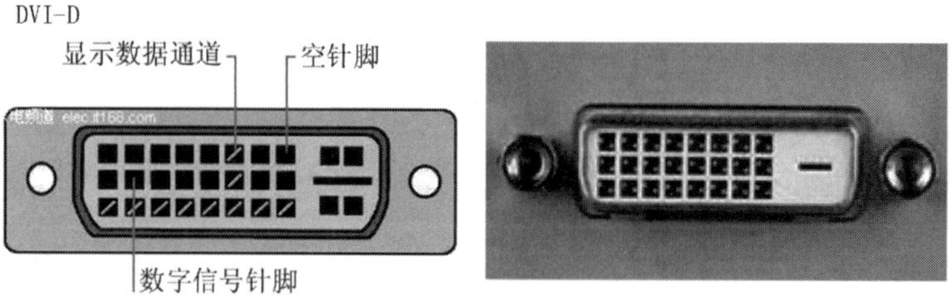

图 3-13　DVI-D 接口

另外一种是 DVI-I 接口，可同时兼容模拟和数字信号，如图 3-14 所示。兼容模拟信号并不意味着模拟信号 D-Sub 接口可以连接在 DVI-I 接口上，而必须通过一个转换接头才能使用，一般采用这种接口的显卡都会带有相关的转换接头。

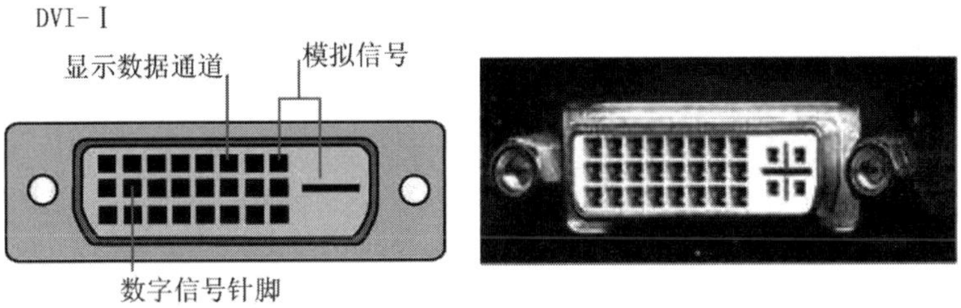

图 3-14　DVI-I 接口

SDI 接口

SDI(Serial Digital Interface) 接口即数字串行接口，如图 3-15 所示。

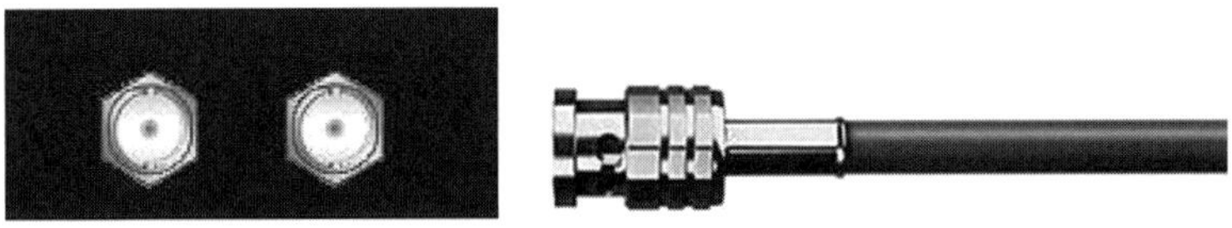

图 3-15　SDI 接口

SDI 接口不能直接传送压缩数字信号，数字录像机、硬盘等设备记录的压缩信号重放后，必须经解压并经 SDI 接口输出才能进入 SDI 系统。如果反复压缩和解压，必将引起图像质量下降和延时增加，为此，各种不同格式的数字录像机和非线性编辑系统规定了各自用于直接传输压缩数字信号的接口：

(1)索尼公司的串行数字数据接口 SDDI(Serial Digital Data Interface)，用于 Betacam-SX 非线性编辑或数字新闻传输系统，通过这种接口，可以 4 倍速度将数据从磁带上载到磁盘。

(2)索尼公司的 4 倍速度串行数字接口 QSDI(Quarter Serial Digital Interface)，在 DVCAM 录像机编辑系统中，通过该接口可以 4 倍速度将数据从磁带上载到磁盘、从磁盘下载到磁带或在盘与盘之间进行数据拷贝。

(3)松下公司的压缩串行数字接口 CSDI(Compression Serial Digital Interface)，用于 DVCPRO 和 Digital-S 数字录像机、非线性编辑系统中，在带基到盘基、盘基到盘基之间可以 4 倍速度传输数据。

以上三种接口互不兼容，但都与 SDI 接口兼容，在 270Mb/s 的 SDI 系统中可进行高速传输。这三种接口是为建立数字音视频网络而设计的，这类网络不像计算机网络那样使用握手协议，而是使用同步网络技术，不会因路径不同而出现延时。

人们常在 SDI 信号中嵌入数字音频信号，也就是将数字音频信号插入视频信号的行、场同步脉冲(行、场消隐)期间与数字分量视频信号同时传输。

图 3-16 FDDI 光线分布式数据接口

FDDI 光纤分布式数据接口

FDDI(Fiber Distributing Data Interface,光纤分布式数据接口)是 LAN 技术中传输速率最高的一种,传输速率高达 100Mb/s,网络技术所依据的标准是 ANSIX3T9.5,支持多种拓扑结构,传输媒体为光纤,如图 3-16 所示。使用光纤作为传输媒体具有多种优点:

第一,传输距离较长。相邻站间的最大长度可达 2km,最大站间距离为 200km。第二,具有较大的带宽,FDDI 的设计带宽高达 100Mb/s。第三,对电磁和射频具有干扰抑制能力,在传输过程中不受电磁和射频噪声的影响,也不影响其他设备。第四,光纤可防止传输过程中被分接偷听,也杜绝了辐射波的窃听,因而是最安全的传输媒体。

由光纤构成的 FDDI 接口,其基本结构为逆向双环,一个环为主环,另一个环为备用环。当主环上的设备失效或光缆发生故障时,将主环切换为备用环,可继续维持 FDDI 的正常工作。这种故障容错能力是其他网络所没有的。

HDMI 接口

HDMI(High Definition Multimedia Interface,高清晰度多媒体接口)可以提供5Gb/s 的数据传输带宽,可以传送无压缩的音频信号及高分辨率视频信号。无需在信号传送前进行 D/A、A/D 转换,可以保证最高质量的影音信号传送,如图 3-17 所示。应用 HDMI 的好处是:只需要一条 HDMI 线,便可以同时传送图像和声音信号。HDMI 技术不仅可以提供清晰的画质,而且由于音频、视频采用同一电缆 ,大大简化了家庭影院系统的安装。

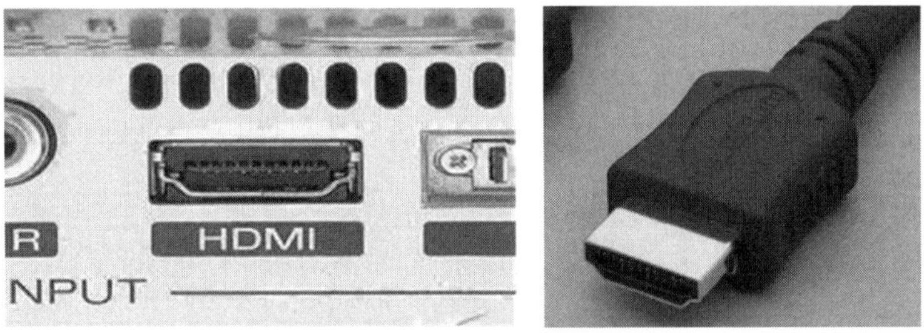

图 3-17 HDMI 接口

HDMI 在针脚上和 DVI 兼容,只是采用了不同的封装,如图 3-18 所示。

图 3-18 HDMI to DVI-D 转接头

IEEE 1394 接口

IEEE 1394 也称为火线(Fire Wire)或 iLink,它能够传输数字视频和音频及机器控制信号,具有较高的带宽,且十分稳定。通常主要用来它连接数码摄像机、DVD 录像机等设备。IEEE 1394 接口有两种类型:6 针的六角形接口和 4 针的小型四角形接口。6 针的六角形接口可向所连接的设备供电,而 4 针的四角形接口则不能,如图 3-19 所示。

图 3-19　IEEE 1394 接口

IEEE 1394 接口的设计使它成为电子设备(包括便携式摄像机、个人电脑、数字电视机、音/视频接收器、DVD 播放机、打印机等)之间的一个通用连接接口。1394 电缆可以传输不同类型的数字信号,包括视频信号、音频信号、数码音响信号、设备控制命令和计算机数据。

IEEE 1394 接口中的数据能够以数字形式传输,不需要模数转换,降低了设备的复杂性,保证了信号的质量。另外,在系统全速工作时,IEEE 1394 设备支持热插拔,可以直接插入或拆除。

BNC 接口

BNC 接口是指同轴电缆接口,BNC 接口用于 75 欧同轴电缆的连接,提供收(RX)、发(TX)两个通道,它用于非平衡信号的连接,如图 3-20 所示。

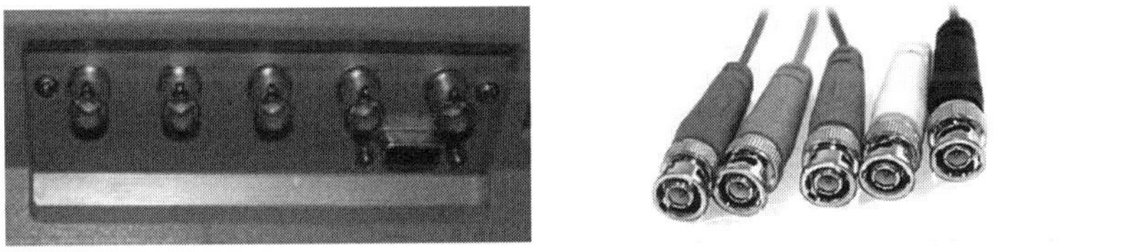

图 3-20　BNC 接口

BNC 接口主要用于连接高端家庭影院产品以及专业视频设备。BNC 电缆共有 5 个连接头,分别接收红、绿、蓝、水平同步和垂直同步信号,可以使视频信号之间的干扰减少,达到最佳信号响应效果。由于 BNC 接口的特殊设计,连接非常紧,不必担心接口松动而产生接触不良。

(三)音频接口简介

高清视频带来强烈的视觉冲击,相应的音频质量也需要大大提升,从而能够带来更逼真的现场效果。下面介绍目前常用的音频接口。

RCA 模拟音频接口

RCA 模拟音频接口就是常说的"莲花头",它利用 RCA 线缆传输模拟信号,是目前最普遍的音频连接方式。每一根 RCA 线缆负责传输一个声道的音频信号,所以立体声信号需要使用一对线缆。对于多声道系统,就要根据实际的声道数量配以相同数量的线缆。立体声 RCA 音频接口,一般将右声道用红色标注,左声道则用蓝色或者白色标注,如图 3-21 所示。

图 3-21　RCA 模拟音频接口

XLR 接口

与 RCA 模拟音频接口直接传输声音的方式完全不同,平衡模拟音频(Balanced Analog Audio)接口使用两个通道分别传送信号相同而相位相反的信号。接收端设备将这两组信号相减,干扰信号就被抵消掉,从而获得高质量的模拟信号。平衡模拟音频通常采用 XLR 接口和大三芯接口。XLR 接口俗称"卡侬头",由三针插头和锁定装置组成,由于采用了锁定装置,XLR 连接相当牢靠,如图 3-22 所示。大三芯接口则采用直径为 6.35 毫米的插头,其优点是耐磨损,适合反复插拔。平衡模拟音频连接主要出现在高级模拟音响器材或专业音频设备上。

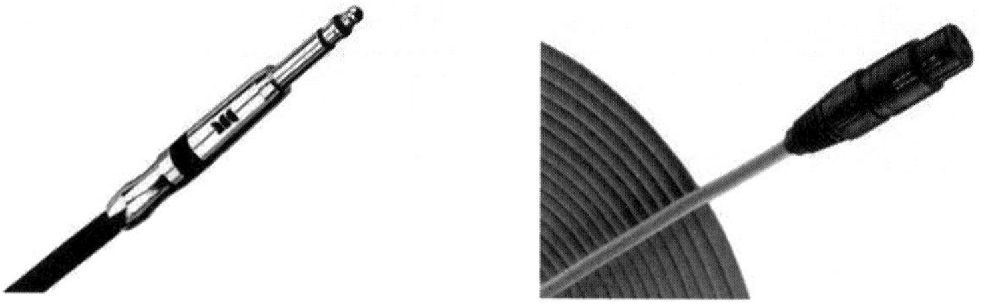

图 3-22　XLR 接口

S/PDIF 接口

S/PDIF(Sony/Philips Digital Interface Format,索尼和飞利浦数字接口)是由 SONY 公司与 PHILIPS 公司联合制作的一种数字音频输出接口,如图 3-23 所示。该接口广泛应用在 CD 播放机、声卡及家用电器等设备上,能改善 CD 的音质,提供更纯正的听觉效果。该接口传输的是数字信号,不会像模拟信号那样受到干扰而降低音频质量。需要注意的是,S/PDIF 接口是一种标准,数字同轴接口和光纤接口都属于 S/PDIF 接口的范畴。

图 3-23　S/PDIF 接口

数字同轴接口

数字同轴接口是利用 S/PDIF 接口输

出数字音频的接口，如图 3-24 所示。同轴线缆有两个同心导体，导体和屏蔽层共用同一轴心。同轴线缆是由用绝缘材料隔离的铜线导体组成，阻抗为 75 欧，在里层绝缘材料的外部是另一层环形导体及其绝缘体，整个电缆由聚氯乙烯或特氟纶材料的护套包住。同轴电缆的优点是阻抗稳定，传输带宽高，能够保证音频的质量。数字同轴线缆的标准接头为 BNC 接头，但实际上数字同轴线缆多采用 RCA 接头。

光纤

光纤（Optical）以光脉冲的形式来传输数字信号，其材质以玻璃或有机玻璃为主，如图 3-25 所示。光纤同样采用 S/PDIF 接口输出，其特点是带宽高，信号衰减小，常常用于节目制作系统中长距离的传输，支持 PCM 数字音频信号、Dolby 以及 DTS 音频信号。

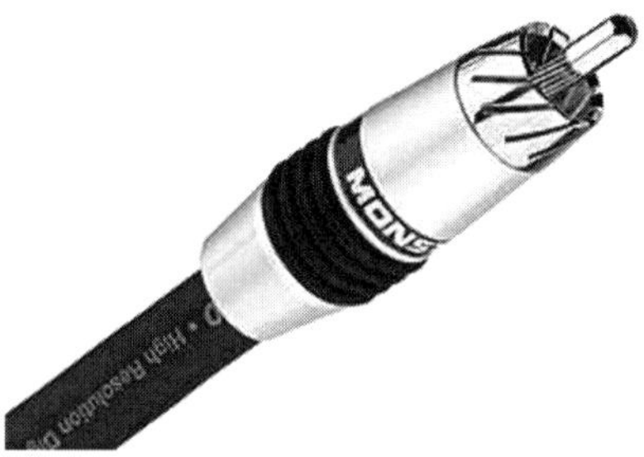

图 3-24　数字同轴接口

图 3-25　光纤

凤凰头也经常被用来作为音频的输入和输出端口，如图 3-26 所示。

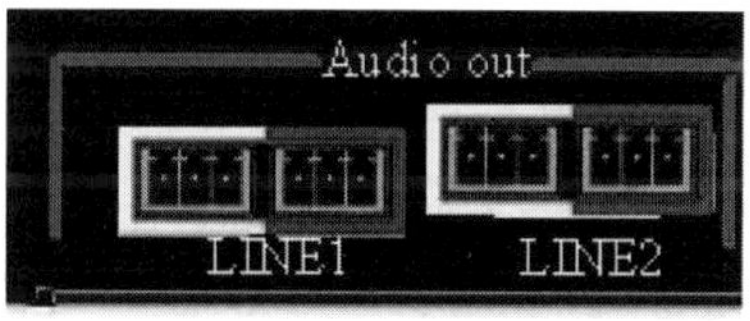

图 3-26　凤凰头

第二节　存储介质与录像机

一、存储介质及录像机类型

随着技术的不断发展，视频存储介质逐步呈现出多样化、微观化的趋势。录像存储介质包括磁带、硬盘、蓝光盘、存储卡等。相应地，录像机也包括磁带录像机、硬盘录像机、蓝光盘录像机及存储卡录像机。

(一)磁带与磁带录像机

1. 磁带

磁带是存储图像信息、声音信息以及其他有关信息的介质，其质量的优劣对录放质量和记录密度都有着直接的影响，如图 3-27 所示。磁带由黏合剂、带基、磁性层及背涂层构成。

图 3-27 磁带

带基是用对酞酸聚乙烯等塑料材料制成的，它是承载磁粉的载体，具有足够的弯曲强度和拉断强度。磁性层决定磁带的电磁特性。涂布型磁带包括氧化铁带和金属带等。

2. 磁带录像机

磁带录像机是利用电磁感应原理，将视频信号和音频信号以剩磁的形式记录在磁带上，并且可以将磁带上的剩磁记录还原为视频信号和音频信号进行重放的电视节目制作与播出设备，它被广泛应用于家庭、工业和科研等各个领域。磁带录像机的发展历经从模拟到数字、从复合到分量的过程，数字分量录像机是目前主流的录像机机型，如图 3-28 所示。

图 3-28 磁带数字录像机

（二）硬盘与硬盘录像机

1. 硬盘

硬盘是当今主要的电子信息存储介质之一，由一个或者多个铝制或者玻璃制的碟片组成。碟片外覆盖有铁磁性材料。硬盘有固态硬盘（SSD 盘，新式硬盘）、机械硬盘（HDD 盘，传统硬盘）、混合硬盘（HHD 盘，基于传统机械硬盘的新硬盘）。SSD 采用闪存颗粒来存储，如图 3-29 所示；HDD 采用磁性碟片来存储；混合硬盘是把磁性硬盘和闪存集成到一起的一种硬盘。绝大多数硬盘都是固定硬盘，被永久性地密封固定在硬盘驱动器中。[①]

图 3-29　SSD 硬盘

2. 硬盘录像机

硬盘录像机（Digital Video Recorder）是一种以计算机硬盘作为存储介质的图像记录设备，如图 3-30 所示。硬盘录像机的主要用途是将前端设备（如摄像机）传送过来的图像信号存储在硬盘上。数字硬盘录像机（DVR）按系统结构的不同分为两大类：PC 式 DVR 和嵌入式 DVR。PC 式 DVR 的硬件系统是以传统的多媒体计算机为基础，配备专用的图像采集卡或图像采集压缩卡及声音采集卡。嵌入式 DVR 是将系统的应用软件与硬件融于一体的一种专门用于图像信号录放的录放像设备。嵌入式 DVR 脱离计算机平台，具有操作简单、稳定性高等优点，电视节目制作系统经常使用嵌入式 DVR 进行信号的录制和重放。

图 3-30　硬盘录像机

① 百度百科：硬盘条目。

硬盘录像机的优点：以先进的数字化方式录制和存储，实现了模拟节目的数字化高保真存储，反复多次播放也不会使音视频质量下降。提供天线/电视电缆、AV 端子、S 端子输入接口和 AV 端子、S 端子输出接口等，全面的输入输出接口可支持大容量、长时间的节目存储，存储能力强。另外，由于硬盘快速、随机存储的特点，录制好的和正在录制的节目都可以灵活地进行实时特技播放，快速播放时图像更加平滑，慢速播放时具有更高的细节分辨率。

(三)蓝光盘与蓝光盘录像机

1. 蓝光盘

图 3-31 蓝光盘

蓝光盘(Blu-ray Disc，简称 BD)是 DVD 之后的下一代光盘格式之一，可对视频及音频信号进行高品质、高容量的数据存储，如图 3-31 所示。蓝光盘的命名是由于其采用波长 405nm 的蓝色激光光束来进行读写操作(DVD 采用 650nm 波长的红光读写器，CD 则采用 780nm 波长的光速进行读写)。蓝光盘相较于 DVD 来说具有更高的耐用性以及更大的容量。

蓝光盘的优势是可以存储海量的信息，一张单层蓝光盘的尺寸与 DVD 大致相同，可保存 27GB 的数据——可以存储 2 小时以上的高清视频或大约 13 小时的标准视频。一张双层蓝光盘最多可存储 50GB 的数据，可保存约 4.5 小时的高清视频或 20 多小时的标准视频。

2. 蓝光盘录像机

蓝光盘录像机是采用蓝光盘作为存储介质进行视频录制的录像机，如图 3-32 所示。

图 3-32 蓝光盘录像机

蓝光盘录像机有较大的存储容量，支持多种帧频的记录，具有下变频以及上变频的功能。在接口方面，支持 HDSDI、SDSDI、AES/EBU、模拟视频、模拟音频等多种接口。蓝光盘录像机具备简便的光盘播放以及搜索功能，如重复播放、缩略图扩展、场景选择、基本标志搜索等。可将音视频剪辑记录成文件格式，通过在计算机显示屏上显示的缩略图列表进行操作。

(四)存储卡与存储卡录像机

1. 存储卡

存储卡是用于手机、数码相机、便携式电脑、MP3 和其他数码产品上的独立存储介质，一般是卡片的形态，故统称为“存储卡”。存储卡具有体积小巧、携带方便、使用简单等优点，大多数存储卡都具有良好的兼容性，便于在不同的数码产品之间交换数据。存储卡主要分为以下几种类型。

CF 卡：CF 卡的优点是存储容量大，成本低，兼容性好，缺点是体积较大，如图 3-33 所示。CF 卡由控制芯片和存储模块组成，接口采用 50 针设计，它有 CF Ⅰ与 CF Ⅱ型之分，后者比前者厚一倍。目前，小体积的 CF 存储卡也在不断推出。

SD 卡：SD 卡是一种全新的存储卡产品，其最大的特点就是通过加密功能，保证数据资料的安全保密，如图 3-34 所示。

图 3-33　CF 卡

图 3-34　SD 卡

记忆棒：记忆棒又称 MS 卡，是一种可移除式的快闪记忆卡格式的存储设备，如图 3-35所示。它具备版权保护功能，速度非常快，如索尼公司的 MS-HX 系列记忆棒 Memory Stick Pro-HG Duo。

P2 卡：P2 卡是松下公司开发的一种专业用插卡，是为专业音视频而设计的小型固态存储卡，如图 3-36 所示。P2 卡符合 PC 卡标准(2 型)，可以直接插入笔记本的卡槽中。P2 卡上的音视频数据可以即刻装载，每一段剪辑都是 MXF 和元数据文件。这些数据不需要数字化处理，就可以立即用于非线性编辑，或在网络上进行传送。

图 3-35　记忆棒

图 3-36　P2 卡

2. 存储卡录像机

存储卡录像机是采用存储卡作为存储介质进行视频录制的录像机，如图 3-37 所示。

存储卡录像机是一种非线性记录媒体，采用编解码器处理能够进行高清记录，可以根据所需要的画质和记录时间选择相应的比特率。

存储卡录像机通过高效的压缩格式拥有较长的记录时间，采用基于文件的 MP4 等记录格式，可同时提供多种记录格式，在 IT 环境中可以很方便地进行复制、共享和归档处理。

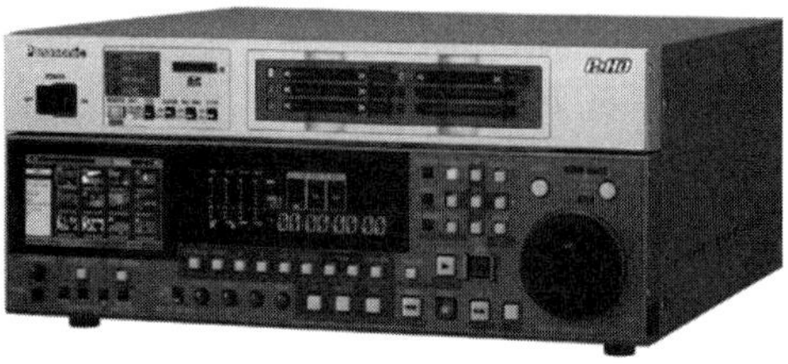

图 3-37　存储卡录像机

由于是在存储卡上进行记录，信号会自动记录在内存卡的空白区域，无需担心新的记录覆盖之前记录的图像。开始记录至结束记录的时间段落称为一个剪辑，存储卡录像机可以对任何剪辑进行重复播放，如图 3-37 所示。

二、存储卡录像机的使用

首先，准确地连接存储卡录像机；其次，进行录像机的设置；然后进行录制、播放和视音频编辑。下面，我们以索尼公司 PMW-1000 存储卡录像机为例，如图 3-38 所示，介绍存储卡录像机的使用。

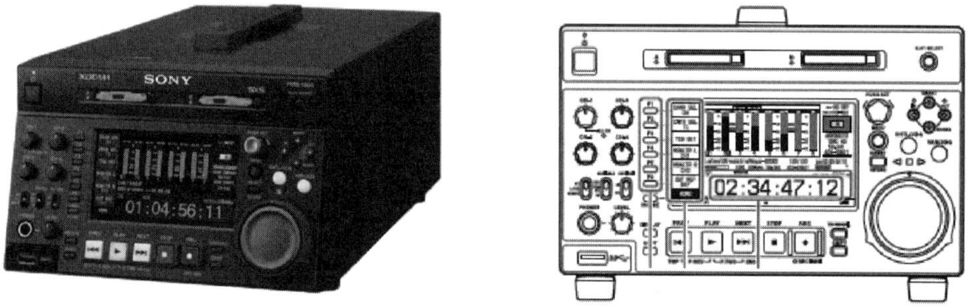

图 3-38　PMW-1000 存储卡录像机

(一)录制

1.准备工作

在开始记录前执行下列设置和调整，调整面板如图 3-39 所示。

- 视频输入信号选择：用功能菜单中 P1 INPUT 页上的 V INPUT 进行选择。
- 音频输入信号选择：用功能菜单 P1 INPUT 页上的 A1 INPUT 至 A4 INPUT 以及 P2 INPUT 页上的 A5 INPUT 至 A8 INPUT 进行选择。
- 时间代码设置：选择要显示的时间数据，时间数据类型可用功能菜单中 HOME 页上的 CNTR SEL 设置。

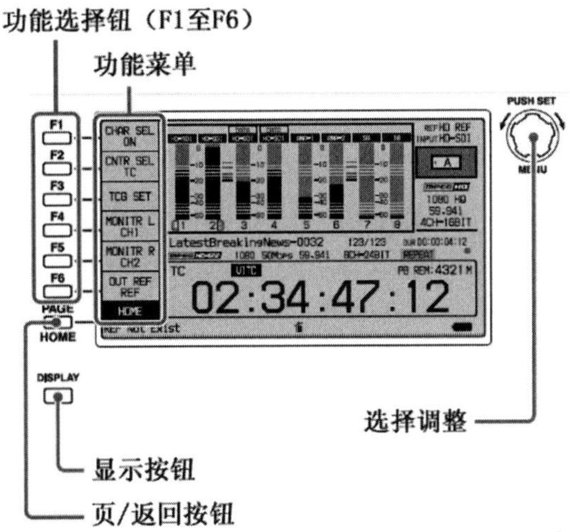

图 3-39　调整面板

- 选择要监视的音频通道:用功能菜单中 HOME 页上的 MONITR R 和 MONITR L 选择。
- 调节监视器音频音量:调节 LEVEL 旋钮,调整音频记录电平。

记录音频时,将 VARIABLE 开关设置为“PRESET”,将以预设的参考电平记录音频信号;将 VARIABLE 开关设置为“REC”,将手动调整音频记录电平并使用 CH-1/ALL CH 以及 CH-2 到 CH-4 旋钮调节 CH-1 到 CH-4,同时使用功能菜单中 P3 AUDIO 页上的 A5 VOL 到 A8 VOL 旋钮调节 CH-5 到 CH-8,使音频电平表上的音频电平指示不超过 0 dB(最大音量)。

2. 记录

记录操作过程如图 3-40 所示。

(1)插入格式化后的可记录 SxS 存储卡,SxS 存储卡需要进行格式化。

(2)按下 REC 键的同时按 PLAY 键,开始记录。

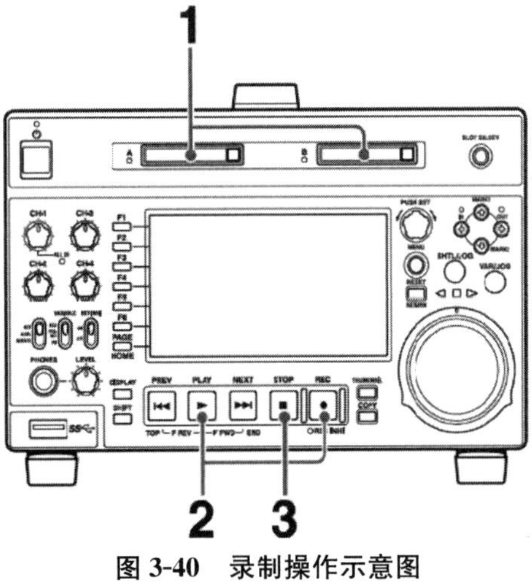

图 3-40　录制操作示意图

SxS 存储卡存满后将自动停止记录并在监视器上显示消息“Alarm Media End”。录制过程中，无法把当前使用的 SxS 存储卡更换为另一个存储卡。需要进行更换时，首先要停止记录，然后按下 SLOT SELECT 键转换插槽，或拔出 SxS 存储卡并插入不同的存储卡。SxS 存储卡更换完毕后，录像机根据 HDSDI 信号中嵌入的 REC 命令恢复操作。

(3) 按 STOP 键，停止记录。

一个录制片段(从录制的开始到结束)被称为“剪辑”。如果在 SxS 存储卡录制剪辑时将其取出，则无法保证该剪辑的质量。

(二)播放

播放操作使用的按钮如图 3-41 所示。

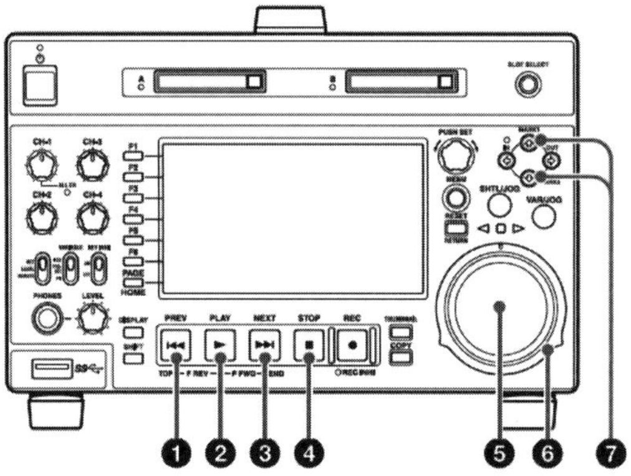

图 3-41 播放操作按钮示意图

在开始播放前，进行下列设置和调节：

- 选择要显示的时间数据：时间数据类型可用功能菜单中 HOME 页上的 CNTR SEL 设置。
- 选择要监视的音频通道：用功能菜单中 HOME 页上的 MONITR L 和 MONITR R 选择。
- 调节监视器音频音量：调节 LEVEL 旋钮。

播放模式有以下几种：

(1)常规播放模式

连续播放模式：播放 SxS 存储卡上的所有剪辑。

单个剪辑播放模式：播放当前选择的剪辑，将菜单项目 SINGLE CLIP PLAY MODE 设置为“on”。播放类型包括正常播放、正向或反向高速播放、慢速播放、快速播放和变速播放。播放在到达剪辑起点或终点时停止。不播放后一和前一剪辑。

重复播放模式：仅重复播放所选的剪辑，要移动至另一剪辑，按下 PREV 键、NEXT 键、SHIFT + PREV 或 SHIFT + NEXT 组合，或执行缩略图搜索。

开始播放：在连续播放模式中按下 PLAY 键。当 SxS 存储卡上记录了两个或多个剪辑时，将连续播放这些剪辑。也可以跳转到下一个或者前一个剪辑，然后开始播放，可使用 PREV 键、NEXT 键、慢速拨盘或者快速拨盘。在播放非声音信号时无音频输出。

停止播放：按一下 STOP 键。如果播放到最后一个剪辑的结尾帧，播放自动停止。如果此时按一下 PLAY 键将在监视器上显示消息“Media End”。如果要再次开始播放，可以使用 PREV 键、慢速拨盘或者快速拨盘移动到需要播放的剪辑。

(2)慢速模式播放

在慢速模式中，通过慢速拨盘的转动速度来控制播放速度。播放速度范围是正常速度的 -2 至 +2 倍。

慢速模式播放操作：按下 VAR/JOG 键，将其打开。按需要的方向转动慢速拨盘，速度对应于需要的播放速度，开始按慢速模式播放。

反向播放时，慢速/ 快速传送指示灯◀(绿色)点亮。

正向播放时，慢速/ 快速传送指示灯▶(绿色)点亮。

停止转动慢速拨盘，播放停止。

(3)快速模式播放

在快速模式中，通过快速拨盘的转动角度来控制播放速度。播放速度范围为 ±20 倍速或最大速度。

快速模式播放操作：按下 SHTL/JOG 键，将其打开。将快速拨盘转动到与需要播放速度对应的角度，开始按快速模式播放。快速拨盘的中央位置有一个定位槽，用于播放静止图像。

反向播放时，慢速/ 快速传送指示灯◀(绿色)点亮。

正向播放时，慢速/ 快速传送指示灯▶(绿色)点亮。

图像静止时，慢速/ 快速传送指示灯■(红色)点亮。

将快速拨盘返回到中央位置，或者按一下 STOP 键，播放停止。

数字录像机的发展日新月异，在录像机的使用过程中一定要特别注意新的功能。熟悉并了解每个按钮的作用，争取能够熟练地使用它们，为电视节目的制作打下良好的基础。

思考与研讨题

1. 简述逐行扫描与隔行扫描各自的优缺点。
2. 简述目前世界上三种主要的彩色广播电视制式以及它们各自的优缺点。
3. 简述录像机新存储介质的特点。
4. 简述最主要的音视频数字接口的特点。
5. 存储卡录像机的优点有哪些？

参考文献：

1. 王灏、孟群：《电视制作技术》，中国国际广播出版社 2009 年版。
2. 孟群：《电视节目制作技术》，高等教育出版社 2006 年版。
3.《索尼 PMW - 1000 存储卡录像机用户手册》。

第四章 电视声音拾取和制作

本章重点

1. 前期录音方法和后期软件剪辑功能
2. 各种话筒的主要功能及使用方法
3. 调音台及相关音频处理设备的特性
4. 5.1 声道环绕声技术及节目制作流程

第一节 电视声音概述

一、声音概念和听觉特性

电视是向人的"视""听"两个感官传达信息的传播媒介，同画面影像一样，声音在电视节目中也发挥着不可替代的作用。

(一)声音的基本概念

声音是由物体机械振动或气流扰动引起弹性媒质发生波动产生的。

正在发声的物体叫声源。由声源引起的媒质的振动产生声波，而声波属于纵波。只含有一种振荡频率的声波是单音，由不同频率和振幅叠加产生的声波是复合音。声音是由物体振动而产生的声波通过听觉器官所产生的印象。

声音周期是指声音完成一次振动需要的时间。

频率是指声音在每秒钟完成的振动次数，频率(f)＝1÷周期(T)，例如，当声音周期T＝0.01s时，频率f＝1÷0.01s＝100Hz

波长是指声波在一个周期时间内传播的距离，波长(λ)＝传输速率(v)×周期(T)，例如，当传输速率v＝500m/s，T＝0.01s时，波长λ＝500m/s×0.01s＝5m。

(二)听觉特性

1.响度

响度是人耳对声音大小的主观感觉,单位是分贝(dB)。响度由声波的振幅决定,振幅越大则响度越大。当声音减弱到人耳刚刚能听到时其响度称为听阈,听阈随声音频率的改变而改变,不同频率的听阈值不同。当声音的频率为 3～5KHz 时,听阈值最小,此时的人耳对声音是最敏感的。耳语的响度约为 20 分贝,正常说话的响度约为 55 分贝,而摇滚演唱会的响度则约为 100 分贝。当声音增强到人耳有痛感时,即达到痛阈,大约为 120 分贝。

动态范围是指录音设备能够处理的最低响度到最高响度的范围,不同设备的动态范围也不同。当录制的声音响度超过录音设备的动态范围时,会导致失真。

另一个与响度有关的指标是信噪比。录音设备在录音时会记录自身发出且难以消除的噪音。信噪比是录音设备的一个常见性能指标,通常约为 55∶1,即记录 55 分贝的声音信号,其中就有 1 分贝的噪音。信噪比越高,录音质量越好,信噪比低于 20∶1 的录音设备录音质量就很差了。

2.音调

音调是人耳对声音频率高低的感觉,单位是美(mel)。音调主要由声波频率决定,也与声音强度、声音持续时间有关。当声音强度不变时,声波频率越高则音调越高。当声波频率不变时,低频声音中的声强越高声调越低,成反比;而高频声波中的声强越高声调越高,成正比。毫秒级甚至更短促的声音,很难感觉出音调,持续 10～50 毫秒的声音,听起来音调由低向高连续变化,超过 50 毫秒,人耳听到的音调就相对稳定了。

3.音色

音色是人耳对声音各种频率和强度的综合感觉。发音体振动的基本频率称为基音,伴随更高频率的、振幅较小的声音,若频率是基音的整数倍,称为谐音;若频率不是基音的整数倍,则称为泛音。音色是由声波的频谱结构决定的。音色的声音特性包括声音的圆润度、饱满度、清晰度及共鸣效果。人耳之所以能区别出不同的说话主体,是因为每个人的音色不同。

二、画面与声音的相互关系

电视中的声音主要包括:人物同期声、自然环境声、解说词、效果音响以及音乐。人物同期声是与画面同步出现的人物声音,包括记者和采访对象的谈话、人物对话等,是电视节目的主要叙事手段。自然环境声能为观众营造现场氛围,增加现场感。解说词作为画外语言,能解释、抒情、介绍背景以及表达创作者的观点。效果音响和音乐则能增强表现效果或增加画面真实感,辅助叙事,传达情绪。

在电视传播中,必须重视电视声音,以获得理想的传播效果。例如,在电视新闻节目当中，新闻事件发生之前的画面无法再现，可通过解说词或者当事人的同期声来完成新闻事件的背景介绍，弥补电视画面的不足；当画面与现场声和解说词相结合时，可以增强电视新闻的真实感和现场感，令观众有亲临现场之感；除了叙述事件的功能，电视声音还可以辅助电视画面烘托气氛，强化报道主题。

总之，电视画面离不开声音，失去了声音就失去了一条重要的信息渠道，使受众无法获得全面而完整的信息。在电视节目中运用电视声音，并将其作为自身不可或缺的一部分，对于电视媒体显得尤为重要。

第二节　话筒特性与使用方法

一、话筒特性及类型

(一)话筒的方向特性

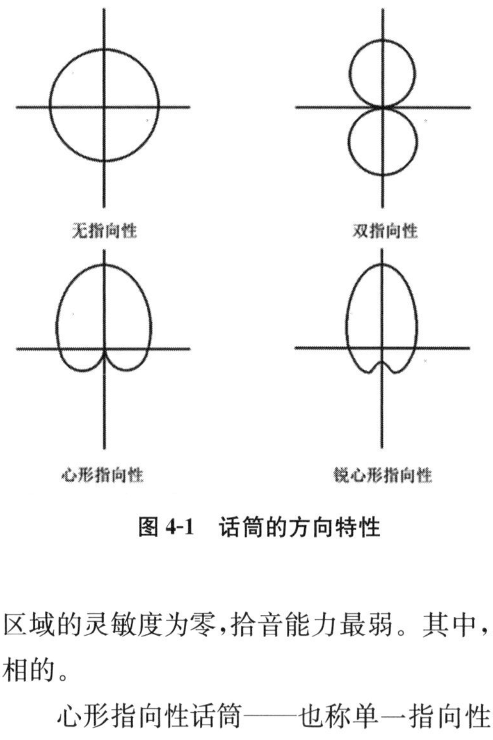

图 4-1　话筒的方向特性

话筒的方向特性是指话筒对于来自不同方向或角度的声音的灵敏度，常见的话筒指向性包括：无指向性、双指向性、心形指向性和锐心形指向性，如图 4-1 所示。

无指向性话筒——也称全指向性话筒，即拾音范围是全方向性的以话筒为中心的球形范围，在球形范围内的声音均可拾取，能接受来自各个方向的声音，效果相同。拾音的质量与话筒和声源间的距离有关，而与声源的方向无关。

双指向性话筒——也称 8 字指向性话筒，它的拾音范围是话筒的正前方和正后方，即 0°和 180°区域的灵敏度最高，拾音能力最强。而话筒的两侧方向，即 90°和 270°区域的灵敏度为零，拾音能力最弱。其中，双指向性话筒的正前方和正后方的声相是反相的。

心形指向性话筒——也称单一指向性话筒，其拾音范围是单方向的，只拾取话筒正前方一个很宽角度范围内的声音，而话筒后面的声音几乎不能拾取。

锐心形指向性话筒——也称超指向性话筒，拾音范围比心形指向性话筒的指向性更强，对侧向人声有较好的抑制性，同时增加了正前方的可拾音距离。

(二)常见的话筒类型

声音能量转化为电信号的方式包括电动式和静电式，也就是常说的动圈式和电容式。动圈式话筒很结实，能够提供较好质量的声音，使较响的声音不易失真。动圈话筒很少需要保养，可以手持录音而不会产生手持噪音，同样可用于所有类型的话筒支架。而电容式话筒则能够提供超高质量的音频，通常用于对音乐的拾取。电容式话筒的一个重要优点是它的体积可以非常小，是枪式、领夹式和其他微型话筒的理想选择。电容式话筒通常使用内置的电池、调音台幻象电源等特殊电源，其中驻极体电容话筒在制造时配加了永久电荷，无需外部供电。

1. e935 心形指向性动圈式话筒

e935 是完全专业的心形指向性声乐话筒，重 330 g，直径 47 mm，全长 181 mm，如图 4-2 所示。它有很好的抑制性能，允许演员有更多的移动。e935 属于避振挂装设计，轴内、轴外响应始终一致，配有杂音补偿线圈。拾取的声音动听、温暖，即使在高强度的舞台混音中也清晰可辨。

图 4-2　e935 话筒

2. MKE 2 微型无指向性电容式话筒

无论是音乐会、现场演出还是广播电视节目中，都活跃着微型话筒的身影。如图 4-3 所示，MKE 2 属于高质量、超微型的领夹式话筒，话筒直径 4. 8mm，线长 1. 6 m，适合于包括人声和乐器录音的各类现场录音工作。话筒非常坚固耐用，具有非常高的声压级处理能力，可以满足对音质最苛刻的要求。MKE 2 采用特殊的伞状振膜，并有焊制的外壳，相比其他领夹式话筒更能适应严酷的现场条件，保护话筒免受汗水和潮湿的危害，是喜剧演出的理想选择。

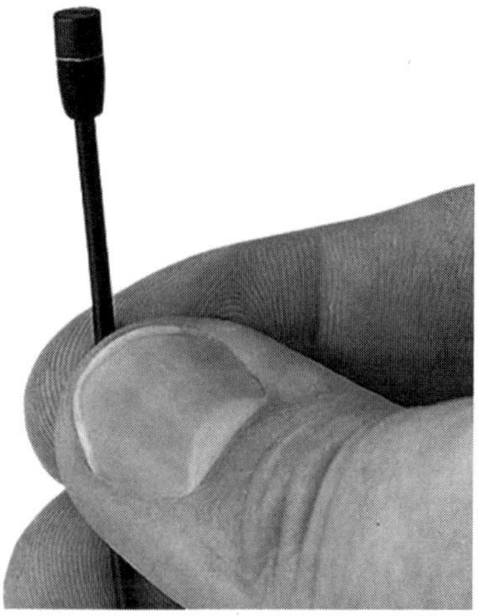

图 4-3　MKE 2 话筒

3. MKH 8090 宽心形指向性电容式话筒

MKH 8090 拥有宽心形拾音指向性，能够拾取非常自然的声音，是管弦乐录音的理想选择，如图 4-4 所示。这种电容式话筒非常适合作为主录音话筒和点录音话筒使用，当用作主录音话筒时，MKH 8090 可以完整地表现声音全貌，同时捕捉良好的空间环境；当用作点录音话筒时，MKH 8090 足够准确的指向性能可以隔绝周围的杂声，同时又不会让录制的声音听起来太过狭窄。

图 4-4　MKH 8090 话筒

MKH 8090 具有非常低的本底噪声，能够拾取极其细微的声音，确保在拾音过程中只有极低的失真。

4. MKE 600 采访用强指向性枪式电容话筒

作为森海塞尔的强指向性枪式电容话筒，MKE 600 能够快速适应场地变换，能够有效地抑制侧向干涉噪声，从而录制高质量音频，适合电视新闻记者使用，如图 4-5 所示。MKE 600 具有饱满的声音效果和卓越的低频再现能力，使得现场采访的声音采集难度大大降低，采访的语言音频有极高的清晰度。MKE 600 的尖锐指向性，能够有效抑制侧向的干涉噪声，低切滤波器能明显减小触碰噪声和风噪声，进行远距离拍摄时，受访者的声音也一样清晰可辨。

图 4-5　MKE 600 话筒

MKE 600 话筒采用 48 V 幻象供电，在无法提供幻象电源的摄像机上使用时，MKE 600 话筒能够使用标准的 5 号(AA) 电池工作，电池供电开关上带有 LED 电池告警指示灯，记者能够随时掌握电池电量。

5. MKH 800 P48 电容式话筒

MKH 800 P48 具有无指向、双指向、心形、锐心形、宽心形 5 种可切换拾取特性，可以用于各种录音应用，提供极高的清晰度和绝对低的染色特性，如图 4-6 所示。MKH 800 P48 具有可开关预衰减、可开关滚降滤波器和可开关高音加重功能。MKH 800 P48 拥有平坦、宽广的频响，频响可提升至 50KHz，自感噪声极小，比特率动态范围较宽。

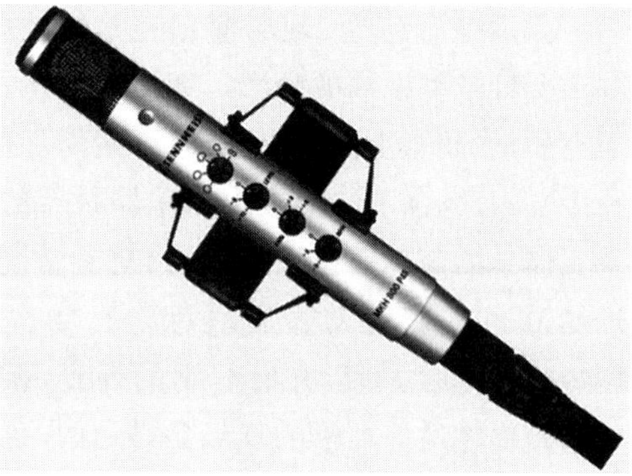

图 4-6　MKH 800 P48 话筒

二、话筒拾音的方法

(一)同期声录音方法

同期录音是指在拍摄现场与摄取图像同步进行的录音，需要特别注意以下几点：

1. 声音要清晰

影响声音清晰度的因素有：

(1)周围的杂音、暗噪音大。城市外景的录音，如在工厂、街道等环境，除人们对话外，周围的杂音很大，清晰度很低。

(2)话筒的指向性未对准发言者。拾取同期声时通常使用指向性话筒，话筒的侧面或背面比正面对声音的敏感度低。敏感度低是因为所有频率特性不是均一的，指向性话筒不正对讲话人，会录制到周围的杂音。

(3)残响时间太长。所谓残响,是指房屋的回声。为使声音丰富、明朗,不能没有一点回声,但是回声的存在本身会使声音清晰度降低和损失。

针对以上影响声音清晰度的因素,除了使用指向性话筒正对讲话人和远离或关闭杂音源外,最基本的方法就是使话筒接近讲话人的嘴。但是话筒过近,人的呼吸、喘息声也会被录制下来。一般话筒距离嘴的极限为 10cm。在体育转播、音乐演唱会等周围杂音较大的场合,话筒离嘴的距离可以缩短到几厘米。

2.现场感

具有现场感的录音,要求直接反映现场气氛。洞穴中的声音,应该有像洞穴那样的回声;礼拜堂中牧师的声音必须有相应的回声。要想获得好的录音清晰度,最好的办法是使发音体的反射音与直射音相互平衡。为了提高录音清晰度和现场感,并保证现场气氛浓烈,话筒的位置需要同时兼顾主体和环境。

3.声音的透视感

在表现远近距离时,声音与画面应该互相配合。如果画面中有人站在很远的地方说话,声音却像在耳语,必定使人感到不舒服。因此,在录制画面与声音时,要充分了解什么样的画面适宜配合什么样的声音效果,据此做好录音计划。

人依靠听觉判断声音远近的因素主要有以下几点:

音量、台词与环境的音量比、台词的频率成分、残响的方式、演员的发声法。

下面我们略作分析,同一声音信号听起来近大远小,这是人所共知的事,但通过音响设备还原出的声音是比较值,而不是绝对值。因此,近处发生的声音音量,比较而言,可以是大的,也可以是小的。录制台词时,如果周围杂音很小,在复制时就可以任意进行声音大小的调节。

可以通过主要声音(台词)与周围噪音的比较值来表现远近感。例如,初春的田野上,云雀的啼叫是可以听见的,如果把人的说话音量处理得比它还小,则会使人感觉到这是远处的说话声。

就室内的声音而言,近处的声音残响大,远处的声音几乎无残响。

一个人与站在远处和站在近处的人讲话,其发声方法是不一样的。相距远,必须大声讲话,此时中频增加;促膝谈心必是小声说话,此时则低频增加。

值得注意的是,在复制时,把近处的声音加工成远处的声音是可能的,但把录下的远处的声音加工成近处的声音则不太可能。一般来说,画面特写时,话筒离得近些;远景镜头时,话筒则要稍稍离开主体。

4.录音效果的差异

在拍摄现场听到的声音和录下来再重放出来的声音,会产生很大的差异。直接用人耳听声音,能清楚地区别出有用的声音与无用的声音;但经录音后的声音,有用的声音与无用的声音音量相差无几,有用的声音甚至被无用的声音盖住了,则会损失层次感、清晰度。

录音者应该充分注意这个问题。现场用耳听，保证了有用的声音与周围杂音的比例；重放录音时，那个比例也许就消失了。为了防止这类事故发生，仅仅依靠耳朵聆听现实的声音来作判断是不行的，应当录下来重放一下，以确认那是你所需要的声音。另外，当确认工作很难实施时，尽量使有用的声音扩大，抑制其他声音。

（二）实际录音工作

拍摄现场的录音（同期录音）方法大致有以下几种：

间接收录：声音通过摄像机上的话筒录到存储单元的声道上。

直接收录：话筒与录像机直接连接，由录音师手持话筒或用支架独立使用话筒，声音也是记录在存储单元的声道上。

携带另外的录音机：声音记录在录音机的存储单元里，后期制作时，通过调音台与画面合成。

间接收录是新闻类节目常用的取材方法。摄像机上架设指向性话筒，话筒的输出直接接通摄像机话筒的输入，然后通过多芯电缆送到录像机的声道进行录制。间接收录适合于摄像师既摄像又录音的场合。

直接收录可以弥补间接收录的不足。间接收录的不足是话筒位置一定是摄像机的位置。而摄像机的位置不一定是最好的录音位置，有时还会拾取摄像机操作的杂音等。另外，被拍摄的人不一定总是向着摄像机的位置说话。所以，录音师必须操作话筒选择最佳的位置录音。直接收录通常将话筒连接在便携式混音器上，混音器的输出连接录像机的声道输入录制同期声，这样，现场可进行简单调音，音质的好坏、音量的大小，均可调整。适用于电视剧的台词、新闻采访报道、纪录片的同期声等高质量的记录。目前，同期声的采集多采用此方法。还可使用无线收录的方法，采用便携式混音器输出并由微型发射机发射出去，一体化摄录机的机身上装有接收机，将声音信号直接输入到存储单元上。

携带另外的录音机一般是制作电视剧或纪录片时，配备专门携带的独立录音机。一般来说，嘴部的同步是指人们说话时嘴部一张一闭的动作，它们与声音的误差最低限度为 1/8 秒。以专用录音机记录时，为了使图像与声音素材一齐启动，准确对位，需要做好记号，可以采用拍电影打响板的方法，也可以让录像机发出特制的信号给录音机，即“时间码收录”，由录像机在音频轨迹上记录时间码，相同的时间码也记录在与摄像机分离的便携式录音机上，依照时间码实现同步还音。电视台等单位进行大型节目制作时，既用独立的录音机录音，也需在录像机声道上录音，以备不时之需。

（三）多种话筒的操作

最简单的摄像机话筒是摄像机内置的小型话筒，这种话筒指向性差，而且会拾取摄像机周围的各种声音，如摄像机变焦镜头的噪声和摄像师的声音等。即使在摄像机上安装超指向性话筒（枪式话筒），话筒正面以外的噪音很难拾取，但由于话筒的位置由摄像机决定，常常因为距离拍摄人物太远，以致不能拾取到最好的声音，效果有限。在新闻采访、节目录制、舞台表演等场合的拍摄中，通常使用指向性较强的手持话筒。

1. 手持话筒注意事项

(1)在报道类节目中,如果环境不是很嘈杂,话筒应放在齐胸高的位置,与身体平行,让讲话的声波横穿话筒;环境嘈杂时,可将话筒靠近嘴一些,但要注意过近则会使话筒录入讲话人气息的爆破声,影响音质。同时应注意不要让话筒挡住嘴部。

(2)双人采访或对话时,话筒的最佳位置是位于肩部,如果过低,不利于话筒画面构图,音质也受影响;如果过高,话筒接近嘴部,受访者可能会不自觉地前倾凑近话筒,甚至本能地去握住话筒,发生采访者与受访者抢话筒现象,影响画面效果。话筒位于肩部,既可以获得良好的音质,也不会分散受访者的注意力。若为单指向性话筒,需要及时将话筒摆向受访者,若为全指向性话筒则不必如此。但为了使观众明确是谁在讲话,话筒也常常摆动。

(3) 手持话筒应轻拿轻放,不可人为产生过多的噪音。

(4)在某些采访场合中,仅仅携带手持话筒是不够的,还应携带话筒支架。手持话筒会晃动,发出杂音,话筒支架的稳定性可以有效避免这种情况。当画面中不能出现话筒时,常使用吊杆式话筒,它可以使话筒尽量靠近人物,从画框上部来采录声音。话筒应始终与声源保持相同的距离,同时注意避免话筒进入画面。

(5)外景采访时,由于话筒是通过振动板将微小的音压转换为电信号的,即使是风也能吹动振动板产生“呼呼”声,因此要使用防风罩。

(6)话筒调音员使用多个话筒时,需将它们各自拾取的信号混合成为一个信号,送给录像机或录音机等设备,连接插头种类及输入输出阻抗有各种各样的类别,选择时需加以注意。

2.常见话筒操作要点

从形状上看,话筒可分为枪式话筒、领夹式话筒、环绕立体声话筒、界面式话筒等,下面介绍这几种话筒的主要用途和操作要点。

(1)枪式话筒

枪式话筒是最常用的话筒之一,属于锐心形指向性话筒,它是一根末端装有驻极体话筒的细长管子,如图 4-7 所示。这种话筒设计主要是用来拾取正前方窄角度范围内的声音,对侧面、后面等其他方向的声音敏感度较低,可以有效排除拍摄人物外的噪音。对于较低频率的声音,枪式话筒的窄向拾取变宽了。

使用中需要注意如下事项:

录制前确认连线和录音电平等,最好进行试录,监听回放效果,不断调整,以达到最佳录制状态。

出镜人员使用手持话筒并走动时,要充分留意话筒线,确保其有足够的长度,并确保其他人不会踩踏话筒线。

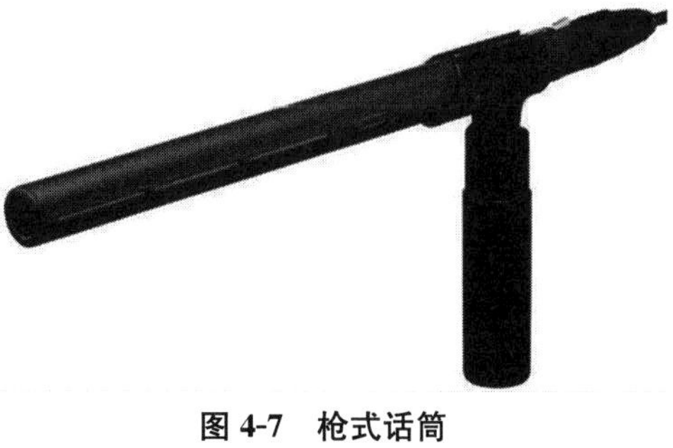

图 4-7　枪式话筒

使用无线话筒时,出镜人员可以随意走

动，不受限制。但无线话筒电池只能维持4～6小时，气温较低时时间更短，使用前要确保电量充足。多个无线话筒同时使用时，需要调节平衡，并为它们选择不同的射频频道，以避免互相干扰影响录音质量。

录制播出时，摄像师、制作人员等绝对不能说话，不能制造其他杂音。需确认话筒的方向性和录音目标是否正确。

了解拍摄什么样的画面，考虑如何处理与画面相对应的声音，如考虑人物出画、脚步声渐小的情景时，如何摆放话筒等。每个场景的镜头一般不同，需考虑是否会造成与上个镜头声音的不适感。

只有准备充分，录音工作才会顺利进行，且不会给后期制作制造麻烦。最后要确认所录声音的时间是否足够长。

(2)领夹式话筒

图4-8 领夹式话筒

领夹式话筒属于无线式话筒，体积较小，易于隐藏在拍摄主体上，不遮挡观众视线，不妨碍人物手部动作，常用于新闻、谈话、体育和音乐等类型的节目，能提供高品质的声音，如图4-8所示。领夹式话筒的发射器是腰挂式的，接收器接在摄像机上，录制声音前要确保发射器和接收器都处于开机状态。

录制人声时，领夹式话筒通常夹在领带、领口等处，话筒线藏在衣物下，可在减少与衣物摩擦产生噪音的同时，清晰拾取佩戴者的声音。声音的音量和清晰度会受佩戴者头部摆动的影响。在嘈杂环境中将话筒套上小型防风罩，可以减轻风声等杂音。领夹式话筒还可以安装在一个微型话筒的“吊杆”上，成为挂耳式话筒，话筒通常为黑色，也有接近人体皮肤的颜色，隐藏效果更好。

在音乐节目中，领夹式话筒安置在乐器主要发声处，可以拾取美妙的音乐，且不妨碍演奏者的动作。在体育节目中，领夹式话筒也得到有效的使用，例如安装在足球门的球网上，可拾取足球入网时的声音，又如在篮球比赛中安置在篮筐下部，可拾取篮球入筐和球员争抢篮板球的声音，通过声音来传达比赛的激烈程度，增强现场感。

使用中需要注意如下事项：

除出镜者外，现场对讲系统、内部通讯、无线摄像机等都会挤占无线线路，因此需要确保无线传输质量，使其即便在干扰环境中也能够正常使用。

在足球场等大型现场，需确保足够的无线传输距离，发射机体积应尽量小巧以便更好地隐藏。在歌手众多的音乐节目中，需要具备强大的多通道能力。此外，还应确保使用时话筒电池充足。

(3)环绕立体声话筒

数字电视高清时代推动了多声道环绕声节目的发展,"环绕声"成为电视节目声音制作的必然趋势。环绕立体声话筒的多方向拾音方式,包括左前方(L)、右前方(R)、中央(C)、左环绕(LS)、右环绕(RS)五个话筒单元及低频效果(LFE),可同时捕捉 5.1 到 7.1 分离式声道的声音。环绕立体声话筒通常固定于某处,以拾取周围高质量的声音,避免随着摄像机摆动使观众迷失空间感。在室内录制时,应尽量将话筒放置在空间的前排中央,而不是后面。在体育节目中,应将话筒放置在靠近场地中央,或者主摄像机附近的位置。

(4)界面式话筒

界面式话筒通常应用于影视剧制作和舞台表演中,可以放置在地上、天花板上或者粘在道具上,能够获得良好的拾音效果,安置在硬质表面的物体上时可以加大拾音距离,如图 4-9 所示。

图 4-9 界面式话筒

第三节 电视音频制作

一、电视音响合成系统

电视音响的合成系统根据搭配设备的不同而不同,既有复杂高级的,也有简单的,可满足一般需求的。

(一)系统与连接

音响合成系统如图 4-10 所示。

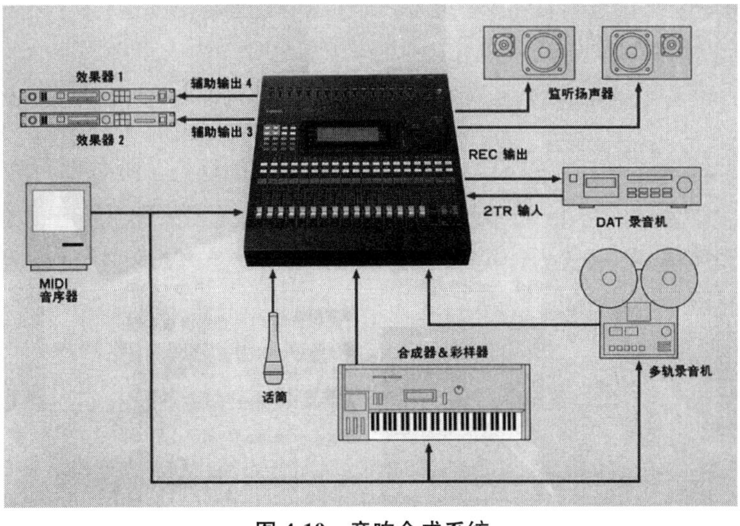

图 4-10 音响合成系统

将常见的电子编辑系统接入调音台，连线稍加改动，就可以成为电视音响合成系统。

电子编辑音响合成系统的特点是利用录像机的声道，通过编辑系统的控制，完成解说、效果、音乐的合成。例如：放像机工作原版声道-1 为解说，声道-2 为效果，录像机播出版声道-1 为音乐声，而录像机声道-2 为播出声道。此状态中，录像机声道-1 的信号经调音台处理后，可立即返回到声道-2 记录。注意，此时录像机声道-2 处于插入状态，声道-1 处于放音状态。编辑系统的控制能保证解说、效果、音乐与画面的同步。可以设定编辑入出点、预演、修改等。如中间操作失误，也无需从头开始，局部修改即可。

1. 接口

话筒的输出端和传输线，以及传输线和调音台、录音机等音响设备之间的连接插头有多种式样。最常见的是卡侬 XLR-3 型（3 芯），立体声话筒采用卡侬 XLR-3 型（5 芯）。还有半专业化的接头，如耳机接头、RCA 或音频接头、小型接头等。

图 4-11　XLR-3 型

XLR-3 型常见的有 1 脚接地，2 脚（3 脚）为信号高端（+），3 脚（2 脚）为信号低端（-）。作为三芯插头，一般顶端为信号高端，环端为信号低端，连接套管接地。

XLR-3 型由三个插针的插头和插座两部分组成。一般使用这种 RCA 标准和 XLR-3 型插接件进行信号的平衡式连接时，是按照一定的插接件接口标准来进行的。其中 1 脚接屏蔽层，2 脚接信号"+"端或"热"端，3 脚接信号"-"端或"冷"端，如图 4-11所示。但是要注意美国等国的一些产品是将 2 脚和 3 脚对调使用，即 2 脚接"冷"端，3 脚接"热"端，如果在同一演播室中将这两种接法混用，将会产生相位上的问题。

有些调音台上，高电平信号线路接口采用的是 TRS（尖—环—套）型的插接件接口，即耳机式三芯接口。其中，T（Tip，尖部）接信号"热"端，R（Ring，环部）接信号"冷"端，S（Sleave，套管）接屏蔽层。

2. 阻抗

阻抗是指对信号电流的一种阻力。话筒有高阻抗和低阻抗两种类型，使用时必须注意与音响设备是否匹配。如不匹配，需使用阻抗变换器，否则无法进行声音处理。阻抗高的话筒只能用较短的电缆，通常为针状连接头，价格便宜，质量一般；阻抗低的话筒一般为专业高质量的话筒，可以用较长的电缆，实际录像制作中，通常使用 XLR 接头平衡电缆线。

3. 音量

依据信号的强度，音级可分为 3 种：低音量，是从话筒里传出来的，因为话筒里没有放大器，所以音比较弱；高音量，是由话筒混录机输出，或是磁带录音机或唱机的输出，通常标有"LINE-IN""LINE-OUT"；PA 音量，是功率放大音，比高音或低音都要强得多，有足够的功率来自动扩音。

另外，音量控制是由音量表指示的，最普遍的音量表是 VU 表。它的指针随着音量大小的变化而沿着刻度左右摆动。如果音量太低，则指针在最左边的位置；如果指针摇摆的最大幅度达到右边的红线，或者偶尔进入红线区，那么音量正常；如果指针几乎只在刻度右边的红线区摇摆，甚至偶尔摆到表的最右边，那么这是音量太大，声音会出现失真。

（二）调音台

调音台是调音控制台的简称。大量用于广播电台、电视台及音像出版部门和节目制作和播出中。调音台是对所录制的节目声音信号进行控制和艺术加工的一种音响设备。解说等语言、各种效果声，以及音乐的录制与合成均需要通过各种不同类型的调音台，进行技术加工和艺术处理。

调音台的类型多种多样：按使用情况可以分为便携式调音台和固定式调音台；按输出方式可以分为单声道、双声道立体声、四声道立体声及多声道调音台；按对信号的控制方式可以分为手动控制调音台和自动控制调音台；按信号处理方式可以分为模拟式调音台和数字式调音台。

不同类型调音台的体积大小和复杂程度相差极大，但基本功能是类同的。即对各个输入的音频信号进行控制调整，音质加工，然后混合输出到所需声道上，所以调音台具备相应的各种功能单元，如输入通道各种补偿音质的均衡器等。调音台的功能不同，其实只是功能单元多少的问题。

调音台输入接口所要接收的信号是来自有着不同输出阻抗，电平相差悬殊的各种信号源，所以调音台的输入接口对外呈现的输入阻抗与所接入的输入信号源的输出阻抗之间要满足高阻跨接的要求。即调音台的输入阻抗至少要比所接设备的输出阻抗大五倍以上。调音台的输入配有不同输入阻抗的接口、传声器输入接口和线路信号输入接口。演播室中使用的专业传声器的输出阻抗通常在 200Ω 以下，所以，传声器输入接口的输入阻抗一般在 1KΩ 以上。

幻象供电：对那些泛音丰富的乐器拾音，一般都选用优质的电容话筒。但是，在电容话筒工作时，需要外界对其提供动力，使其极头膜片极化，并且为极头放大器提供工作电压。调音台上一般都设置了幻象供电装置，利用话筒与调音台或录音机相连的平衡式话筒接线供电。模拟调音台每一个轨道上都有一个幻象供电的控制开关，目的是为了方便某个轨道使用电容式传声器。数字调音台只需要在电脑屏幕前操作就可以选择为某轨道提供幻象电源。在使用幻象供电时，虽然不会对非电容话筒产生录制影响，但是如果接入非电容话筒时，应该将幻象供电开关关闭，以免录入噪音。

输入信号电平与调整：话筒信号的电平一般为 －60dB～－20dB，而线路信号的电平一般为 －30dB～＋10dB，所以信号电平相差很大，在调音台输入接口上，要通过话筒放大器或线路放大器的增益调整，将这些不同电平的输入信号设置在调音台的工作电平上。调整既可以清除声音中的瑕疵，努力还原出不受电波干扰的自然声音，也可以制作出特殊的声音效果，满足电视制作的艺术追求。在调整过程中，以数字音频为例，我国行业标准中要求“节目电平最大值不超过-6dBFS(通常节目电平为-9dBFS),语言电平最大值不超过-12dBFS(不包括背景声音、不加修饰的无情绪起伏的纯语言)”。

衰减器:俗称推子,它可以控制声音在混音中的比例及该路声源的远近分布。往上推,在混音中占比大,声音大,相当于将该路声源放在较近的位置上发声;往下拉,在混音中占比小,声音小,相当于将该路声源放在较远的位置上发声。

高低通滤波:滤波器是用来处理频率的,可以将某一波段删去,或让某一波段通过。利用高低通滤波器可以有效减少输入信号时不需要的低频隆隆声或高频咝咝声,同时也可以减少信号间的串扰。

相位反转:它可以将传声器的输入信号反相180°,可以纠正传声器接线的错误,还可以创造出一些声音效果。

均衡:为了便于对信号进行分频段的均衡控制,通常将20Hz～20KHz的频率范围分成三段或四段来进行调整。先进的调音台上采用四段均衡,即高频段(HF),中高频段(MHF),中低频段(MLF)和低频段(LF)。将中频段分成两段来控制,主要是因为大多数乐器的能量都集中在这一频段,同时人耳对该频段信号的灵敏度较高。

数字延迟:可以将讲话者说的话拖延几秒再传送至发射器。如果讲话者在节目直播过程中说出不合时宜的话,其声音可以被阻断。

混响:可以让声音产生反射或回声效果,如可以让演播室录制的声音听起来像是在礼堂当中的声音一样。数字调音台配置的声音环境功能,可以轻易地将录制的声音塑造成在各种环境中的声音感觉。

声像调节:它是对某一信号在立体声重放声场中的位置进行调整,一般是将推拉衰减器控制的输出信号分成两路信号,分别送到左、右声道上去,通过改变左右声道信号间的电平差使该信号再现出的声音有确定的声像。

调音台的“广播”工作方式转换:在这种方式下,话筒信号同时分配给录音声道和监听通道,可以在进行立体声混合或直播时进行多声道录音,而此时在录音声道上所作的调整不会影响立体声混合信号,这对于在现场直播的同时进行多声道录音十分重要。

声道编组功能:编组是指同时对几个信号进行控制,通常是指用一个推拉衰减器来控制多路受控声道的信号电平。这样做是为了减少录音师同时控制推拉衰减器的数目,如录音时常常需要将几个声道的信号电平同时提高或衰减,如果没有编组功能,那么录音师就要同时控制多路推拉衰减器,控制过程中常常会改变原来设定的平衡,从而造成各声道间信号的平衡在调整前后不统一;如果有编组功能,可以在不改变各声道信号平衡的前提下,同时改变已被编组的各路信号的电平。需要编成一组的信号是根据需要来确定的,例如将乐队中的鼓信号编成一组,弦乐声部编成一组等等。

合成:调音台的主要功能是合成声音。合成功能是由音量控制器(fader)完成的,它可以控制每一个轨道的音量(或称增益),既可以调节声音大小,例如讲话人说话声音的大小,也可以完成声音间的衔接,例如降低一个轨道的音量使其声音淡出,同时升高另一个使其声音淡入,完成交叉渐变。

在录制电视节目前,录音师可以根据排演为节目设置电平,并存储设置好的数据,方便实际录制时及时使用该设置来达到最佳录制效果。

带前或带后监听选择：选择以通道的线路输出信号作为监听，混合通路的信号源，称为带前监听；选择以多声道录音机的重放信号作为监听，混合通路的信号源，称为带后监听。

推拉衰减器前的监听(PEL)功能：对通道上的信号进行监听，该监听信号取自通道推拉衰减器之前。可以将某一通道的信号单独提取出来，以进行电平或均衡的调整。

推拉衰减器后的监听(AEL)功能：能够将声像控制之后的声音信号分配到主监听通路上，并且切除其他的每一路信号，通常用来将某一声道的信号单独挑选出来进行调整。

独播：按下某轨道的独播按键，只听该轨道的声音。

静音：能够听到所有声音，被按下该键的轨道声音除外。

输出：节目录制过程中，可以按照需求将声音输送到录像机、录音机、演播室等地，而每一个轨道都有输出选择，方便将部分声音输送到指定的地方。

主音量控制器：控制着调音台所有声音，将其拉下将无任何声音从调音台通过。

次主音量控制器：同理于声道编组功能，即将制定轨道编组至一个次主音量控制器上。次主音量控制器可用以混合各组声音。

辅助输出：可以将声音输送至外部设备，或者用于传送节目音频给其他声源，例如吊杆操作员的头戴式耳机。

有些调音台还有一个混音减音模板，用以传送除了录制的节目音频以外的声音，例如将乐器音乐送至舞台上歌手的耳机里，方便其在空旷的舞台上不受干扰地监听伴奏，准确把握演唱节奏。此外，混音减音模板也在电视新闻中常被用于新闻连线，方便前方记者听取演播室声音。

(三)常用音频信号处理设备分类

表 4-1 是常用音频信号处理设备分类。

表 4-1　常用音频信号处理设备分类

<table>
<tr><th>振幅处理设备</th><th colspan="2">压缩器/均衡器一噪声门</th></tr>
<tr><td rowspan="11">时间处理设备</td><td rowspan="4">混响器</td><td>电子混响(数字混响，房间模拟器)</td></tr>
<tr><td>弹簧</td></tr>
<tr><td>混响室</td></tr>
<tr><td>板式</td></tr>
<tr><td colspan="2">谐波发生器(移调器，时基压扩器)</td></tr>
<tr><td rowspan="3">重复延时器</td><td>共振镶边</td></tr>
<tr><td>多抽头回声和拍音回声</td></tr>
<tr><td>合唱</td></tr>
<tr><td rowspan="3">延时器</td><td>回声(拍声)</td></tr>
<tr><td>加倍或合唱</td></tr>
<tr><td>镶边：反向镶边，正向镶边</td></tr>
</table>

续表

振幅处理设备	压缩器/均衡器—噪声门	
频谱处理设备	听觉激励器(声学处理器)	
	均衡器	可变频率
		固定频率
		参量式
		图示式:倍频程,1/3 倍频程
	咝声消除器	
	镶边	

1. 均衡器

均衡是指某一频段上信号的声能与其他频段上的信号声能相比发生了相对的变化,而这种相对变化的大小就称之为均衡量。

不同频段的信号成分产生的主观感觉是不同的。

20Hz~200 Hz:是可听声中的低频段,它包括低音乐器的基频成分,同时电源、卡车及空调器等噪声也存在于该频段。

200 Hz~500 Hz:是中低频段,这一段给人以温暖、丰满、整体感等主观感受,许多乐器的基频均处在这一频段。

500 Hz~1500 Hz:中频段,它具有号角般的色彩,鼻音一般也处在该频段。

1500 Hz~7000 Hz:中高频段,它给人以“临场感”、尖利、清晰的主观感觉。

7000 Hz~20000 Hz:高频段,它给人以轻松和清脆等主观感觉。

均衡是音频工作中最常使用的信号处理手段,其主要作用包括:

(1)改善音质

通过均衡来改善音质,是录音工作时最先考虑的方案之一。例如,对歌手在演唱过程中产生的杂声,采用高频衰减的均衡处理,可以使其声音中的“咝咝”声减少,而对进行电一电直接拾音的电吉他进行均衡处理也可以将拾音中的边缘声音消除。

(2)加工特殊声音效果

通过均衡功能改善音质时,很少采用极端或过量的均衡设定,因为极端的均衡减少了保真度。但是极端的均衡也可做些特殊声效果,例如,对人声进行高低频的均衡衰减,可以产生电话中的人声效果。

(3)强调某一声道上的声音

录音时单独听已录好的某件乐器的声道,可能感觉很清晰,但是当它和其他声道混合在一起时,则清晰感下降,这是由于这种乐器的某一频段被其他乐器所产生的频率成分掩蔽造成的。一般在 1.5KHz~6KHz 将人声加以提升,使其从乐器伴奏的背景声中突显出来。

2. 延时器和混响器

在目前的音频工作中经常大量采用数字延时器,获得所需的时间差,以满足音质加工的需要。在电视剧、广播剧的声音制作中，为了表现特定的声学空间或为了加强声音的感染力常使用回声效果。人耳判断一个声学空间大小的依据是其所听到的直达声与从边界界面反射回来的早期反射声之间的时间间隔。间隔的时间越长，所呈现的空间感就越大。利用延时器可产生这一延时时间，然后将延时信号再送到混响器加入混响。用延时器还可以产生声源加倍的效果，人耳对于在同一时间内演奏的乐器组产生的群感效果，是由于各乐器之间存在着时间差、音色差和音调差，通过对一件乐器的声音信号加入微量延时，并将延时信号与原信号混合，人耳就会感觉到正在演奏的乐器数目增多了。

数字式电子混响器，由只读存储器(ROM)、随机存储器(RAM)和中央处理单元等数字电路组成，由此完成对数字化信号的处理工作。原理如下：模拟音频信号(CPU)由输入放大器及低通滤波器处理后，将信号调整到合适的电平并将高频带外的噪声切除掉，经过采样，保证模/数转换变成被量化的数字信号，一般为 16bit 以上的量化处理。数字信号被送到数字处理器，完成所选用的混响效果的处理过程，其中，只读存储器随机决定所选用的效果程序的类型。随机存储器能对调整过程和算法进行存储，动态随机存储器对算法进行修改或调整。中央处理器负责总的控制，经过数字处理后的信号再进行数/模转换，由低通滤波器和输出放大器输出。

利用混响器能够使声音更加丰满，经过混响处理之后，声音的包络有了明显的改变，特别是对于维持过程和衰减过程，它延长了这两个过程经历的时间，使声音感觉更丰满。由于多声道中大多采用近距离拾音，拾取的声音大多是声源发出的直达声，再加上演播室大多是混响的，所以在后期缩混的时候，为了使声音获得应有的临场感和空间感，必须加入适当的延时和混响。一般对声音水平方向上的定位处理，往往是利用调音台上的声像电位器产生的强度差来获得的；而对声音深度上的定位处理，经常采用的办法就是延时和混响。延时的时间越长，声音越靠后，同时，混响成分与直达声成分的比值也越大。

通过延时和混响的配合，可以获得比较好的声音层次感和空间感。

二、音频数字化编辑

Cool Edit Pro 是一款具备声音录制、混音合成、编辑处理等功能的数字音频处理软件，如图 4-12 所示。它能够同时处理多达 64 个轨道的音频信号，具有丰富的声音处理手段、直观的参数调节功能以及动态处理能力，被形容为音频“绘画”程序。它可以提供众多音频效果，例如相位调制、声像移动、合唱效果、回声效果、降低噪声等等，还能够消除音频中的“嘶嘶”声。

(一)界面构成

Cool Edit Pro 软件界面包括两个窗口：波形单轨编辑窗口和多轨混音窗口。界面上分为标题栏、菜单栏、工具栏、波形显示窗、操作区、编辑区和状态栏七个部分。

1. 标题栏

标题栏从左至右分别为软件标志、当前文件名，如图 4-13 所示。

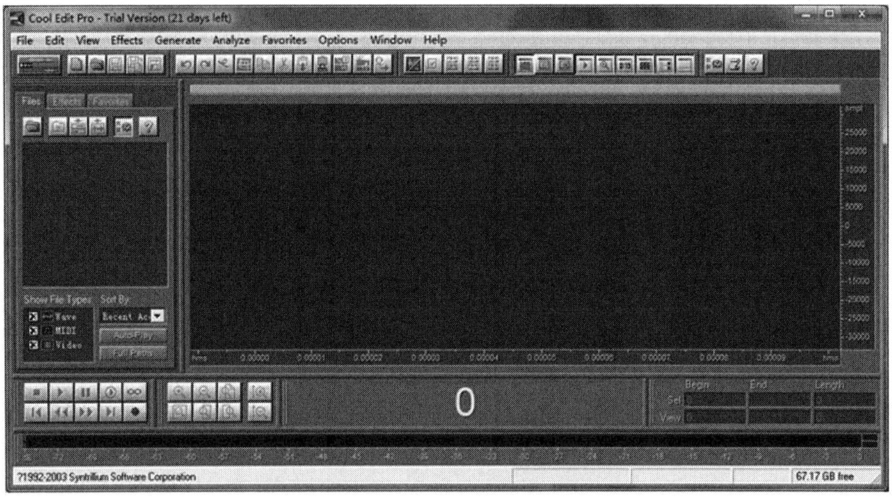

图 4-12 Cool Edit Pro 软件界面

图 4-13 Cool Edit Pro 软件界面的标题栏

2. 菜单栏

图 4-14 是 Cool Edit Pro 软件的菜单栏。

图 4-14 Cool Edit Pro 软件界面的菜单栏

文件菜单(File)包括新建、打开、关闭、存储、另存为、追加等命令。其中,追加是指将打开的音频文件接在已打开文件的尾部。

编辑菜单(Edit)包括复制、粘贴、删除、格式、定位、提示、转换等命令。

此外,还有查看菜单(View)、效果菜单(Effects)、生成菜单(Generate)、分析菜单(Analyze)、收藏夹(Favorites)、选项菜单(Options)、窗口菜单(Window)、帮助菜单(Help)。

3. 工具栏

工具栏包括文件工具(File)、编辑工具(Edit)、查看工具(View)、选项工具(Options)、分析工具(Analyze)、生成工具(Generate)、振幅工具(Amplitude)、延时效果工具(Delay Effects)、过滤工具(Filters)、降噪工具(Noise Reduction)、特殊处理工具(Special)、时间调整/变调工具(Time/Pitch),如图 4-15 所示。

图 4-15 Cool Edit Pro 软件界面的工具栏

4. 波形显示窗

波形显示窗将无形的声音以波谱图形式展示，如图 4-16 所示。Cool Edit Pro 软件波形显示窗方便操作员进行播放监视、声道切换、选取、编辑等工作。输入的音量越小，波形就越接近直线。单声道在波形显示窗中只有一行，双声道则有两行，其中上面一行为左声道，下面一行为右声道。

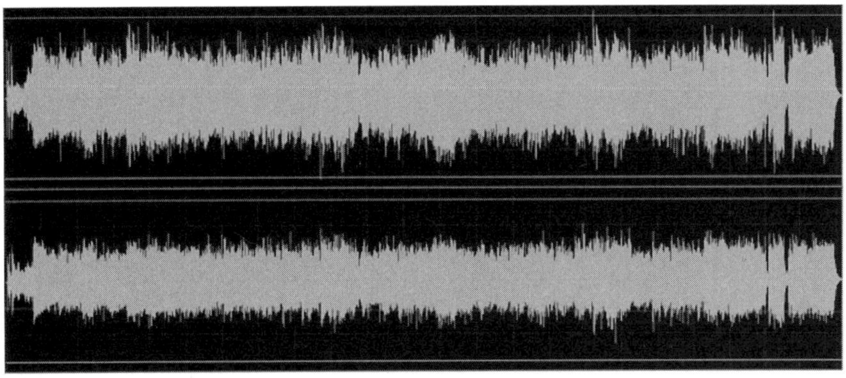

图 4-16　Cool Edit Pro 软件界面的波形显示窗

5. 操作区

操作区包括录放、缩放（又分为垂直和水平两种）、时段显示、CD 播放器、电平指示条，如图 4-17 所示。

图 4-17　Cool Edit Pro 软件界面的操作区

6. 编辑区

编辑区包括当前编辑的文件（Files）、效果器（Effects）和收藏夹（Favorites）以及显示文件类型（Show Files Types）和种类（Sort By），如图 4-18 所示。

图 4-18　Cool Edit Pro 软件界面的编辑区

7. 状态栏

状态栏中显示当前操作的波形文件大小、格式以及磁盘空间等，如图 4-19 所示。

（二）具体功能及操作

1. 新建和打开文件

（1）新建（New）：建立一个新的波形文件，单击[新建]按钮后弹出[新建波形文件（New Waveform）]对话框，如图 4-20 所示，对话框中的内容包括：

图 4-19 Cool Edit Pro 软件界面的状态栏

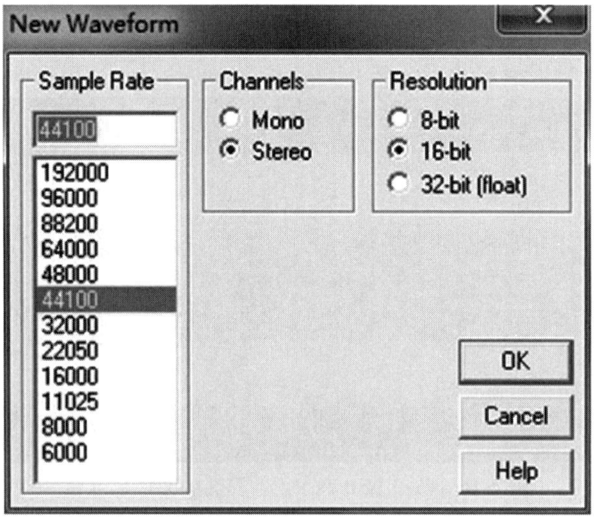

图 4-20 Cool Edit Pro 软件中新建文件界面

- 采样频率(Sample Rate);
- 声道(Channels):选择单声道(Mono)或立体声双声道(Stereo);
- 采样深度(Resolution):8 位、16 位或 32 位。

(2)打开(Open):打开一个波形文件,单击[打开]按钮后弹出[打开波形文件(Open a Waveform)]对话框,如图 4-21 所示。Cool Edit Pro 软件可以打开 20 种类型的音频格式文件,如图 4-22 所示。[打开为(Open as)]可以将要打开的文件直接设置成将要转换成的波形格式。

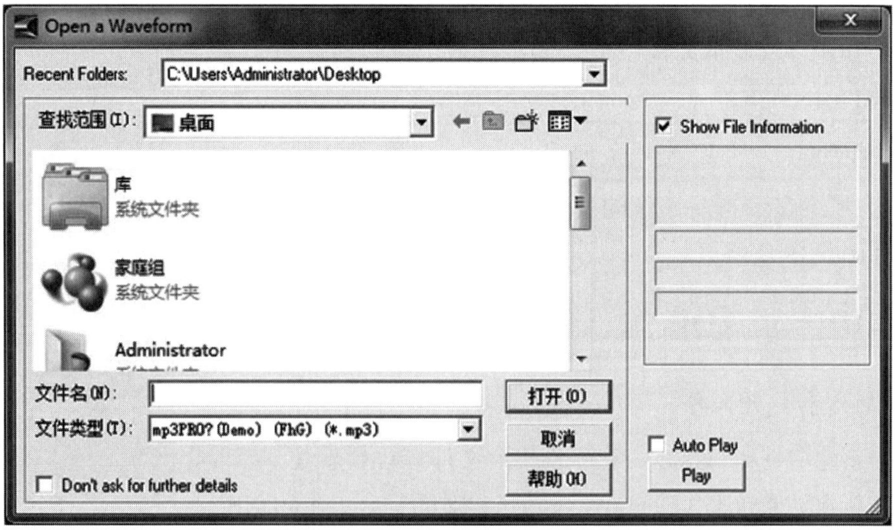

图 4-21 Cool Edit Pro 软件中打开文件界面

图 4-22　Cool Edit Pro 软件可打开的文件格式

2. 利用 Cool Edit Pro 软件进行录音

录音音源设置：Cool Edit Pro 软件可以录入话筒、录音机、CD 播放机等多种音源。此处以录制人声为例作简要介绍。

- 首先确认话筒线插头插入声卡的 MIC IN 插孔。
- 单击[查看(View)]下拉菜单中的[多轨查看(Multitrack View)]，或者直接单击工具栏中的，进入多轨混音窗口。
- 若在 Windows XP 系统下，右击任务栏小喇叭图标，打开[音量控制]—[选项]—[属性]—[录音]—勾选[话筒音量]，根据需要将调节栏中音量和声道音量比例调试至理想状态，关闭窗口结束录音参数设置。
- 将音箱监听切换至耳机监听。
- 按下 Cool Edit Pro 软件声波显示窗轨道前的(录音状态)按键。
- 单击操作区的录音按钮，开始录音，如图 4-23 所示。

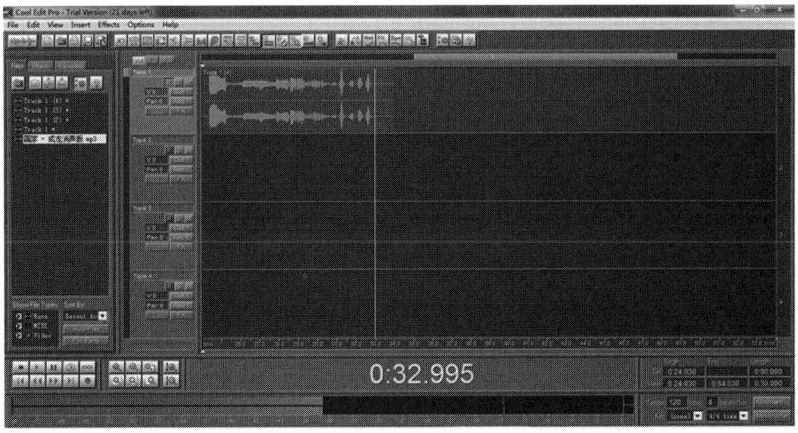

图 4-23　使用 Cool Edit Pro 软件进行录音中

- 录音完成后再次单击按钮，停止录音，单击按钮取消录音状态。
- 将时间线拉至录制的音轨起始处，单击键盘空格键，开始试听，再单击空格键结束试听。单击选中录制波形，点击 Delete 键可将其删除。
- 工具栏中按钮可以对录制波形或其他音频进行剪辑。

3. 删除静音(Delete Silence)

删除静音功能可以删除音频中接近于静音的小电平信号部分，可以处理音频中断断续续的部分，从而获得连续完整的音频文件。

在[编辑]钮的下拉菜单中单击[删除静音]选项，弹出删除静音(Delete Silence)对话框，如图 4-24 所示，其中需要设置：定义静音参数（“Silence” is defined as），即当信号在多少分贝以下，持续多少毫秒即被定义为静音，该范围的小电平信号即被当作静音删除；定义音频参数（“Audio” is defined as）；查找等级(Find Levels)限制连续静默的毫秒数(Limit Continuous Silence to X ms)。设置好以后可以扫描结果。

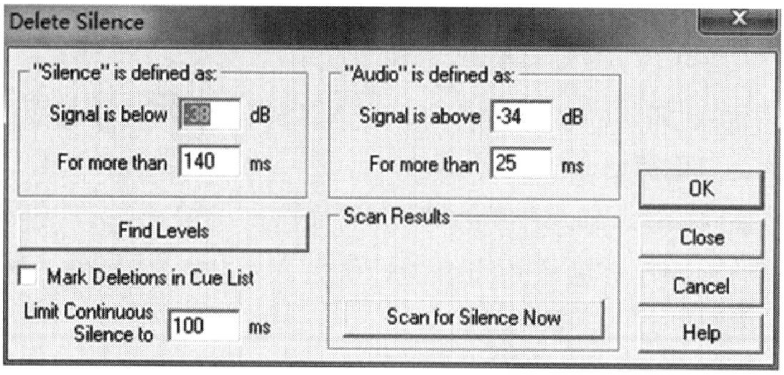

图 4-24　Cool Edit Pro 软件删除静音的功能

4. 消除音频中的人声

有时候某个音乐文件的伴奏很难找到，只能自己来制作伴奏，利用 Cool Edit Pro 软件可以通过消除音频中的人声而获得干净的音乐伴奏。

- 点击[文件(Files)]钮下拉菜单中的[打开(Open)]，选择需要消除人声的音频，此处以成龙演唱的《国家》为例作简要介绍，如图 4-25 所示。

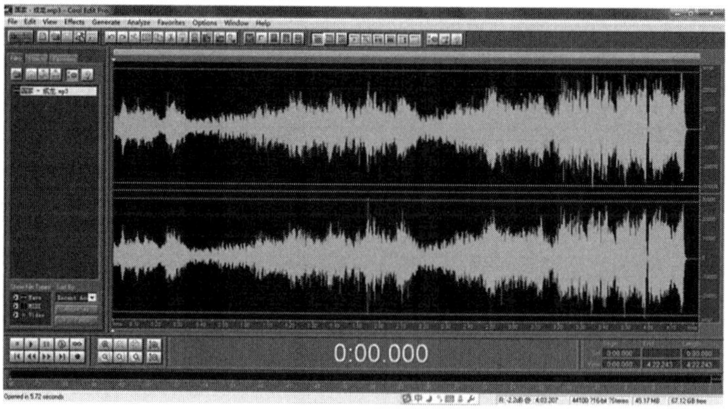

图 4-25　打开《国家》音频导入波形显示器

- 点击[效果(Effects)]钮下拉菜单中[振幅工具(Amplitude)]中的[声道混缩(Channel Mixer)],弹出设置窗口,如图 4-26 所示,选择[预置(Presets)]中 Vocal Cut 一项。点击[预览(Preview)]可以试听消除人声后的音频效果,在[新的左声道(New Left Channel)]和[新的右声道(New Right Channel)]中自行调节滑块选择理想效果。点击[确定(OK)]后软件开始处理,如图 4-27 所示。消声完成后,另存为所需要的格式即可。

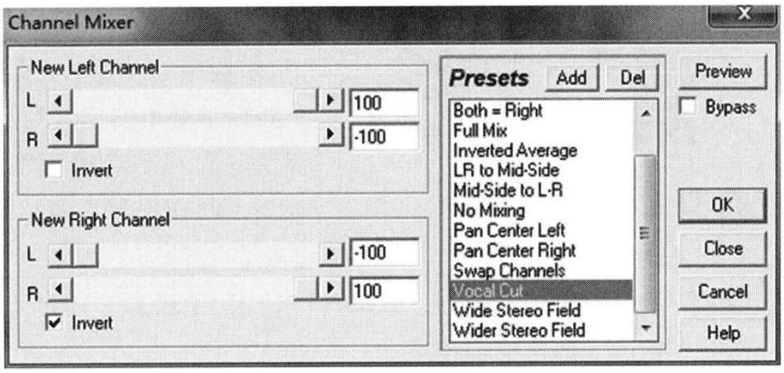

图 4-26　Cool Edit Pro 软件声道混缩窗口

三、5.1 声道环绕声节目

在电视节目制作中,5.1 声道环绕声经常被用于对声音的真实还原和再创作。例如转播一场音乐会,需要还原整个乐队的乐器声、音乐厅的声学自然混响声、现场声和观众声等,既要客观地表现音响环境,更要使电视转播的声音效果大大优于现场的声音效果,使观众身临其境地感受现场氛围。

5.1 声道环绕声中的"5",包括左前方(L)、右前方(R)、中央(C)3 个前置声道,以及左环绕(LS)、右环绕(RS)2 个后置环绕声道;5.1 声道环绕声中的"0.1",则是指低频效果(LFE),它可以产生频响范围 20Hz～120Hz 的超低音,用于表现爆炸等特殊效果音,摆位也比较随意,如图 4-28 所示。5.1 声道相互独立,分别发出不同的声音,在不同位置再现高、中、低频声音信息,且不丢失任何一个声音细节,同时可以极大地提高信息的清晰度、透明度和层次感,从而形成完美的立体声场,逼真地再现声音,为听者创造极强的

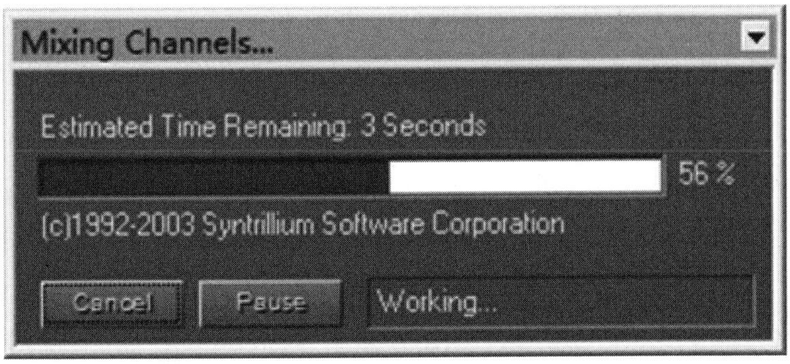

图 4-27　Cool Edit Pro 软件正在进行消声处理

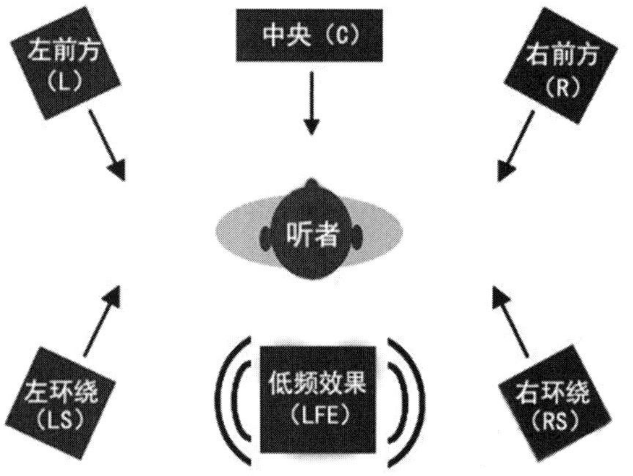

图 4-28 5.1 声道环绕声

临场感。

在高清体育节目的赛事实况转播中,5.1 声道环绕声能够再现例如赛车、足球、篮球、网球等运动效果声,营造强烈的现场效果,突出赛事氛围。在高清音乐节目中,5.1 声道环绕声能够清晰还原交响乐、演唱会中的歌声、乐器声、厅堂感以及观众互动声,为观众呈现丰富完美的听觉盛宴。在高清电影和高清电视剧中,5.1 声道环绕声同样得到广泛应用,带给观众震撼的听觉享受。

立体声拾音技术包括时间差定位的立体声拾音技术、声级差定位的立体声拾音技术、时间差和声级差定位的立体声拾音技术。

5.1 声道环绕声节目制作流程通常包括现场同期声录制、转录、配音、拟音、音乐录音、音频编辑、预混和终混等。

(一)立体声拾音技术

1.时间差定位的立体声拾音技术

时间差定位的立体声拾音技术,是指依靠声源到达两个话筒的时间差来拾取立体声的拾音方式。通常采用两个全指向性话筒,彼此间隔短则几十厘米,长则 3 米或更长,平行设置于声源前方,使声音相位产生一定宽度,从而实现良好的空间效果。声源到话筒的距离要远大于话筒间的距离,这样可使声级差忽略不计。采用这种拾音方式的是 A/B 制式。

A/B 制式,即将两个型号和性能匹配的话筒拉开一定距离并排设置的拾音方法,其作用相当于人耳,是最早用于拾取立体声的方式,如图4-29所示。短距离 A/B 制式称为小 A/B 制式,长距离则称为大 A/B 制式。其中,大 A/B 制式通常用于大型交响乐队、合唱团、舞台表演等。

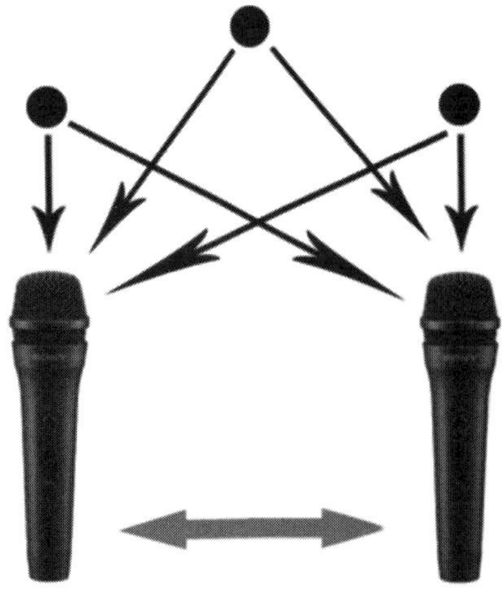

图 4-29 A/B 制式

2.声级差定位的立体声拾音技术

声级差定位的立体声拾音技术,是将两个话筒一上一下重叠放置在一起,其中话筒主轴间形成一定角度。各方向声源几乎同时到达另一个话筒,因而只有声级差而无时间差。根据使用的话筒类型以及设置朝向的不同,声级差定位的拾音技术分为 X/Y 和 M/S 两种拾音制式。

(1)X/Y 制式

该制式是将两个性能指标完全相同的话筒彼此重叠放置(多为心形指向性话筒),并使两个话筒的拾音头在垂直轴线上尽量靠近,两个话筒主轴线彼此形成 80°～130°(通常为 90°)的夹角。其中,主轴指向左边的话筒称为 X 话筒,拾取立体声左声道的信号,指向右边的话筒称为 Y 话筒,拾取立体声右声道的信号,如图 4-30 所示。X/Y 制式常用于广播电台和电视台节目中。

图 4-30　X/Y 制式

(2)M/S 制式

M/S 制式拾音技术采用一个无指向性话筒与一个双指向性话筒,两者摆在相同轴线的位置,话筒振膜方向成 90°角。M(Middle)表示话筒主轴对着拾音范围中线,拾取中间部分整体的声音信号,即左右的和信号;S(Side)表示话筒指向性主轴侧对着两边,拾取旁边方向的声音信号,即左右的差信号,如图 4-31 所示。M/S 制式常用于广播录音领域。

3.时间差和声级差定位的立体声拾音技术

时间差和声级差定位的立体声,是综合利用时间差定位和声级差定位方式来进行立体声定位的一种综合拾音方式,因此又称“混合”拾音法。

(1)ORTF 制式

ORTF 制式是该拾音方式的代表,使用两个心形话筒,话筒振膜相距 17cm,获得了相当于 A/B 制式的时间差定位效果;话筒头呈 110°角,获得了相当于 X/Y 制式的声级差定位效果,如图 4-32 所示。

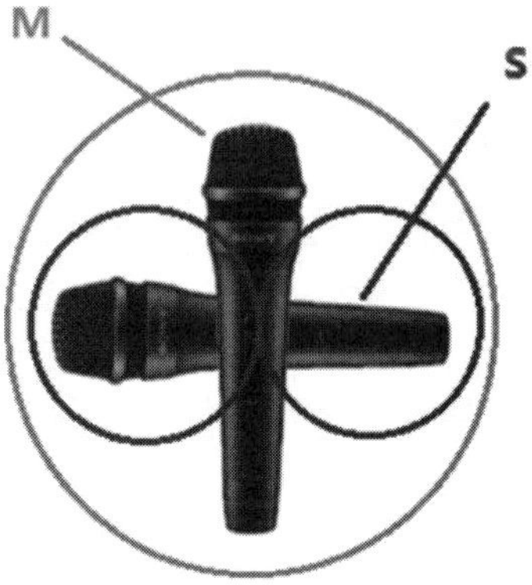

图 4-31　M/S 制式

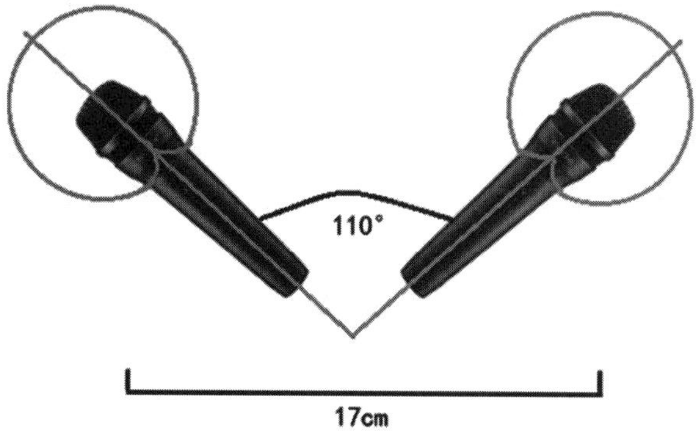

图 4-32　ORTF 制式

(2)Decca Tree 制式

Decca Tree 制式采用三个全指向性话筒,三个话筒设置构成等边三角形,在音乐会中通常放置在指挥后方或头顶上方,这样拾取的声音清晰且立体声声像明确,如图 4-33 所示。

图 4-33 Decca Tree 制式

(二)5.1 声道环绕声节目制作环节

1. 现场同期声录制

录制同期对白:录制现场对白通常采用单声道记录方式,分配在中间声道。

录制背景环境声及群杂声:录制背景环境声及大规模的现场群众人声,多采用环绕声立体声话筒,分别从左前方(L)、右前方(R)、中央(C)、左环绕(LS)、右环绕(RS)及低频效果(LFE)同时捕捉 5.1 分离式声道的声音,增加声音的空间感和群感。

2. 转录

所录制的现场同期声要通过转录复制到音频工作站以供后期剪辑,而转录的过程需要无损进行,若在过程中发现先前录制的素材出现问题,应及时记录以备事后进行新素材的置换。

3. 配音

受现场同期录音环境条件的限制,常常需要在后期补配对白。配音时应尽可能采用与现场录音时相一致的语气、语调和音色,同时最好应采用与现场录音时类型相同的话筒。

多录制几条现场群杂声,有助于后期在节目中增加现场气氛的渲染。值得注意的是,由于环境不同导致监听条件不同,并且无法对节目的整体情况作出准确判断时,在配音过程中不要做任何均衡、混响、延时等效果。

4. 拟音

拟音是指由于受到现场条件的限制,或为了突出某种声音效果,特别是与人物动作有关的声音,如脚步声、日常生活声、打斗声等,而进行的一种效果录音。拟音是在拟音录音棚中录制的。录音时,拟音师看着正在屏幕上播放的画面,利用各种道具做出各种动作,制造出与画面中演员动作相同的声音。

5. 音乐录音

多轨音乐录音通常有两种方式:同期多轨录音和分期多轨录音。

同期多轨录音:例如,乐队的所有成员在同一个录音棚或音乐厅中一起演奏音乐,录音师使用多轨录音设备,实时地、完整地一次性录制音乐。其优点是声音整体性好,有群感,富于感情色彩。缺点则是声相定位视乐队排列而定,不易改变,且话筒之间容易出现串音。大型交响乐队的音乐录制多采用此种方式。

分期多轨录音:例如,乐队成员按照乐谱中的声部要求,依次分批进行演奏,分别录制到各自的声轨上。其优点是各声道层次分明,每一声部的音量和声像可以根据需要进行调整。缺点则是声音融合度较差,群感差,缺乏感情色彩,录音周期相比同期多轨录音更长。电子乐器演奏多采用此种方式。

6.音频编辑

音频编辑包括修剪对白、套环境声、贴效果声、制作特殊效果和音乐编辑等。音频编辑直接关系到5.1声道环绕声节目的质量,要求技术与艺术相结合。

7.预混

5.1声道环绕声节目制作在最终混录时通常会有几十条甚至几百条声轨的素材参与混录,较小规模的制作室只能通过数字调音台对繁多的素材进行预混,即将所需素材分批、分期地制作成预混母带。

首先,数字调音台应有独立的环绕声混合母线,5.1声道环绕声的制作至少需要6条,用于左前方(L)、右前方(R)、中央(C)、左环绕(LS)、右环绕(RS)及低频效果(LFE)声道。其次,预混还需要有把各声道信号分配到环绕声母线上去的“声像电位器”(或称“声像摇杆”)。数字调音台上的监听系统能对送往5个扬声器的信号电平进行联动控制,不需单独调整每一路电平,能对输出的每一路信号进行哑音控制,这在录制监听中经常用到。监听系统需符合ITU-R775建议书推荐的环绕声重放标准。

预混一般按对白、动作效果、素材效果、音乐等进行素材分类。

对白一般出现在中间声道,在预混中对现场同期对白的降噪处理,及现场同期对白与配音对白的自然衔接均可使用外部延时器、混响器、谐波器、压缩器、降噪器,特殊的对白可做声像移动。环境声可同时在5个主声道中出现,群杂声也可根据需要在5个主声道中出现。动作效果的预混基本同上,可做声像移动,同时确保声音的空间感与对白相一致。

音乐的预混也称缩混,需要通过数字调音台将音乐元素分配到指定的输出母线,并根据创作意图调整各音乐元素的相互关系,使之合成为供终混使用的音乐母带。

预混所制成的音乐母带格式要确保与终混节目格式一致,可保存于数字磁带、硬盘、磁光盘等载体上。声轨的分配通常是1声轨记录L信号,2声轨记录R信号,3声轨记录C信号,4声轨记录LFE信号,5声轨记录LS信号,6声轨记录RS信号。

8.终混

终混是5.1声道环绕声录制的最后一项工作。终混时,需要对监听响度有标准地定量控制,以保证节目声音质量,只有这样才能保证终混录音师可以较长时间地在一个相对稳定的监听条件下工作，逐渐建立对音量的主观评价标准。电视节目制作的监听响度一般在 79dBc～85dBc 之间，通常经常使用 81dBc。

终混时，将视需要对各个独立的素材进行控制，包括电平、均衡、压缩、扩张、延时、混响、声像位移等。对于已经预混的素材，终混主要考虑预混对白、音乐、效果的比例，对最后的节目听觉效果作出判断和修改。终混的节目可记录于数字磁带、硬盘、磁光盘等载体上。

综合运用电视声音的多元因素，使其成为电视节目的一种重要信息呈现手段和艺术表达方式，与电视画面正确结合，相辅相成，对做好电视节目具有至关重要的作用。因此，正确运用电视声音，发挥电视声音的作用与魅力是十分重要的。

思考与研讨题

1. 前期录音需要注意哪些问题。
2. 简述常用的话筒指向性及特性。
3. 简述调音台的主要构成及功能。
4. 简述 5.1 声道环绕声技术。

参考文献：

1. 〔英〕米勒森、〔美〕欧文斯著，李志坚译：《视频制作手册》(第 4 版)，人民邮电出版社 2011 年版。
2. 孟群：《电视制作技术》，中国传媒大学出版社 2012 年版。
3. 〔美〕林恩・S. 格罗斯、〔美〕詹姆斯・C. 福斯特著，谢毅译：《视频制作：专业素养与技巧》(第 10 版)，清华大学出版社 2013 年版。
4. 沙雅文、曾路：《5.1 声道环绕声节目制作浅析》，《现代电视技术》2006 年第 7 期。

第五章　电视照明

■ **本章重点**

1. 电视照明基础知识
2. 人物布光类型
3. 照明灯具分类
4. 灯光控制系统

电视照明不是简单地满足电视制作的照度，而是利用光线等参与艺术的创作，用光线描绘和塑造镜头前的形象。

第一节　电视照明基础知识

一、光学基础

在制作电视节目的过程中，需要了解光的性质及光的物理特性。

（一）光的直线传播

光在均匀介质中是沿直线传播的，即在均匀介质中光线是一条直线。这种传播规律称为光的直线传播定律。在日常生活中，光影以及许多现象都可以证明光的直线传播定律。

（二）光的反射

在两种介质的界面上，光线将发生偏折。一部分光线仍然在同一种介质中传播，这种现象叫作光的反射现象；另一部分光线将进入另一种介质中传播，这种现象叫作光的折射现象。

光的反射定律：反射光线与入射光线和法线在同一平面内；反射光线和入射光线分居法线两侧；反射角等于入射角。

光的反射具有可逆性，如光线逆着反射光线的方向照射到界面上，它就逆着原来入射光线的方向反射出去。反射光线的光能分配是由介质的性质和入射角的大小来决定的。光以相同的入射角照射到不同的介质表面上，光能的分配不同。当入射角增加时，反射光线的能量也随之增加。

光从光密介质进入光疏介质，当入射角大于临界角时，光线不能进入光疏介质，而是被反射回原来的介质中，并且服从反射定律，这种现象叫作光的全反射。

（三）光的折射

光的折射定律：折射光线与入射光线和法线在同一平面内；折射光线和入射光线分居法线两侧；入射角的正弦和折射角的正弦之比，对于特定的两种介质来说是一个常数。

光的折射现象是由于光在两种介质内的传播速度不同。光除了折射以外，碰到玻璃还有反射损失，折射面多了，损失也会多，所以在光学设计中应尽量减少光的折射以及反射损失。

（四）光的独立性

光的独立传播定律：来自不同方向或由不同物体发出的光线相交，对每一条光线的独立传播不受影响。当在演播室进行照明布光时，各个角度的灯所投射出来的光束在各个空间均有许多交叉和重叠。如果把余光挡掉，每个光束的传播方向及其光分布并不互相影响而产生改变。

（五）光的散射

光的散射发生在不均匀的介质中，这是由于光在介质中许多方向杂乱的界面上多次反射和折射所引起的。日常生活中的自然现象，如云和雾等，就是由高空中大量水汽的光散射作用产生的。散射也因吸收而损失，不同介质带来的光损失不同。

影响光散射的因素较多，其主要决定于介质条件。在电视照明中散射规律也有较广泛的应用。如背景灯大体都是泛光照明，为了取得均匀柔和的光效，往往利用反射器各种类型的处理，使多方位的各个界面产生光的反射和折射引起光散射，从而达到较理想的照明效果。

（六）光的衍射

光的衍射是光波在均匀介质中进行传播时，遇到障碍物发生传播路径弯曲，绕到障碍物的背后，出现明暗条纹或彩色条纹。如果使用单色光，在屏幕上可看到明暗相同的条纹；如果使用复色光，则可在屏幕上看到彩色的条纹。只有当障碍物的大小与光波波长在数量级上很接近时，才能观察到明显的衍射现象。

在日常生活中，可以观察到许多光的衍射现象，如观察光源时所看到的彩色条纹就是光线通过狭缝时发生的衍射作用。

在电视照明中，对光的物理特性的利用范围很广，包括光的干涉、光的吸收、光的色散、光的偏振等等，需要在实践中不断地分析、研究和应用。

（七）光与电磁波

光是一种电磁波，它具有电磁波的特性。光波在整个电磁波谱中只占很小的一部分。速度为：30×10000 km/s，波长为 380nm～780nm（1nm＝10^{-9}m）。

白炽灯：波长为 400nm～780nm，缺少紫光，故合成后光色略偏红黄。

荧光灯：波长为 310nm～750nm，缺少红光，故合成后略带青色或呈青白色。

常用 380nm～780nm 的波长表示可见光的范围。图 5-1 所示为电磁波频谱图。

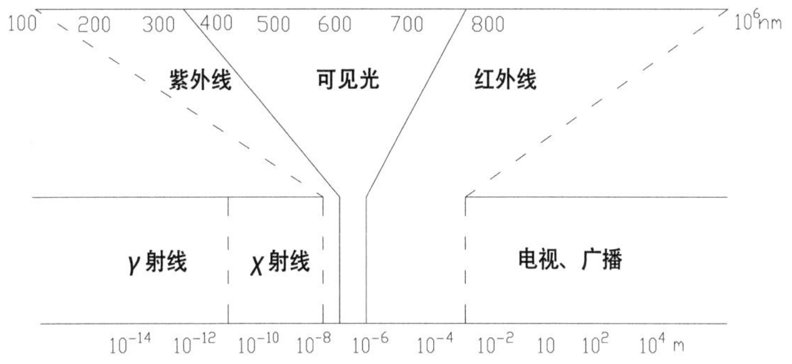

图 5-1　电磁波频谱图

（八）与照明相关的光学单位及术语

光的基本单位有以下几项：

（1）光通量。一般情况下，同类型灯的功率越高，光通量也越大。单位：流明（lm），符号：Φ。

（2）光强。一般来说，光线都是向不同方向发射的，并且强度各异。光源在某一特定方向单位立体角内发射的光通量就叫作光强。单位：坎德拉（cd）。

（3）照度。单位被照面上接收到的光通量称为照度，如图 5-2 所示。单位：勒克斯（lx），符号：E。如果每平方米被照面上接收到的光通量为 1lm，则照度为 1lx。即 1 勒克斯（lx）相当于每平方米被照面上光通量为 1 流明（lm）时的照度。夏季阳光强烈的中午地面照度约为 5000 lx，冬季晴天时地面照度约为 2000 lx，晴朗的月夜地面照度约为 0.2 lx。照度的计算公式为：照度＝（光通量×设计系数）/面积。

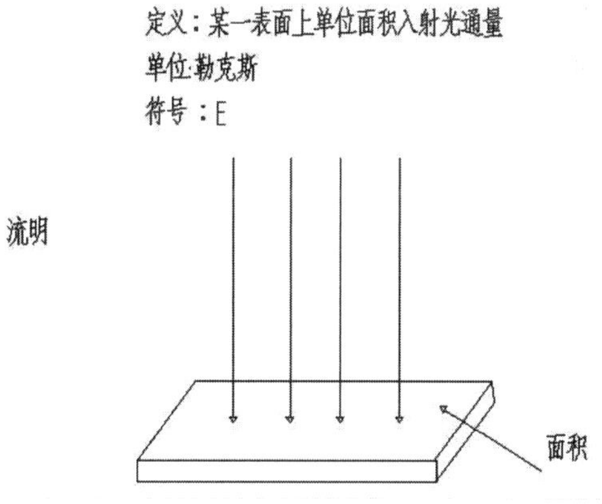

图 5-2　照度

（4）亮度。亮度是表示眼睛从某一方向所看到物体反射光的强度。单位：坎德拉/平方米（cd/m^2）。

二、光源与色温

(一)光源及分类

对于电视照明光源,不仅要关注其光效,还要特别注重它发出光的颜色。光源的颜色有两方面的意思,一是人眼直接观察光源时所看到的颜色,二是指光源的光照射到物体上所产生的客观效果。

光源大致可以分为自然光源和人工光源,通常在电视照明中使用的标准光源色温有:3200K(三基色荧光灯),5600K~6500K(正午日光的色温)。

(二)色温

在实际照明工作中,要根据光源的彩色品质、光源的光谱曲线来选择应用,需要掌握和了解色温及其原理。

在物理学中,有绝对黑体的概念。当外界有光线射入时,它将全部吸收,既不反射也不透射;而当它向外辐射时,也将辐射出全部连续的光谱,并且它的光谱的分布只与它的温度有关。我们用绝对温度(Absolute Temperature)来度量这个温度,单位是开尔文(K)。

绝对黑体在不同的温度下有不同的发光颜色,一定的光色对应于一定的温度,我们把这个温度称为这个光的色温(Color Temperature)。当实际中某一光源的光谱与绝对黑体某一温度下的光谱相一致时,则绝对黑体的这一温度称为光源的色温;当光源的光谱只能与绝对黑体某一温度下的光谱相近似而不能精确等效时,则称这一温度为光源的相关色温。

纯钨丝灯的光谱分布大体上与黑体标准的光谱分布相似。钨的熔化点在3660K,其色温为3600K。钨丝灯光的色温随所通过的电流量而异。若电压有变化,提高或降低电压,色温也会随之变化。如使用同样功率的灯泡,电压在100V~115V的灯泡比电压在220V~250V的灯泡色温高出大约100K;又如选用110V的灯泡在极限值每增加1V电源电压,色温就增加10K左右,通常认为10%的色温值对光的成分影响不大。

在电视照明中,走出固定演播室,走向大自然,内景戏外拍,采用实景自然光照明,已经成为常态,需要根据不同要求,选用不同的光源和不同的色温。

(三)电视照明常用光源

1. 卤钨灯

卤钨灯内装有钨灯丝,并充以一定量的卤族元素或卤化物。卤钨灯利用卤钨循环化学反应原理,大大减少了钨丝的蒸发和灯泡发黑程度。卤钨灯的发光效率和额定寿命都比白炽灯高。卤钨灯常做成管状,尺寸小,功率为35W~1000W,色温为2700K~3300K,显色性好,额定寿命约为1500小时,光通量稳定,多用于室内重点照明。

电视照明用的卤钨灯结构大致有两种，一种是以线光源为主的双端管形卤钨灯，另一种是以面光源为主的单端卤钨灯。线光源卤钨灯是将螺旋状钨丝用几段支撑架固定后放在石英管内，灯丝有单螺旋和双螺旋两种形式，双螺旋灯丝尺寸短，发光体小，光的利用率高。

2. 金属卤化物灯

金属卤化物灯是气体放电灯的一种。金属卤化物灯(简称金卤灯)有两种，一种是石英金卤灯，其电弧管泡壳是用石英做的；另一种是陶瓷金卤灯，其电弧管泡壳是用半透明氧化铝陶瓷做的。金卤灯是目前世界上最优秀的电光源之一，它具有光效高(65lm/W～140lm/W)、寿命长(5000h～20000h)、显色性好(Ra65～95)、结构紧凑、性能稳定等特点。金属卤化物灯最主要的适用场合是电视的外景拍摄，低功率的 HMI 金卤灯更广泛地应用于新闻拍摄。

3. 短弧氙灯

短弧氙灯又称球形氙灯，它是一种具有极高亮度的点光源，色温为 6000K 左右，光色接近太阳光，是目前气体放电灯中显色性最好的一种光源。短弧氙灯作为光源的追光灯，是电视制作中最主要的灯具之一。

4. 三基色荧光灯

三基色荧光灯在灯管内壁使用了三基色稀土荧光粉，它是一种预热式阴极气体放电灯，分直管形、单 U 型、双 U 型、2D 形和 H 形等几种。

三基色荧光灯在生产制造时，选用不同的荧光粉及不同的混合比例就能得到不同色温的灯管。根据色温的不同分为暖色光、冷白色光、冷色光三种类型。

暖色光的色温在 3300K 以下，暖色光与白炽灯相近，红光成分较多，能给人以温暖、健康、舒适的感觉。冷白色光又叫中性色，它的色温在 3300K～5300K 之间，中性色因光线柔和，给人以愉快、舒适、安详的感觉。冷色光又叫日光色，它的色温在 5300K 以上，光源接近自然光，有明亮的感觉，使人注意力集中。

用作电视照明的三基色荧光灯根据适用场合的不同，可以分别选择 3000K～3200K 暖白色灯管或 5400K～6400K 日光色灯管。

5. LED 灯

LED 是一种能够将电能转化为光能的半导体，不同于白炽灯钨丝发光以及节能灯三基色粉发光的原理，它采用的是电场发光。LED 灯寿命长，光效高，辐射低，功耗低。白光 LED 灯的光谱几乎全部集中于可见光频段，其发光效率可超过 150lm/W。

将 LED 灯与普通白炽灯、螺旋节能灯及 T5 三基色荧光灯进行对比，结果显示：普通白炽灯的光效为 12lm/W，寿命小于 2000 小时；螺旋节能灯的光效为 60lm/W，寿命小于 8000 小时；T5 荧光灯光效为 96lm/W，寿命大约为 10000 小时；直径为 5 毫米的白光

LED 灯光效在理论上可以超过 150lm/W，寿命可达到 100000 小时。

电视照明中，LED 灯已经进入电视演播室。数控变化的七彩地板、发光墙壁及许多效果照明，特别是具有染色效果的染色灯，都使用 LED 灯作为光源。随着 LED 发光效率和制作工艺水平的提高，LED 灯在电视中的应用越来越广泛。

三、灯光设计

（一）基本布光方法

布光，是指灯光师对所制作的节目进行灯光布局设计。最基本的布光方法是三点布光法。

三点布光，又称为区域照明，一般用于较小范围的场景照明。如果场景很大，可以把它拆分成若干个较小的区域进行布光。三点布光法是保证人物基本造型的程式化照明方法，能够更好地营造出电视画面的空间感、透视感、立体感。一般有三盏灯即可，分别为主体光、辅助光与背景光。

主体光：通常用它来照亮场景中的主要对象与其周围区域，并且担任给主体对象投影的功能。主要的明暗关系由主体光决定，包括投影的方向。主体光的任务根据需要也可以用几盏灯光来共同完成。主光灯在 15°到 30°的位置上，称为顺光；在 45°到 90°的位置上，称为侧光；在 90°到 120°的位置上，称为侧逆光。主体光通常使用聚光灯来完成。

辅助光：又称为补光。它用一个聚光灯照射出扇形反射面，形成一种均匀的、非直射性的柔和光源，可以用来填充阴影区或被主体光遗漏的场景区域，调和明暗区域之间的反差，同时能形成景深与层次。这种广泛均匀布光的特性使辅助光为场景打上一层底色，定义了场景的基调。由于要达到柔和照明的效果，通常辅助光的亮度只有主体光亮度的 50%～80%。

背景光：它的作用是增加背景的亮度，从而衬托主体，并使主体对象与背景相分离。一般使用泛光灯，亮度宜暗。

三点布光主光、辅助光、背景光的光比设置，习惯上沿用 1∶0.5∶(1.5～2)的比例标准，即以主光为基准，辅助光的强度为主光的 1/2，背光为主光的 1.5～2 倍。这是因为，如果主光太暗或辅助光过亮，画面造型效果就会削弱；而背光过弱则主体与背景无法分离，画面缺少立体感和深度感。在实际操作过程中，并没有一个绝对不变的模式，应根据拍摄场景在摄像机取景器中所反映的实际情况，进行光效处理，视光比变化的需要，使三点布光照明达到平衡。

图 5-3、5-4 所示为灯位水平位置与角度平面图和灯位垂直位置与角度平面图。

正面光灯位(0°～10°)

造型特点：人物正面均匀受光，光比小，画面平淡，没有光影，缺乏纵深感，人物头部三维立体感差。

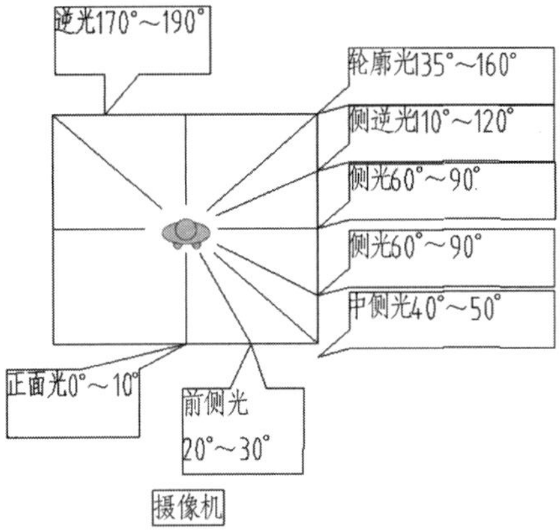

图 5-3 灯位水平位置与角度平面图

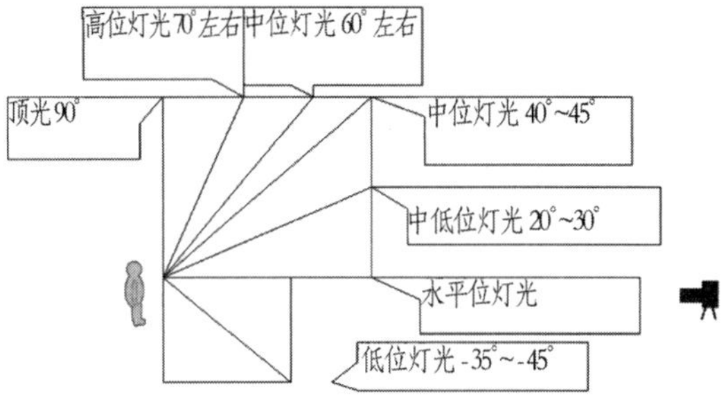

图 5-4 灯位垂直位置与角度平面图

Tips: 1. 不适合圆形、方形的胖脸，会使人更显胖。
2. 俯角度拍摄时，鼻子会显扁平，好像贴在脸上一样。
3. 采用硬光、高位灯光会出现戏剧性光影，人物显苍老、悲观。
4. 采用 −35°低位灯光，人物脸部光影效果呆板；低位灯光会出现戏剧性光影，揭示恐怖、惧怕的脸部表情，有时和其他类型的光组合起来表现严峻神态。
5. 采用柔光、中低位灯位，布光效果平淡，适于创造高调的人物图像，表现青春、年轻化。
6. 常用作背景布光、演播室的天幕、人物抠像背景等。

侧光灯位

前侧光(20°～30°)造型特点：光线效果分布在脸的一侧，另一侧存在阴影，能较好地表现轮廓线条，图像效果有光源感，光影效果非对称。

Tips: 1. 使用中低位前侧硬光，影子紧凑，稍有曲线，有适中的三维造型。
2. 使用高位前侧光，鼻子、头部光影拉长，鼻影边缘接近嘴角，整体效果不协调，出现戏剧性光影。
3. 用柔光作辅助光使用，起到柔化光影、丰富层次的作用。

中侧光(40°～50°)造型特点：图像层次丰富、光比适中，适合各种人物脸型。

Tips: 1. 对于端正的脸，尤其是长脸和直鼻效果更好。
2. 对于鼻子过小的人，需要借助辅助光校正；对于脸部线条不正的，主光设置在不正的一边，通过明暗关系平衡进行校正。
3. 中侧光常用作主光，灯具为硬光聚光型灯。

左右侧灯位(90°)造型特点：光源明确，人物造型感清晰，有力度。

Tips: 1. 电视节目(演播室或人物采访)人物布光中，60°～90°侧光不作为主光使用。

2. 影视剧拍摄布光中,左右侧光经常出现,如窗前阳光下的侧面人像,沙发旁落地灯下的侧面人像等。

3. 文艺晚会灯光设计中,左右侧光是不可缺少的灯位,对侧机位画面构图尤其重要。

逆光、轮廓光灯位

造型特点:适于表现人物、物体的轮廓特征,可模拟自然光效,能够创造环境氛围、情绪氛围。

(二)人物布光的基本方法

1. 单人的静态主体布光

(1)配置主光

主光的水平角度通常选择在人物前方 0°~45°的范围,如图 5-5 所示。

主光的垂直角度通常选择在人物上方 15°~45°的范围,如图 5-6 所示。

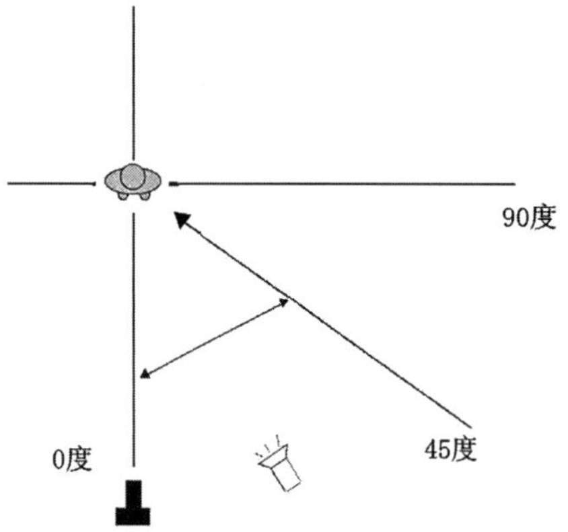

图 5-5 主光的水平角度

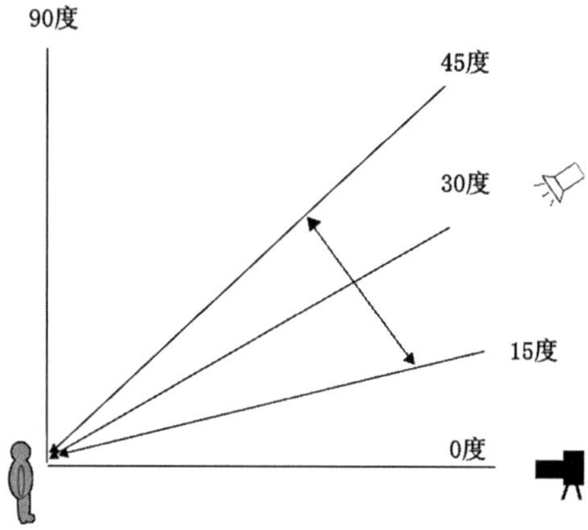

图 5-6 主光的垂直角度

(2)配置辅助光

辅助光的水平角度通常选择在人物前方 15°~45°的范围,如图 5-7 所示。

辅助光的垂直角度通常选择在人物上方 0°~20°的范围,如图 5-8 所示。

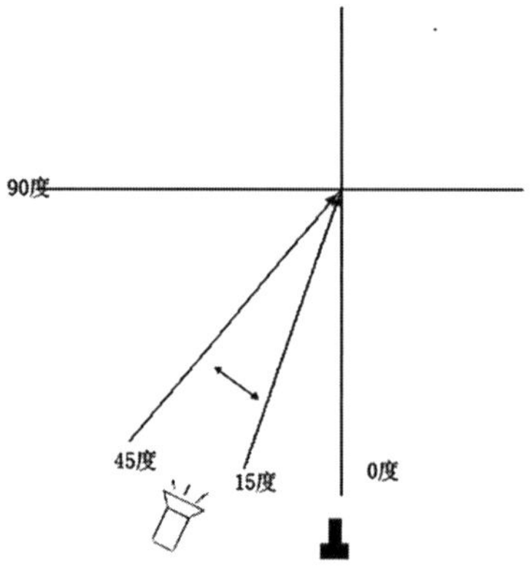

图 5-7 辅助光的水平角度

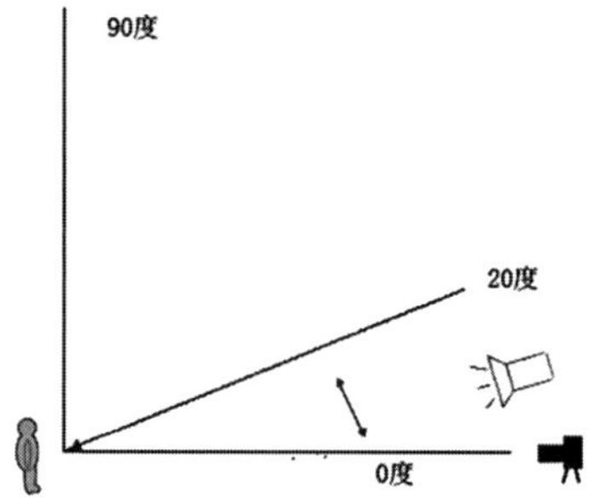

图 5-8 辅助光的垂直角度

模拟窗外光线辅助光配置如图 5-9 所示，正面辅助光配置如图 5-10 所示，常规辅助光配置如图 5-11 所示。

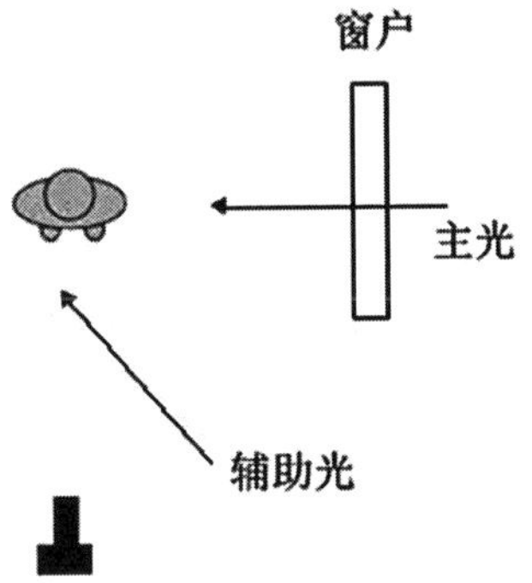

图 5-9　模拟窗外光线辅助光

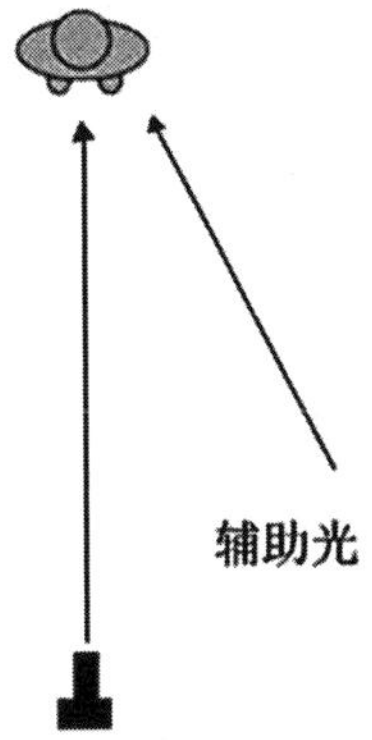

图 5-10　正面辅助光配置

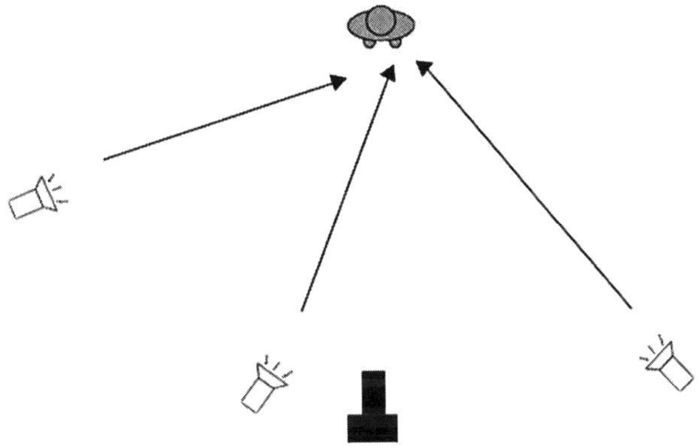

图 5-11　常规辅助光设置

(3)配置逆光

逆光布光方位在被摄人物的后面，与摄像机镜头的轴线成 30°水平角。高度与摄像机镜头的轴线成 30°～60°垂直角。图 5-12 所示为逆光布光的三种常见形式。

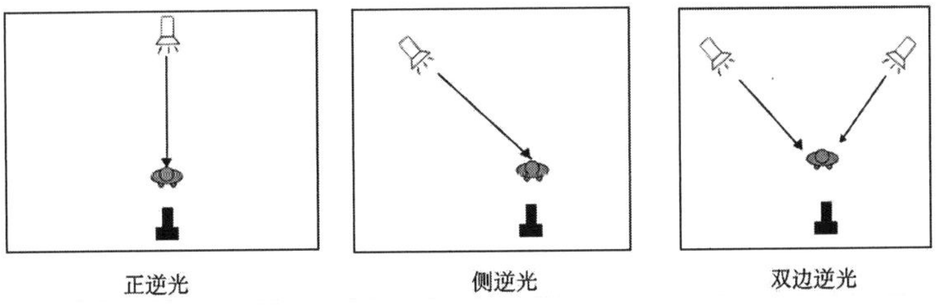

图 5-12　正逆光、侧逆光和双边逆光

(4)配置背景光

背景光可以衬托人物、反映环境、控制图像格调,可根据实际需要来配置。

2. 双人布光

双从布光可以采用简洁方法或细腻方法,简洁方法是一灯多用和公用,细腻方法是一灯专用。一灯多用,可以节省设备,但是如果两人皮肤反差大时不易平衡;一灯专用,可以分别进行控制,图像平衡好。

(1)一灯多用布光

双人布光中的常规机位如图 5-13 所示。

专用主光、相互借用逆光的布光方法如图 5-14 所示。背后交叉设置主光,要注意光斑相对于两人的范围,灯具的焦点应该在靠前的位置,同时要选择合适的灯具功率,以达到图像照度要求。可加共用辅助光淡化阴影,如图 5-15 所示。

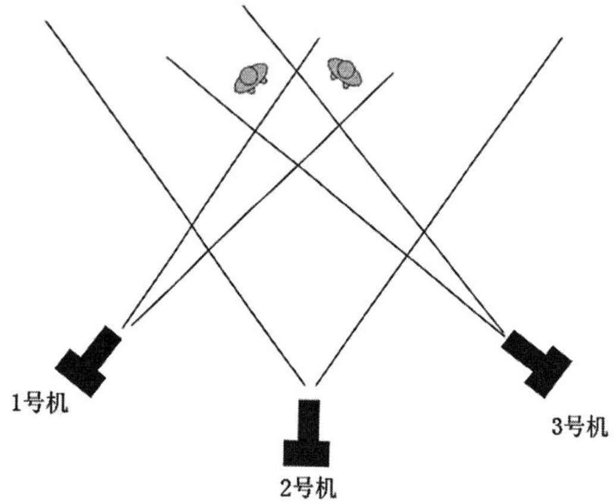

图 5-13 双人布光中的常规机位

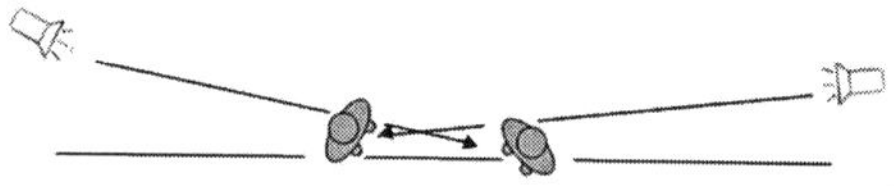

图 5-14 背后交叉布光

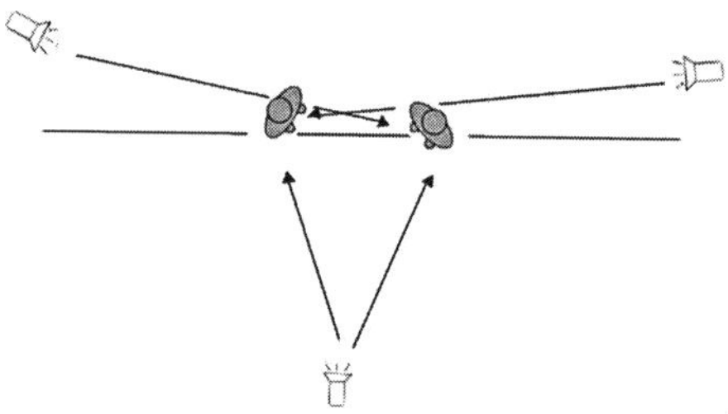

图 5-15 淡化阴影共用辅助光

专用主光、相互借用逆光的方法如图 5-16、图 5-17 所示,它们的灯位是在人物视线正面,设置在与人物的视线相对的位置上。

图 5-18 为面向人物正面交叉布光的立面图。

图 5-16 面向人物正面交叉布光

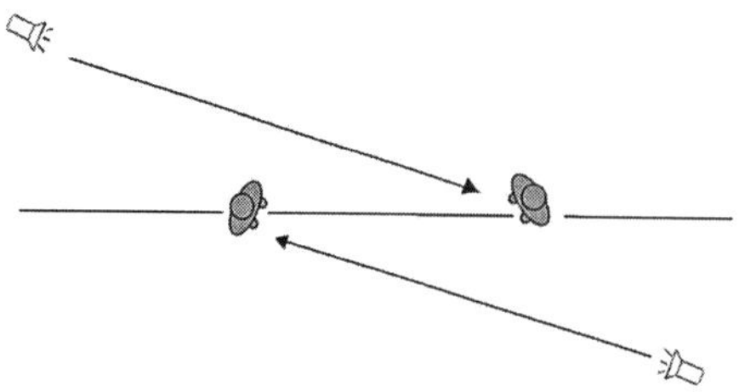

图 5-17 分别位于两人两侧布光

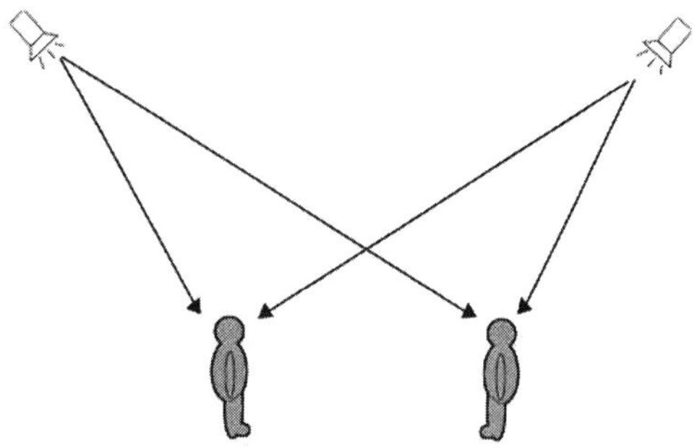

图 5-18 面向人物正面交叉布光立面图

专用主光、相互借用辅助光的布光方法如图 5-19、图 5-20 所示。灯位分别位于两人连线的侧面。

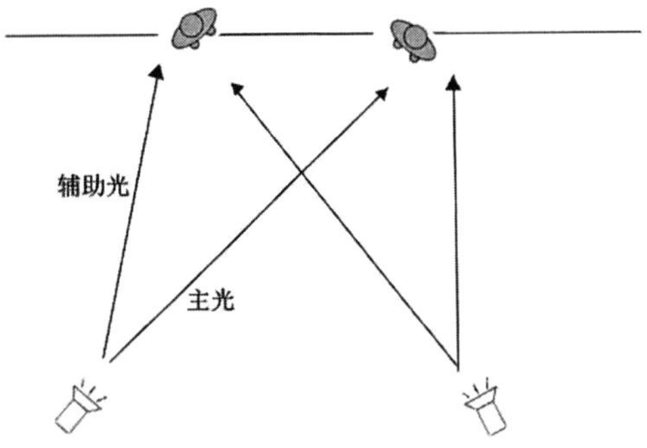

图 5-19　专用主光、相互借用辅助光

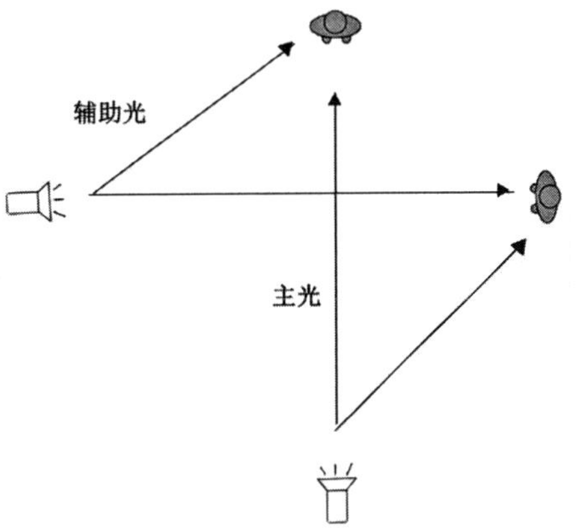

图 5-20　专用主光、相互借用辅助光

如图 5-21 所示，在专用主光、相互借用辅助光的基础上，增加了共用逆光，可以使图像更细腻。

如图 5-22 所示，主光、辅助光、逆光皆为双人共用灯位。

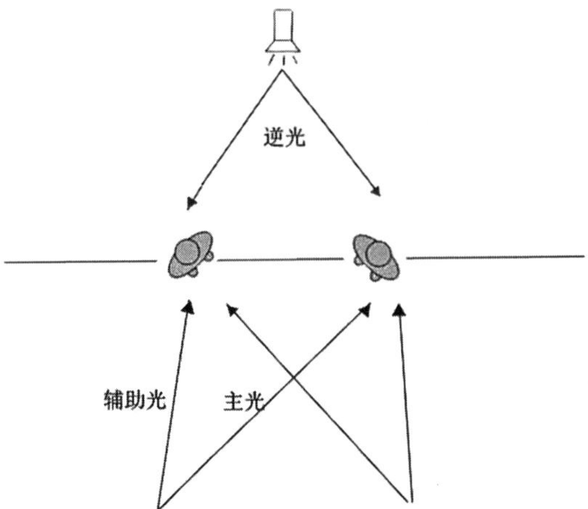

图 5-21　共用逆光

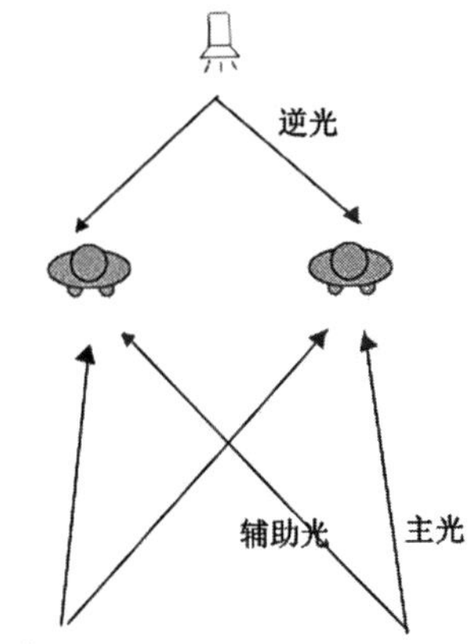

图 5-22　共用灯位布光

(2)单灯单用途布光

单灯单用途布光的方法是指分别采用三点式布光，如图 5-23 所示，主光、辅助光、逆光都为专用灯位。灯位的水平角度、垂直角度都严格按照三点布光原理进行。

图 5-24 所示为正面光与逆光分别布光。

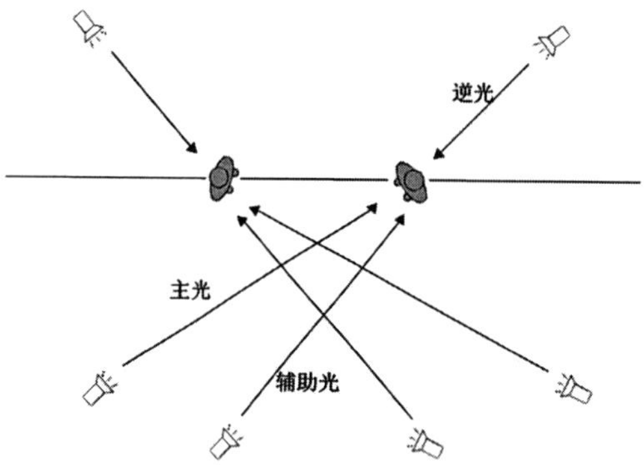

图 5-23 分别三点式布光

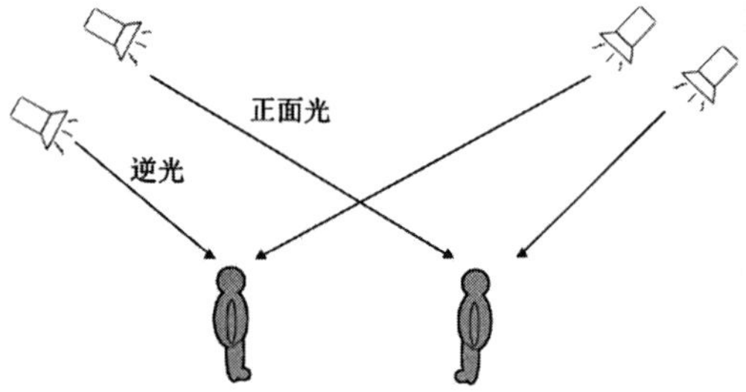

图 5-24 正面光与逆光分别布光

图 5-25 所示为不同功能性灯光分别布光。

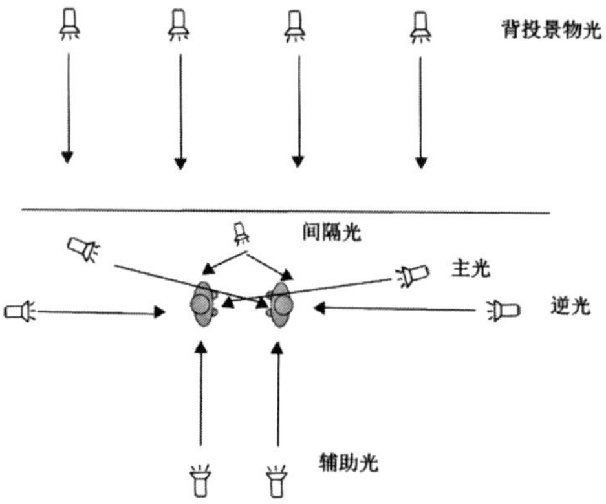

图 5-25 不同功能性灯光分别布光

3. 人群布光

(1)人群单体布光

如图 5-26 所示,人群单体布光即对每个人采用单独的主光和逆光,并共用辅助光的形式。

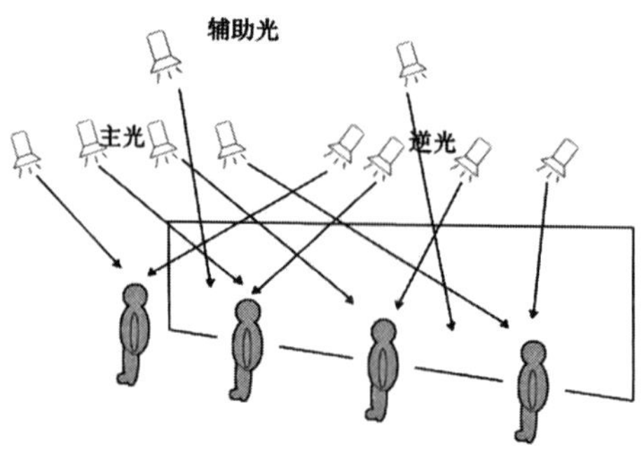

图 5-26 人群单体布光

(2)人群分组布光

如图 5-27 所示,每个方桌为一组,分为三组光。采用主光正面布光,辅助光借用主光的边光,逆光与主光相对设置的方式。

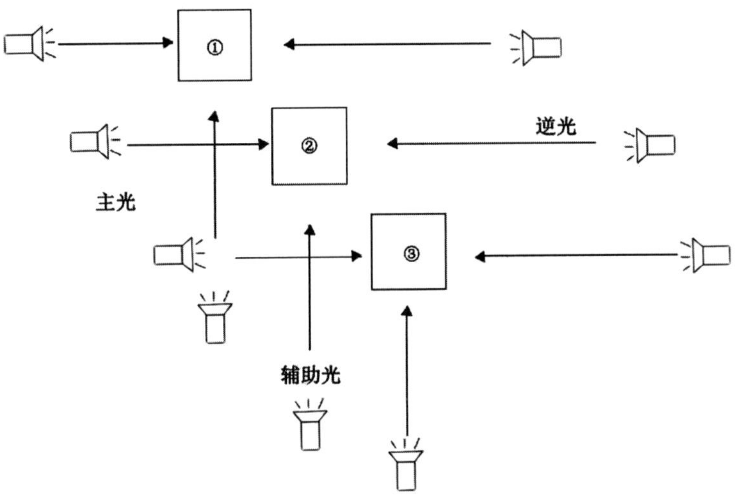

图 5-27 人群分组布光

图 5-28 所示为四人分组布光,由于人群是以两个人一组的形式出现的,可以采用共用主光、辅助光、逆光的布光方法。

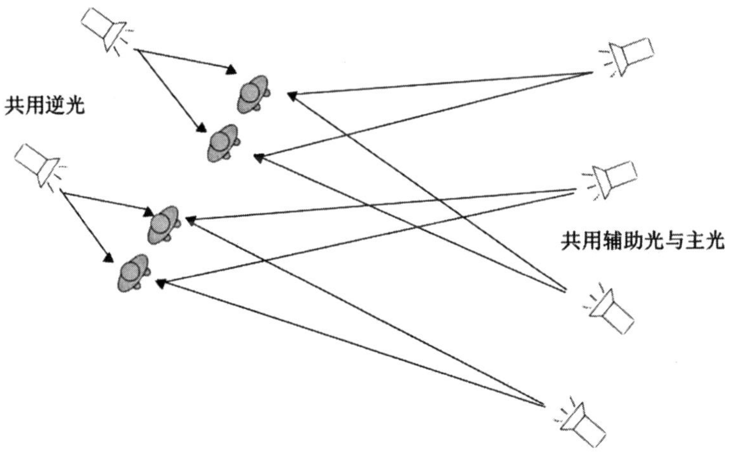

图 5-28 四人分组布光

(3)人群分区布光

如图 5-29 所示,对于三排人群,可以采用分区的布光形式。前区使用一组光,采用正面光加逆光的布光方法。后区使用一组光,采用相同的布光方法,但灯具数量要少,照度要低于前区光。

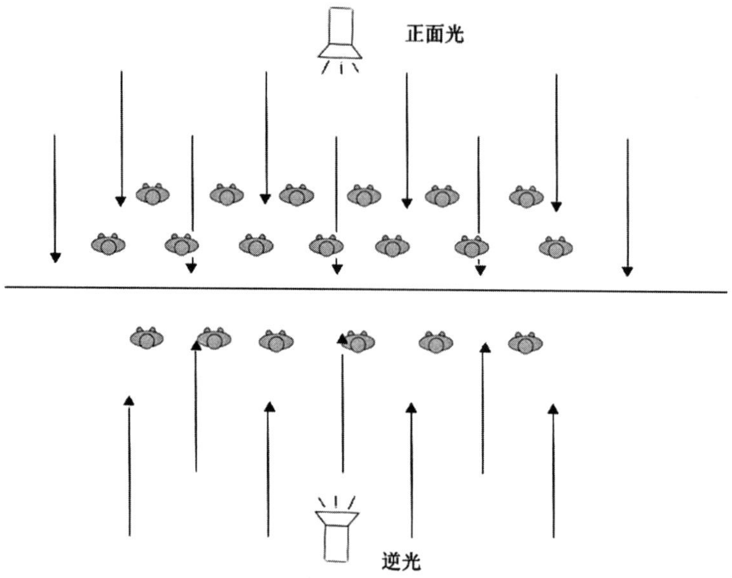

图 5-29 人群分区布光

(4)人群整体布光

如图 5-30 所示,如果人群相对集中,简便的方法是利用大功率的灯具,采用人群整体布光方法。

如图 5-31 所示,对于大的人群表演场面,可以采用多灯连接的布光方法,使用多灯并列作主光、辅助光、逆光的方法。

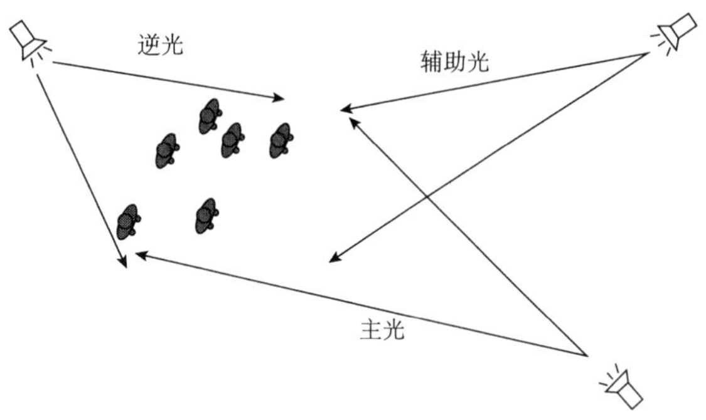

图 5-30 人群整体布光

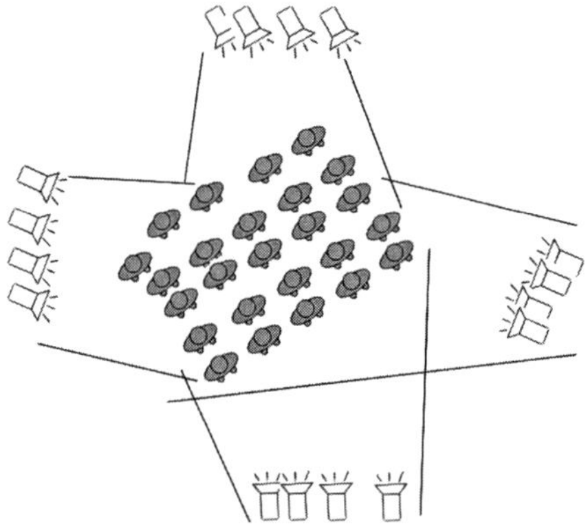

图 5-31 多灯并列式整体布光

4. 动态人物布光

(1)连续性布光

图 5-32 所示为用镜头拍摄人物下楼梯的运动过程。如果只是表现人物的运动过程,镜头画面只需全景或小全景,并且中近景画面较少,可以采用简单的连续性布光方法。

(2)分区布光

如图 5-33 所示,对于情绪表演的处理来说,分区布光法具有淡化运动过程、突出情绪表演的作用。

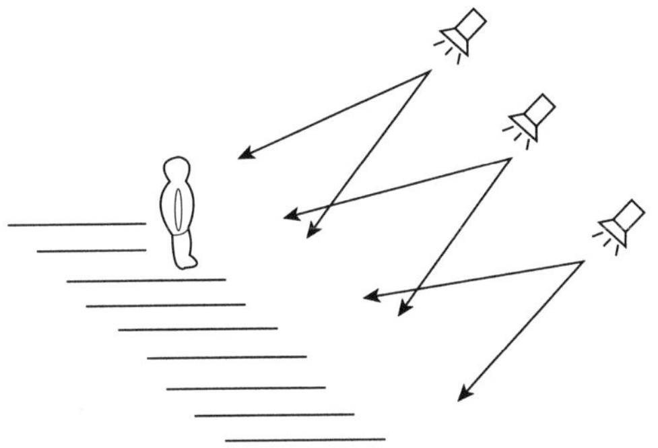

图 5-32 简单的连续性布光

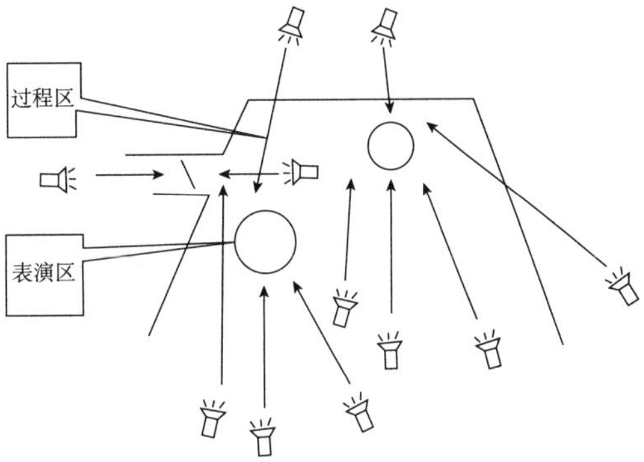

图 5-33 过程区与表演区的分区布光

图 5-34 所示为动态过程中的分区布光。

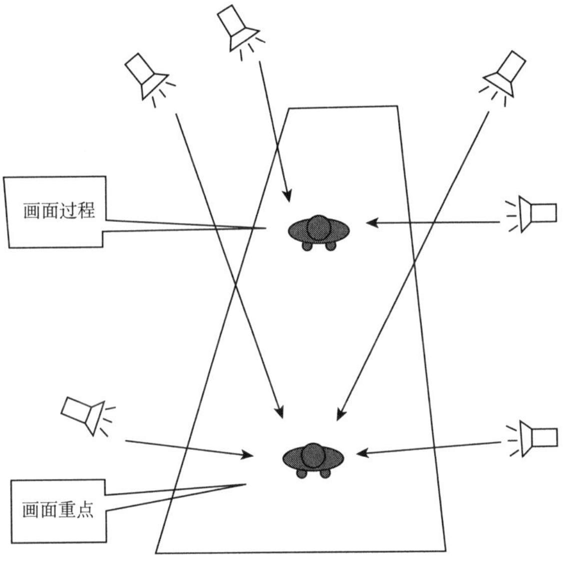

图 5-34 动态过程中的分区布光

(三)人物布光的处理形式

1. 平光法

平光法的布光过程:用一支聚光灯,设置在正面光位置作为主光;辅助光可根据需要设置一支或两支,加用柔光纸,照度弱于主光;逆光设置为单逆光或双逆光,照度强于主光,塑造出被摄体的形态,间隔出空间位置,如图 5-35 所示。

在三基色柔光灯的布光过程中，可以全部采用三基色柔光灯，如图 5-36 所示；也可以采用三基色柔光灯与聚光灯进行冷光源与热光源混合型布光，如图 5-37 所示。

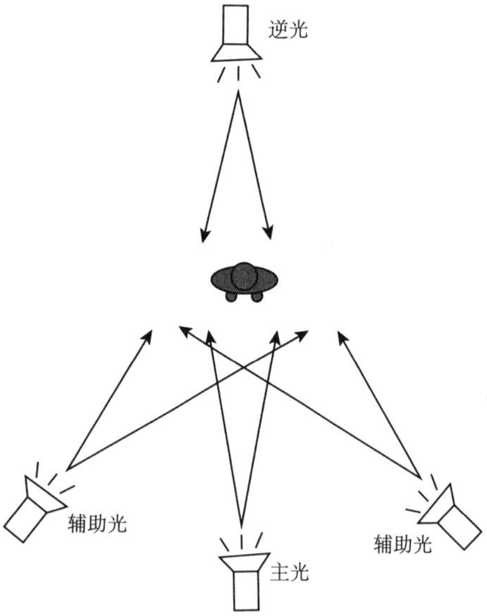

图 5-35　平调光处理

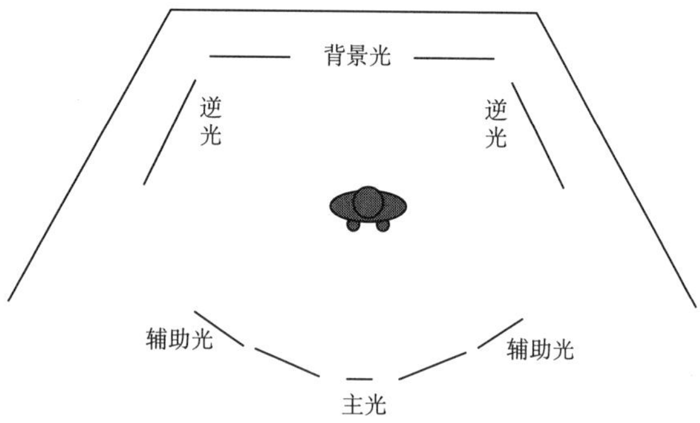

图 5-36　三基色柔光灯的平调光处理

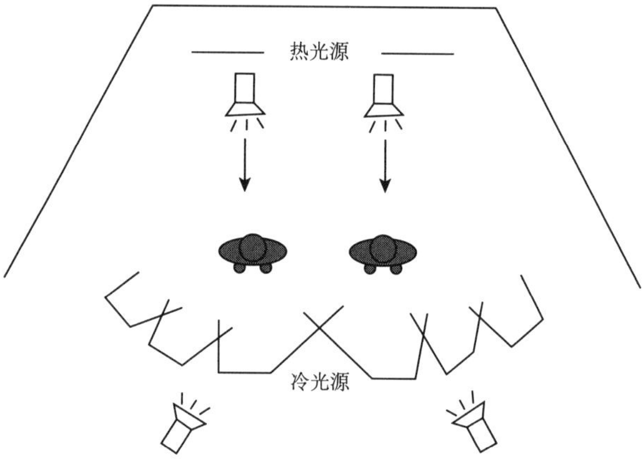

图 5-37　冷光源与热光源混合型平调光处理

2. 明暗对比法

（1）以前侧光或中侧光作为主光的明暗调处理

主光使用前侧光或中侧光，使人物大部分面积产生均匀照明；辅助光设置在主光对侧，以减少因脸部的起伏而自然形成的阴影；使用侧服饰光加强服装的立体感；使用一台小型灯，设置在正面，用于眼神光；轮廓光加装滤色片，产生色调感。图 5-38 所示正是以中侧光作为主光的明暗调处理。

（2）以侧光作为主光的明暗调处理

在侧主光下，如果拍摄书桌前台灯下俯首读书的人，人物图像会形成半明半暗的效果。通过辅助光的设置和调整，可以得到丰富的图像造型；通过控制光比，可以表现场面内容的不同气氛。图 5-39 所示是以侧光为主光的明暗调处理，侧光可以设置在 A、B 不同的位置。

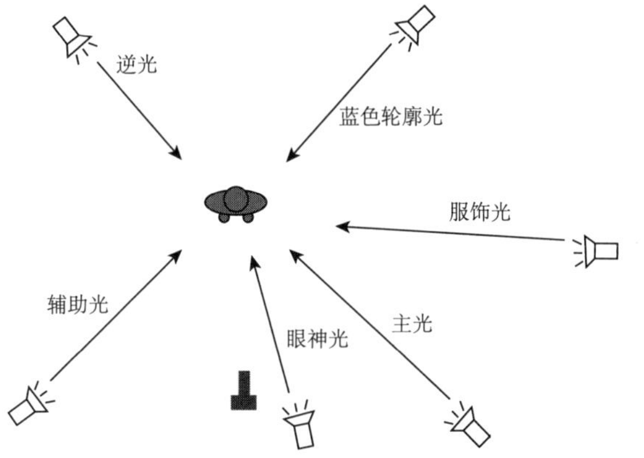

图 5-38　以中侧光为主光的明暗调处理

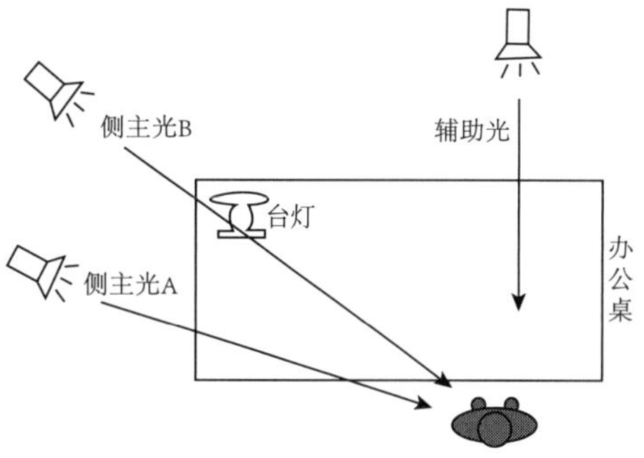

图 5-39　以侧光为主光的明暗调处理

(3)以侧逆光为主光的明暗调处理

侧逆主光常用来表现时间性。侧逆光和镜头成水平 110°至 140°角，从人物后方照射过来。侧逆主光对于表现初升的太阳或落日的余晖对人物的照射，都是良好的角度。使用侧逆主光，在软正面光(辅助光)的情况下，也不影响人物面部的色彩还原。图 5-40 所示正是以侧逆光为主光模拟旭日光的效果。

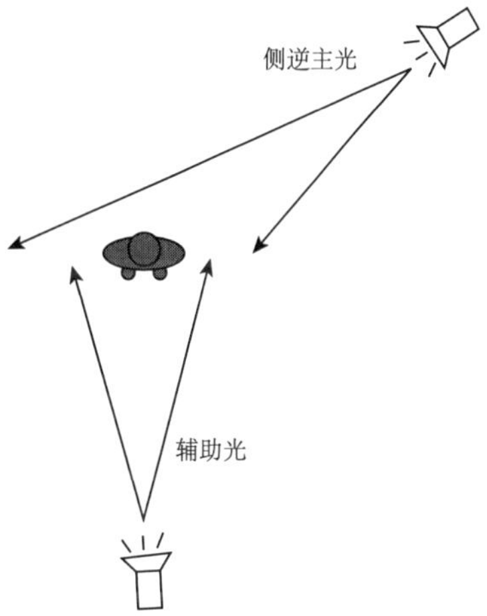

图 5-40　以侧逆光为主光模拟旭日光的效果

(4)以顶光和脚光为主光的明暗调处理

顶光和脚光作为造型主光，光分别由上方或下方照射物体，图像造型效果为上亮下暗或下亮上暗，它们常作为戏剧性光效使用。顶光、脚光作为主光使用时，必须根据节目内容规定的情境，恰到好处地进行渲染。

第二节　灯具类型及控制

一、灯具类型

(一)泛光灯

泛光灯是电视照明中用途较多的灯具之一，其光学系统多半采用漫反射原理，能够取得较大面积的泛光照明，因此，泛光灯也被称为散光灯。

泛光灯具有照度均匀、光质柔和、有效照射面积大、被照射体不产生明显的阴影等特点，多使用在背景天幕、地排照明、人物辅助照明或大面积的散射照明等情况下。泛光灯具外形多样，使用条件和场地不同，所采用的泛光灯具也不一样。下面我们来简单介绍几种泛光灯具。

1. 天幕灯

天幕灯多用于电视演播室中的天幕布光照明。电视演播室中的天幕灯相对固定，移动少，亮度较高。天幕灯一般外形尺寸为 430mm×255mm×420mm，灯具接头插杆为 21mm×70mm，配有三种规格的灯管可选用(800W/1000W/1250W)，其主要技术尺寸均为国际标准。

2. 地排灯

地排灯是在电视演播室地面与天幕灯相接的照明灯具之一，其散射面积大，光线均匀柔和，并且具有微仰的调节幅度。地排灯有单联、双联、四联等种类，所使用的卤钨灯管为 0.5KW～1KW。由于是低角度照明，地排灯的使用场合具有一定的局限性。

3. 云灯

云灯是指专门用来投射云彩效果的一种灯具。在灯槽前面加上用胶片绘制的各种云彩图片，采用特制的环型灯泡作光源，透过云彩图片投射到天幕上，可以呈现各种所需的云彩形状。云灯是电视演播室局部辅助照明的特殊灯具之一。

4. 双反射柔光灯

双反射柔光灯的光源不外露，它采用双曲面的反射器(铝制柔面处理)，当光线直接投向反射器时，人眼观察不到，反射器将光线再反射出来，形成二次反射。这样所投射出来的光更加柔和，使人眼直接观察到的光舒适、不刺眼。光通过双曲面二次反射后损失不大，可以满足使用要求。双反射柔光灯适合演播室照明以及局部柔和光照明。

图 5-41 尼龙伞散光灯

5. 尼龙伞散光灯

尼龙伞散光灯由一把尼龙绸布伞和组合灯具组成。灯具光线投射向尼龙伞，然后经过尼龙伞面的反射或者透射，产生均匀柔和的光效果。尼龙伞散光灯增大了发光体、减少了物体的投影，适合大面积柔和光照明。若选用蓝色尼龙伞面配合使用，还可以提高色温，减少对人体的照射。图5-41所示为尼龙伞散光灯。

6. 折叠式散光灯

折叠式散光灯具的光效柔和，光照面积

大且均匀，散热性能好，灯具小巧，可以折叠，容易收存。它的两个折叠叶子板可以用来遮光，可以调节灯具的开角，也可以多灯组合或加尼龙伞配合使用。

折叠式散光灯多作为中、近景的人物和景物散光照明使用。

(二)回光灯

回光灯具的光学系统以球面反光镜作为主要反光部件，其光源在球面镜的光轴上移动，使投射光线能调整放大或者缩小。光源不在球面镜中心上时，它的投射光束是分散的，也就是放大的，形成散射光。当光源在球面镜的球心时，它的投射光束是平行的，也就是缩小的，形成聚光。以此可以调整实用焦距范围，满足不同节目照明的需求。

回光灯具的光质硬，具有强光的特点，射程较远，有效照射面积和调焦幅度均较大，多用于环境光、气氛光以及有关后景照明的效果光使用。

回光灯具用在后景称为轮廓用光，由于光影"强硬"、清晰、射程远，它可以突出树木、围墙、门窗等的轮廓，也可以用于模拟阳光效果。对于色调平淡、反差不大、层次不明显的环境和布景，采用回光灯具照明来区分画面中的层次和密度的高低，能够得到更为明显和逼真的效果。由于回光灯具干扰交叉光线多，余光不易遮挡，所以一般很少在前景照明中使用。

(三)聚光灯

聚光灯具是一种透射形式的灯具，其光源输出的光通量经过聚光镜的作用后传送出去。聚光灯的光学系统主要由球面反射镜与聚光镜螺纹透镜组成，光源的位置始终固定在球面反射镜的曲率半径上。光源射出的光线从镜面反射出来之后，经过球面的球心向相反方向射出并汇集在聚光透镜上，之后再进行投射。

光源与聚光镜的位置可以前后调节，如图 5-42 所示，在可调范围内的三个点上，光束形状有三种变化。

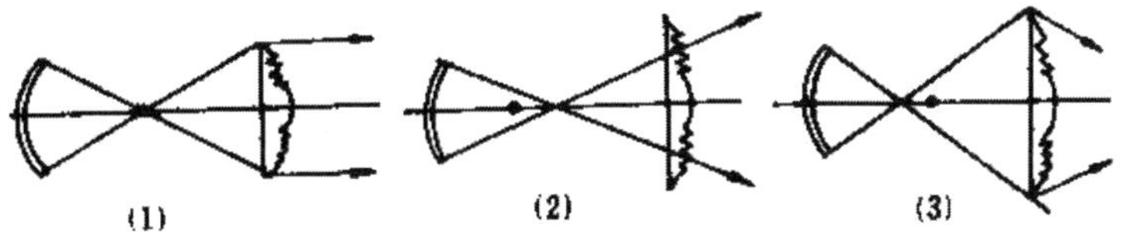

图 5-42　光束形状的变化

- 光源在螺纹透镜的焦点之上，投射光束是平行光束。
- 光源在螺纹透镜的焦点之内，投射光束是分散光束。
- 光源在螺纹透镜的焦点之外，投射光束是汇聚光束。

聚光灯具的球面反射镜具有一定的补偿作用，它可以使聚光灯的光通量提高约 1/3。聚光灯具的主要部件聚光镜是决定聚光灯具光源输出效率的关键。

聚光灯具的点状光源在螺纹镜的作用下，照度均匀，光质柔软，投影光线在螺纹镜的焦距范围内可以任意放大、缩小，投射区没有交叉的干扰光，物体的投影清晰，光影质量好。在电视拍摄中，聚光灯具能完成主要的灯光造型任务。

(四)效果灯

效果灯具可以渲染各种气氛，营造艺术效果，增加画面变化，使光照更具有原本的质感与浓郁的色彩效果。

投影幻灯：投影幻灯在电视拍摄中常用作天幕投影。其在天幕背景上可以做出很多变化，如蓝天白云、乌云雷电、朝霞渐变、流水、麦浪翻滚等效果。

追光灯：追光灯是电视照明中的一种特殊灯具，它主要用于歌舞演出、艺术片和突出特定的人物或景物以及晚会等特殊效果。追光灯的光学系统是比较复杂的，要想在不同距离的拍摄中求得明亮清晰的圆形光斑，保持跟踪的艺术效果不变，需要对光学系统有较熟悉的调试以及熟练的跟踪操作技术。

(五)LED 灯

LED 灯被称为第四代照明光源或绿色光源，具有节能、环保、寿命长、体积小、色彩丰富等一系列优良特性。

LED 灯具非常适合在电视演播室中应用。首先，LED 灯的光谱中没有紫外线和红外线，相对于传统演播室灯具辐射更低，不会对演员造成伤害，而较低的发热量也使主持人不会因长时间的高温照射导致融妆，使用更加安全。其次，LED 灯具中无需加装换色器，部分灯具中已取消风机散热，减少了机械式的噪音，有利于降低演播室的噪音。最后，LED 灯具带有标准的遮扉，能有效地遮挡多余的光线，不会产生强烈眩光。

在摄像频率上，LED 灯具的频率和摄像频率吻合，使画面不容易产生闪烁抖动；在抗电磁干扰上，LED 灯具采用高功率的直流宽频稳压电源，通过标准的 DMX512 信号控制，不会对摄像机和其他设备产生干扰；在安装上，LED 灯具采用手拉手式连接，不需要太多的电缆线；在控制上，LED 灯具有液晶控制面板，可直接控制灯具颜色等各种参数，也可以下载到控制器上脱离电脑直接控制。

(六)新闻灯具

新闻灯具是电视新闻节目及专题采访节目所必备的专用灯具。新闻灯具小巧轻便，灵活机动，便于携带，使用广泛。

新闻灯具的电源除采用 220V 交流电供电外，还可以使用便于携带的电池。新闻灯具主要有两种：一种是选用 24V/500W 球型超高压氙灯作为光源的高色温外景新闻灯具(因光源色温在 5500K 左右，适合在日光下拍摄，故称外景新闻灯)，另一种是选用 15V/300W 卤钨灯作为光源的低色温新闻灯具。

(七)电脑效果灯

电脑效果灯的内部含有计算机芯片，它是通过 CPU 芯片和电子电路对滤色片、图案片、快门、光圈、伺服马达等进行控制的一种灯具。

电脑效果灯集多种动态灯光照明效果于一体，是目前应用较为广泛的一种灯具，不仅具有光线亮度的变化，还具有光束投射方向、色彩、投射图案、发散角度、色温、光束轮廓等一系列变化，并能和视频系统、音频系统连接，勾画出无限变化的光效。

二、灯光控制系统

(一)调光控制系统

1. 调光台

调光台又称灯光控制台，是在电视演播室、广场或体育馆等场所搭建的灯光控制系统，用来控制普通灯具的亮暗变化，实现灯光变化效果。

调光台具有对灯光进行开关控制、调光控制、轻触式手动控制、声音控制和自动程序控制等多种功能，而且它能够存储各种参数信息(可编程)，使灯光的变化能够准确地重复。有多种程序可供选择。

数字调光台完全采用集成电路的数字信号进行处理计算，根据其性能要求等因素，可分为以单片机为主要处理芯片的简单电脑调光台以及以计算机主板为硬件平台的大型电脑调光台。

2. 调光器

调光器是在调光控制系统中控制灯光功率和亮度输出的关键设备，它通过改变输出到灯具的电压或电功率而达到改变灯光亮度的目的。调光器通过电子系统来控制电压，是目前电视演播室中最理想的控制灯光亮度的设备。

调光器体积较小，可以放置在灯具旁，方便控制。调光器有流动式调光器、调光立柜、分布式调光器等类型。

3. 调光控制系统

调光控制系统主要由调光控制台、调光器及辅助设备等组成。

调光控制系统是将调光台和调光器及辅助设备通过一定的技术协议连接在一起，构成控制灯具调光功能的系统。调光控制系统是电视演播室灯光系统的重要组成部分，是电视灯光系统的核心技术之一。它具备数字化的信号控制传输功能、智能化的检测记忆诊断功能和网络化的遥控备份等功能。

目前，在电视演播室内常用的是电脑调光控制系统。

(二)数字化调光控制系统

数字化调光控制系统采用数字技术，系统集成度大为提高，可靠性和抗干扰能力增强。采用 DMX512 数字传输协议以后，系统间数据传输链路中的各类干扰得到有效的抑制，解决了以往模拟信号在传输过程中引入的有线、无线干扰问题。

数字化调光控制系统的典型功能有：控制台集控可翻页，可记录几百个效果；调光器具备1024级以上的调光精度，有1%～100%的调光范围和10条以上的调光曲线；电网频率自动跟踪；全数字调光且调光输出完全一致；双机双电源备份。

数字化调光控制系统具有智能化和网络化的特点。

智能化：可以借助各类传感器件收集有关信息，建立数字模型和数据库，通过先进的算法进行数据处理，大大地提高系统的兼容性和环境适应性。智能化代表了舞台影视专业调光行业的发展方向。

网络化：可以将多台电脑灯光控制台连成一个局域网，网络系统内部各灯光控制台都是一个站点，可以独立操作，也可以根据需要任意设定主操作台和备份台及无线遥控控制形式等；还可以多人同时在不同控制点控制，极大地提高了灯光系统的使用效率。

数字化调光控制系统拓展了灯光领域信息共享的空间，在技术上保障了灯光控制DMX信号输出的可靠性与连贯性，目前已经成功应用于电视台的演播室。

思考与研讨题

1. 电视照明的常用光源有哪些？
2. 简述三点布光法。
3. 如何进行静态人物布光？
4. 如何进行动态人物布光？
5. LED灯具有哪些优点？

参考文献：

1.〔美〕布莱恩·布朗著，徐培喜译：《影视照明技术》，中国传媒大学出版社2005年版。

2. 王京池：《电视灯光技术与应用》，中国广播电视出版社2010年版。

第六章　视频编辑

■ **本章重点**

1. 电子编辑方法
2. 线性编辑系统与非线性编辑系统
3. 线性编辑制作
4. 非线性编辑制作
5. 电视节目包装

第一节　视频编辑手段

一、视频编辑方式

针对不同的工作流程，电子编辑的方法有如下几种：直接编辑和间接编辑、脱机编辑和联机编辑、CTL（控制磁迹）编辑和 TC 码（时间码）编辑、线性编辑和非线性编辑、组合编辑和插入编辑。

（一）直接编辑和间接编辑

1. 直接编辑

直接编辑就是将一台或若干台录像机上的素材内容直接编录到录像机的工作母带上，是最常用的编辑方法。在编辑节目磁带时，常常为了检查画面质量，或寻找一个准确的编辑点而将素材磁带反复放像、倒带，但播出的节目素材往往是用价格昂贵的高质量设备录制的，反复寻找画面不仅使设备磨损大，而且会使磁带上的图像质量下降。这是直接编辑的缺点，它不太适合于大型节目或连续节目的制作，因为工作时间长，效率低，容易出现编辑点误差，降低图像和声音质量。

2. 间接编辑

间接编辑早期的含义是：在电视剧或连续节目的制作中，为保证图像质量，将素材转换成1英寸的磁带进行编辑。现在的含义是:利用时间码的特性,将原始素材(包括时间码)转录到工作带(即低档录像机的磁带)上,编导人员在低档录像系统中进行画面选择、编辑预演、实际编辑等,无须考虑图像质量的损失,更不会增加高档设备的损耗。可以反复修改每个镜头的编辑入点及编辑出点,最后将全部编辑数据整理成编辑程序 EDL(镜头组接清单),将编辑程序 EDL 输入高档设备编辑系统中进行编辑。因为原版带与工作带上的时间码是一致的,可以直接用原版素材带进行高效率的编辑。

(二)脱机编辑和联机编辑

1.脱机编辑

脱机编辑是一个粗编过程,与一般电子编辑方法相同,操作简单,编导人员完全可以熟练掌握,将所需镜头的时间码记下来,形成编辑清单。

脱机状态下,非线性编辑系统将素材从一台放像机中采集进自己的硬盘存储体,然后对硬盘中的画面进行编辑,系统能够同时从硬盘中回放多轨视频音频,最后将编辑好的成品一次性输出到一台录像机的录像磁带中。此情况下的放像机和录像机不是同时使用的。

2.联机编辑

联机编辑是一个编辑母带的过程,利用脱机编辑得到的编辑清单,可以很快地找到要编辑的镜头并进行编辑。

联机状态下,非线性编辑系统控制多台放像机和至少一台录像机进行编辑,它集中了编辑器、特技台、调音台等,比传统系统在设备上有更高的集成度、更可靠的视频传输通道和更好的人机界面。

传统的编辑系统一般在联机方式下工作,需要连接多台放像机和至少一台录像机。非线性编辑系统既可以在联机状态下工作,也可以在脱机状态下工作,还可以在联机/脱机并用的状态下工作。

联机/脱机混用状态下,非线性编辑系统把自身硬盘回放的信号和外部放像机产生的信号共同作为信号源,同时控制外部录像机完成录制,实际上把硬盘当作硬盘录像机使用。使用者可以把时间较长、需编辑部分较少的素材留在录像磁带上使用录像机播放,而把需要较多编辑但比较短小的素材输入硬盘,这样即可以节省存储空间,又可以发挥硬盘非线性编辑的优势。

脱机编辑与联机编辑是不可分的。

(三)CTL(控制磁迹)编辑和 TC 码(时间码)编辑

1.CTL(控制磁迹)编辑

CTL 信号是控制磁迹信号 Control 的缩写。磁头与磁带有一定的角度,形成一个斜率,它与两个速度有关,一个是磁头速度,即磁鼓转速,另一个是走带速度。重放过程中,磁头拾取信号,要能准确地扫描磁迹,以便图像质量最好,所以需要有一个基准信号控制磁头速度，使它与记录时保持一致。这一基准信号通过伺服系统使供带马达、磁鼓马达与记录时一致。这个基准信号称为CTL信号，由专门的单独的磁头记录，且与视频录制磁头一齐工作，记录在磁迹上方，与每一条磁迹对应。

CTL信号是帧频方波脉冲，磁带运行时，编辑机对CTL脉冲记数，每25个CTL脉冲为1秒，可以反映磁带运行的位置。CTL信号计数在编辑机上可以在任意位置上清零，便于计算每个镜头的长度。编辑入点清零，编辑出点的时间即为此“镜头”的长度。但是，高速走带时，磁头与磁带易接触不良，丢失CTL信号，磁粉脱落也会造成计数误差，所以，编辑精度不够高。

2. TC码(时间码)编辑

时间码编辑过程中，为了迅速而准确地搜索记录在磁带上视频信号的某一帧画面，需要在视频磁带上记录一个特殊的时序数字码，这个时序数字码同记录在录像磁带上的每条磁迹是一一对应的，并以一定顺序编成数字信号记录在视频磁带上，称之为时间码。实际上，这种时间码对每帧画面都进行了专门的地址标定，并可以以时、分、秒、帧的形式显示在录像机的计时器上。时间码与控制磁迹(CTL)信号不同，是一种绝对地址码。计时器的清零键对时间码不起作用，只有录制时才能改变时间码。

目前有两种常用的时间码：LTC时间码和VITC时间码。

LTC码(Longitudinal Time Code)，是按声音记录的方式沿磁带纵向进行记录，其长度等于一帧的长度，称之为纵向时间码。LTC码在磁带为正常记录的±1/32～±100倍的速度变化范围内可正确读出时间码，这对于在磁带编辑过程中搜索编辑点是十分有利的。但是当磁带速度低于正常速度的1/32或静像时，固定的时间码磁头就不能读出信号，这样就会给慢动作或静像进行时间码编辑带来困难。为了克服这一缺点，又产生了一种时码，即VITC码。

VITC码(Vertical Interval Time Code)把时间码信号插入图像场消隐期的某一行中，作为图像信号记录在磁带上。该时间码用旋转同步磁头或旋转视频磁头读出，称为垂直间隔时间码，又称帧时间码。由于VITC码是视频时间码信号，在慢放或静帧时，只要能稳定地取出图像信号，就能稳定地取出时间码，从而稳定地显示地址。在高速搜索方式下，若丢失若干帧图像信号，这时对VITC码的拾取有可能出现不稳定的状况。在这种情况下，仍然要靠LTC码信号，在许多具有时间码编辑功能的录像机内部能同时产生和记录LTC和VITC两种时码，通过检测重放状态，在两者之间进行自动切换。转换速度可设定在磁带正常速度的±1/4、±1/8或±1/16并自动地进行切换，从而保证在静止到高速重放的范围内精确地显示磁带的地址。

在录像机的应用中，LTC码和VITC码是结合使用的。一般是将两种信号同时记录在带上，当录像带运行速度降至某一速度之下时，时间码读出器自动选择VITC码读出；当带速高出某一速度时，则改换为LTC码读出。

(四)线性编辑与非线性编辑

这两种编辑方式是以设备使用的不同作为划分依据的，采用磁带为基础的编辑方式称为线性编辑，采用计算机为平台的编辑方式称为非线性编辑。

1. 线性编辑

基于磁带的编辑方式又称为电子编辑，它是用电子手段根据节目内容的要求将素材连接成新的连续画面。通常使用组合编辑将素材按顺序编成新的连续画面，然后可以用插入编辑的方式，对某一段进行同样长度的替换，但是要想删除、缩短、加长中间的某一段就无法实现了，除非将那一段以后的画面全部抹去重录。就像用打字机打字一样，用打字机打稿件，中间是不可能像计算机打字那样任意进行插入和修改的。

传统的电视节目后期制作使用录像机作为录像机和放像机，同时使用编辑器、特技台、调音台、字幕机和时基校正器等其他设备一齐工作，全程使用录像带作为素材和结果的记录媒体。

线性编辑系统的信号存在衰减，我们进行编辑及多次复制时，特别是在一个复杂系统中进行时，信号传输和编辑造成的损失在图像质量上更为明显。

线性编辑系统设备较多，安装调试较为复杂。各种设备起着特定的作用，需用大量的电缆（视、音频线等）连接起来。有时会出现不匹配的现象，而且各种设备的性能指标也不一致，当它们连接在一起时，会使视频信号产生大量的衰减。

线性编辑系统的局限性主要体现在这几方面：录像机只能进行线性播放，即按照录像时的顺序播放，系统只能进行线性编辑。线性编辑中，录像机必须找到正确的入点，在寻找入、出点的过程中会耗费较多的时间及操作者的精力，由于反复搜索素材，会导致磁头的磨损，会造成素材磁带的损耗。此外，完成片不能随意地加长或删除其中的某一段。

2. 非线性编辑

在非线性编辑中，节目的长短和顺序可以进行任意编辑，可以随意地改变节目顺序，缩短或加长其中的某一段。

非线性编辑系统集成度很高，集多种功能于一身，省略了除录像机外所有传统设备如编辑器、特技台、调音台及字幕机等，消除了由于多种视频设备连接而带来的视频损失。

非线性编辑系统中每一个素材都以帧画面的形式显示在计算机屏幕上，寻找素材很容易，可以随时找到任意素材，不必像传统的编辑系统那样来回倒带，只需用鼠标拨动一个滑块，就可以轻而易举地找到需要的素材。同样，它可以进行逐帧搜索，打入、出点很容易，而且没有录制时间。

在该系统中，任何修改都不会影响节目的图像质量。存储的数字视频信号无论处理多少次（无论指定多少层画面相互重叠，无论画面修改多少次），都能保持始终如一的质量。

二、视频编辑系统

（一）线性编辑系统

线性编辑系统主要包括编辑录像机、编辑放像机、控制器、字幕机、特技机等设备，根据不同的要求，有不同的系统组成。

一对一编辑系统是最普遍、最常用的一种简单的编辑系统，由一台编辑放像机、一台编辑录像机、两台监视器和一个编辑控制器构成，如图 6-1 所示。

放像机用于重放素材内容，录像机放置空白带，作为编辑母带。一台监视器为素材内容的监看，另一台为编辑母带内容的监看。编辑控制器的功能是控制两台录像机的全部操作功能并进行逻辑编辑。

由于这种编辑系统操作简易，一般可以由编导直接操作。通常情况下，画面的组接效果为直接切换。

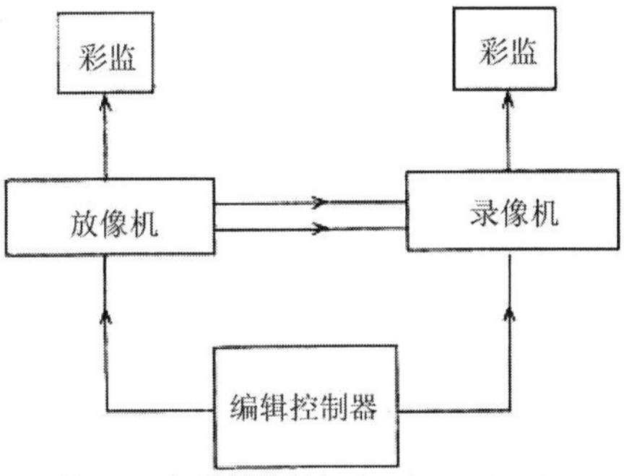

图 6-1　一对一编辑系统

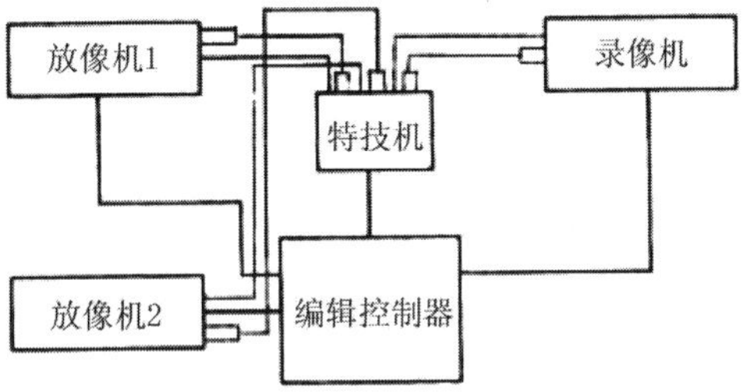

图 6-2　二对一编辑系统

二对一编辑系统又称为 A/B 卷编辑系统，它是由两台放像机与一台录像机组成的电子编辑系统，它具有一对一编辑系统的全部功能，最大特点是可以一次与两台放像机联合编辑，即每次编辑可完成 2 个镜头的组接，因此也称之为 A/B 带编辑，如图 6-2 所示。

多机编辑系统是指由两台以上的放像机组成的编辑系统，通常有三对一编辑系统、四对二编辑系统等。多机编辑系统的特点是通过计算机程序的设置，可操纵多台录像机，自动寻找编辑的入、出点，自动预卷与编辑，可实施特技画面制作，是一种全自动程序控制的编辑系统，多机编辑系统操作复杂，一般需由专职人员操作。

（二）非线性编辑系统的组成

“非线性编辑”这个名称是为了与传统的线性编辑相区别而产生的。非线性编辑系统中，视音频素材存放在硬盘体表面同心圆状的磁道中，磁头在二维的极坐标环境中定位和读写。对于存储在盘上任意位置的素材，磁盘与磁头二者联动后很快可以找到素材位置，不用按顺序寻找，所以称为非线性编辑。

由于非线性编辑系统的信息存储位置与接受信息的顺序不相关，盘上所存任何文件均可随时调用或修改，插入内容不需要重录，大大提高了编辑效率。更重要的是，它还具有许多线性编辑所不具有的功能，可以处理文字、图形、图像、动画等多种形式的素材，实现了完整意义上的非线性编辑，极大地丰富了电视制作的手段。

一个非线性编辑系统由硬件（包括计算机、硬盘、非线性编辑板卡以及外围设备）和软件（非线性编辑系统软件、二维动画软件、三维动画软件、视音频处理软件）构成，系统结构如图 6-3 所示。

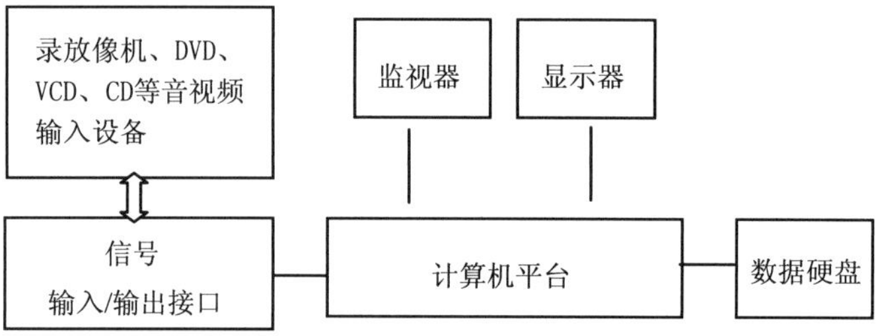

图 6-3 非线性编辑系统结构图

1. 硬件部分

(1)CPU 的选择

非线性编辑系统是基于计算机平台的,因此计算机的发展大大影响着非线性编辑的进程,目前计算机市场的竞争主要在苹果 MAC 机和 PC 之间进行,也有少数非线性产品采用 SGI 工作站这样的高档计算机作为平台,性能好,但价格昂贵。随着计算机主频速度的不断提高、总线技术和显示技术的大幅进步、Windows NT 的成功应用,PC 在非线性编辑领域的应用逐渐成熟,一些如 Avid、Meida-100 等原以苹果机为主要平台的非线性厂商相继推出基于 Windows NT 操作系统的非线性编辑产品。

(2)硬盘

硬盘是非线性编辑系统中的重中之重,它的容量和性能是系统性能的关键所在。因此必须拥有尽可能大的容量和优质的性能。它有 SCSI 和 IDE 硬盘之分,SCSI 硬盘转速高,带有缓存,数据传输快,占用资源小,但价格昂贵。建议使用 IDE 硬盘阵列,一般用两个或两个以上相同容量的硬盘做成 RAID 方式(代表了所有 RAID 级别中最高的存储性能),达到最优的性价比。

(3)非线性编辑板卡

非线性编辑板卡是整个非线性编辑系统的核心和基石,其他软硬件都是对非线性编辑板卡强大功能的辅助与发挥。它集视频采集、压缩与解压缩(A/D 与 D/A)、视音频回放、实时特技等各种功能于一身,替代原来线性编辑中的多台录像机、编辑机、特技机、调音台和字幕机等设备,轻易地完成图像、图形、声音、特技、字幕和动画等工作,并提供专业级的小压缩比来采集分辨率极高的视频图像,支持多通道实时编辑,处理速度极快,配合功能强大的非线性编辑软件后能够随心所欲地制作出效果专业的节目。

(4)外围设备

外围设备主要由录像机、DVD、VCD、CD 等音视频设备组成。

2. 软件部分

非线性编辑系统软件指非线性编辑系统厂商针对硬件特点而开发的软件,属于专用编辑软件,可以直接调用非线性卡内数字特技模块而形成实时特技或短时间的生成特技,从而大大加快了节目的编辑速度,同时也可以直接驱动非线性编辑板卡对素材进行上载和下载,是完成一般编辑的主要手段。

非线性编辑系统生产商以外的软件公司提供的软件属于第三方软件，这些软件与非线性编辑板卡无关，但可以对素材库中的视音频文件进行加工处理和编辑，适合在任何一台计算机上运行。许多图形图像、动画创作软件就属于第三方软件，这些第三方软件与专用非线性编辑软件处于同一个操作系统之上，拥有相同的文件数据格式，相互之间具有良好的融合性。通过这些功能强大的软件制作出来的视觉效果可以用出神入化来形容。

PC 平台常用的编辑特技软件有：Adobe Premiere，Speed Razor，Ulead Media Studio 等；动画软件有 3ds Max，LightWave 3D，Softimage 3D，trueSpace 等。

MAC 平台的编辑特技软件是 Avid 的 MC-100，MC-40000，MC-8000 等。

SGI 的 Indigo2 工作站上可运行 Jaleo 或 Flint 编辑特技软件；可运行的动画软件有 Softimage 3D，Animator 等，其中，Jaleo 和 Flint 功能很强，可产生翻页、三维特技、运动跟踪等难度较大的特技，并可实时观看特技效果。

配合非线性编辑系统的常用软件有：

（1）Adobe After Effects：Adobe After Effects（后简称“AE”）是一个用于高端视频特效系统的专业特效合成软件。它可以非常方便地调入 Photoshop、Illustrator 的层文件；Premiere 的项目文件也可以近乎完美地再现于 AE 中；甚至还可以调入 Premiere 的 EDL 文件。新版本还能将二维和三维效果在一个合成中灵活地混合起来。用户可以在二维或三维中运行和混合起来并在层的基础上进行匹配。使用三维的层切换可以随时把一个层转化为三维状态；二维和三维的层都可以水平或垂直移动；三维的层可以在三维空间里进行动画操作，同时保持与灯光、阴影和相机的交互影响，并且 AE 支持大部分的音频、视频和图文格式，甚至还能将记录三维通道的文件调入进行更改。

（2）Adobe Photoshop：Adobe Photoshop 主要处理由像素构成的数字图像。使用其众多的编修与绘图工具，可以有效地进行图片编辑工作。从功能上看，该软件可分为图像编辑、图像合成、校色调色及特效制作部分等。

（3）Sony Vegas：Sony Vegas 是一个专业影像编辑软件，现在被制作成 Vegas Movie Studio，是专业版的简化而高效的版本。Vegas 是整合影像编辑与声音编辑的软件，其中无限制的视轨与音轨，是其他影音软件所没有的，具备强大的后期处理功能，可以随心所欲地对视频素材进行剪辑合成、添加特效、调整颜色、编辑字幕等，强大的音频处理工具可以为视频素材添加音效、录制声音、处理噪声，以及生成杜比 5.1 环绕立体声。Vegas 还可以将编辑好的视频迅速输出为各种格式的影片，可直接发布于网络、刻录成光盘或回录到磁带中。

（4）Final Cut Pro：Final Cut Pro X 是运行在苹果操作系统上的专业视频编辑软件。它突破传统编辑软件对 Timeline 轨道的种种局限，呈现全新的动态剪辑界面和快捷精准的操作体验。Final Cut Pro X 为原生 64 位软件，基于 Cocoa 编写，支持多路多核心处理器，支持 GPU 加速，支持后台渲染，可以编辑标清、高清和 4K 分辨率的各种视频。

常见的非线性编辑系统分为三类：

第一，基于工作站平台的系统。该系统大多建立在 SGI 图形工作站基础上，一般图形、动画和特技功能较强，但价格昂贵，软硬件支持不充分。

第二，基于 MAC 平台的系统。该系统在非线性编辑发展的早期应用得比较广泛，未来的发展在一定程度上受到苹果硬件平台的制约。

第三，基于 PC 平台的系统。这类系统以 Intel 及其兼容芯片为核心，型号丰富，性价比高，发展速度非常快，是当今的主导型系统。这类非线性编辑系统正在向网络化发展，大大提高了电视台内部的制作播出效率。

（三）视频编辑流程

视频编辑基本流程包括前期准备、素材审看、画面编辑、技术处理、合成输出几个部分。

- 前期准备

确定视频编辑的方向与主题，检查编辑设备等硬件设施。

- 素材审看

检查素材内容是否合格，是否充足；检查画面有无“穿帮”，焦点是否清楚，镜头画面是否平、稳、准、匀；检查画面彩色是否偏色，是否达到所要求的色调效果，曝光情况如何；检查声音是否有杂音，背景环境声是否太杂；检查素材录制质量。

为了在实际编辑时迅速找到所需画面，提高工作效率，做素材镜头记录是很必要的。审看的同时，可以确定取舍镜头。

根据素材记录、分析每个镜头并确定基本的入/出点，大致安排一下镜头的顺序，看看是否符合节目内容要求，在纸上整理出编辑顺序，最后进行实际编辑。

- 画面编辑

单个具体的镜头并非都有效，它需要依据一定的蒙太奇思维将它们有机地组接起来，才能形成完整的意义和独特的感染力。镜头组接就是将单独的画面有逻辑、有构思、有意识、有创意和有规律地连接起来。

镜头的组接要考虑逻辑性、轴线规律、画面主体的匹配性、画面组接的技巧等因素。

逻辑性：镜头的组接必须符合观众的思维方式和影像的表现规律。镜头的组接不能随意，必须要符合生活的逻辑和观众思维的逻辑。电视节目要表达的主题与中心思想一定要明确，这样才能根据观众的心理要求即思维逻辑来考虑选用哪些镜头以及怎样将它们有机地组合在一起。

轴线规律：在拍摄时必须遵守镜头调度的轴线规律，即在处理两个以上人物的动作方向及相互间的交流时，人物中间有一条无形的线，谓之“轴线”。摄像机若跳过轴线到另一边拍摄，在镜头组接后就会产生空间混乱感，造成方向性的错误。遵循镜头调度的轴线规律拍摄的镜头在进行组接时，能使镜头中主体物的位置、运动方向保持一致，合乎人们的观察规律。

画面主体的匹配性：组接单一方向运动的主体，在前后画面中应保持运动方向一致。组接由相反横向斜线组成环形运动的一个主体，在前后画面中应设有明显标志的参照物，暗示主体运动的方向。两个相反方向的主体相向运动时，可用交替出现的方式来描述双方即将相遇的情景，同时可让主体画面分别越来越清晰，画面长度越来越短，以加强紧迫的气氛。

画面组接的技巧主要是动接动和静接静。

动接动可分为两大类：第一类是不同主体镜头的连接，连接点是动作剪接点，动接动是不同主体镜头的切换；第二类是运动镜头的组接，即“运动接运动”。

静接静也可以分为两大类：第一类是静态镜头接静态镜头，在造型元素和结构上无变化或变化不明显；第二类是两个不同方向的摇镜头相接时，要有落幅和起幅，落幅要接起幅。运动镜头和静止镜头的组接也要遵守这条原则。

依靠镜头画面内容本身的联系性、逻辑性组接画面的形式，又称为画面的切换，其特点是自然连贯，节奏鲜明，操作上不需要进行技术处理。

此外，还可以利用影调、色彩、光线的造型作用组接画面，使画面组接生动而富于艺术性的变化。

- 技术处理

运用编辑工具进行画面的特效等处理。

- 合成输出

将编辑好的视频以合适的格式输出并备份。

第二节　视频编辑制作

一、线性编辑制作

(一)线性编辑的特性

早期的线性编辑采用机械剪切法，随着电子技术和录像技术的发展，特别是数字电路和微型计算机的发展和应用，产生了电子编辑的方法。电子编辑的编辑速度快，编辑精度高，不损伤磁带，画面和声音可以同时或分开编辑。经过电子编辑后的节目磁带画面稳定，声音连续，看不出编辑的痕迹。

通常将不同时间或地点录制的画面片段称为素材，各种素材汇集在一起称为母带。编辑过程就是把许多素材画面重新编排在另一磁带上，每一小段素材画面之间的连接点称为编辑点。为了使编辑后的节目磁带画面稳定，一定要选择好编辑点。换句话说，选择好编辑点就保证了磁带上的磁迹衔接有序、均匀连续，不产生重叠磁迹，也不产生空白磁迹。

在线性编辑制作中，编辑录像机是非常重要的一部分。

普通录像机的录像功能是指一旦开启记录功能，录像机就能连续地记录信息，但是中途不能停顿下来，因为在停顿之后再启动记录的话，镜头与镜头之间就会出现“断裂”现象。而编辑录像机则可将“散乱”的镜头“无缝”地连接起来。

全消磁头与视频磁迹角度的差别：用普通录像机进行编辑的结果是在磁带上出现如

图6-4所示的两个三角形，三角形ABC为新磁迹与全消磁头未消去的剩余磁迹重叠部分，而A′B′C′则是新磁迹的后面出现的一个空白三角区。播放这样的磁带会在新节目段的衔接入点处出现杂乱的图像，在衔接出点处则会出现无图像的区域，并且这些区域是从上至下逐步减小消失的，所以普通录像机不能胜任合格的编辑工作。

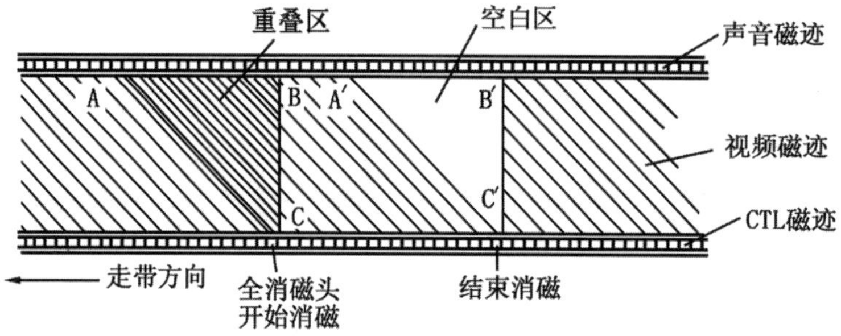

图6-4 普通录像机的录制工作状态

为消除上述的两个三角区以及适应其他的编辑要求，编辑录像机除需具有一般录像机的功能外，还应具备旋转消磁头、成帧伺服、编辑方式选择开关、编辑点的显示和记忆、预卷以及能与编辑控制器连接并接受其控制指令完成编辑工作的功能。

（二）线性编辑操作

1. 线性编辑的基本方式

组合编辑与插入编辑是线性电子编辑的两种基本方式。

组合编辑：组合编辑的录制方式就是按照分镜头脚本规定的顺序，把不同的镜头画面以及声音一起组接在一盘磁带上，由于全消磁头的作用，每组接一个镜头，其画面末尾都会出现一个三角形空白区，反映到监视器上就是一个无图、无声区，如图6-5所示。对于按顺序的编辑，空白区仅出现在节目最后一个镜头的末尾，不会影响信号本身的连续性，但是要想在节目中间进行修改，如替换某一段图像或声音，会在节目中间造成空白区。使用新磁带或在磁带空白段后进行组合编辑，必须在编辑入点前录制一段至少10秒钟的CTL控制信号。在实际使用中，一般是直接录制一段蓝底、黑场信号或彩条信号来得到控制信号磁迹的。

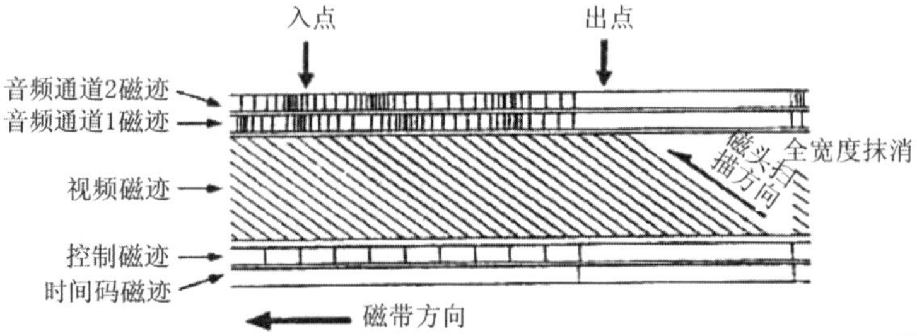

图6-5 组合方式编辑磁带

组合编辑的特点:组合编辑的消磁是垂直总消磁头、旋转消磁头都进入工作状态,重新记录所有磁迹。在组合编辑时,素材带上的视频信号、音频信号、控制信号和时间码信号都同时被记录在新编节目带上,它们全都是重新记录的。末尾处磁迹状况是,组合编辑方式中,在停止编辑时,会留下被总消磁头消去的梯形状空白部分,所以,记录有完整节目的磁带中间不能用组合编辑插入新画面,否则在出点会出现画面丢失现象。

插入编辑:插入编辑是在已录有连续控制信号的节目磁带上改换时间长度相同的图像和声音。使用这种录制方式的前提是磁带上已经录有连续、稳定的控制磁迹,也就是已经用普通录像或组合编辑方式录制了连续的图像,如图 6-6 所示。在一盘新的空白录像带上是无法做插入编辑的。插入编辑可直接在第一版母带上进行,从而避免了多带复制所造成的信号损失,常用于内容的修改。插入编辑时全消磁头不工作,而是由相应的旋转消磁头和声音磁头分别消磁,因而其既可以使图像和两个声道的声音同时插入,也可对这三个信号单独插入,插入编辑后的信号在入点和出点都是连续的,电视图像无噪波。插入编辑适用于对节目的修改和配音,但不能更改节目的长度。

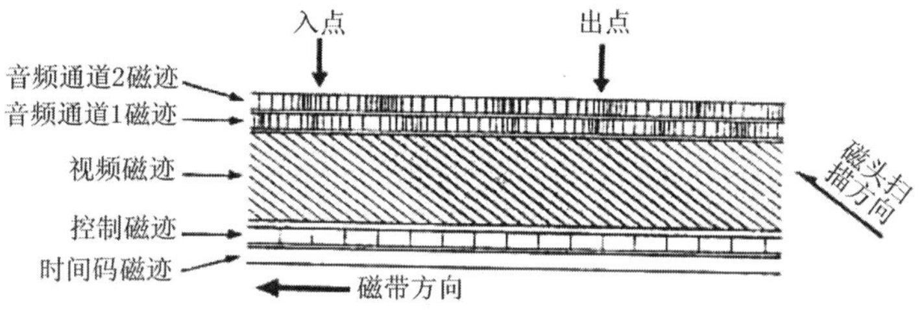

图 6-6　插入方式磁带编辑

插入编辑的特点:必须具有连续的控制磁迹。插入编辑时,不记录新的控制磁迹,仍保留原有磁带上的控制磁迹,从录像机的工作情况来看,插入编辑只是利用旋转消磁头消去视频磁迹或音频磁迹,固定消磁头不工作,插入画面的首尾衔接点是连续的,末尾磁迹不会中断。

组合编辑与插入编辑的比较:

组合编辑是在已经存在节目的磁带后面接上新的节目,把放像机上的图像、声音、时间码、控制磁迹(CTL)有选择地传送到录像机上进行录制;插入编辑是在完整节目的磁带中间换上新的节目,根据需要可以在录像机上直接插入视频、声音。使用组合编辑方式时,在记录视频和音频磁迹的同时,也记录了控制磁迹;使用插入编辑方式时,在记录视频和音频磁迹的同时,并没有替换控制磁迹。插入编辑不能像组合编辑那样在空白磁带上进行,必须在记录有控制磁迹的磁带上才能进行,如果使用全新磁带,则事先要把控制信号录好。组合编辑精度低,插入编辑精度高。

2. 线性编辑的基本操作

以电子编辑系统的操作为例,首先连接好系统、接通电源。在录像机中放入空白带,如果空白带带头尚未记录过信号,首先用录制方式记录 1 分钟左右的彩条或其他图像;

在放像机中放入素材带。

线性编辑最基本的功能是切换编辑，就是从一个画面瞬间转换到另一个画面的技术。在组合模式下，音频和视频信号在同一时间切换；在插入模式下，可独立切入音频和视频。切换编辑流程如图 6-7 所示。

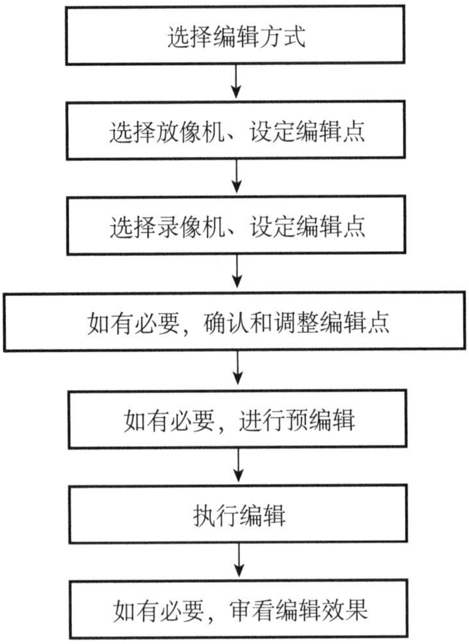

图 6-7　切换编辑流程图

选择编辑模式：组合方式或者插入方式。

组合方式：按下 ASMBL 键，键灯亮。在按下 ASMBL 键前，若任何一个插入方式键灯(V、A1、A2)已亮，应先按下它们令其灯熄灭。

插入方式：根据需要插入的信号，按下一个或多个 V 键、A1 键、A2 键，键灯亮。在按下插入方式键前，若 ASMBL 灯已亮，应先按下该键令其灯熄灭。

选择放像机：选择放像机 1 或者放像机 2，A/B 灯熄灭；如果 A/B 灯亮，再按一次，如果 A/B 灯闪，按两次，使灯熄灭。按下 P1 或 P2 键，键灯亮，在 FROM TO 指示灯中，FROM 排的红色 P1 或 P2 指示灯也亮。

设定编辑点：设定编辑点时，要在监视器上观看放像机或录像机放像，搜索所要的画面。在所要的画面位置，停止放像，要学会使用搜索盘。

在高位转动搜索盘，处于有极变速方式：前进或倒带放像，取决于角度(以中间位置为准)。在中间位置，可感到一卡位，出现静帧。在低位转动搜索盘，处于无极变速方式：前进或倒带，取决于转动的方向及速度。停止转动此盘，出现静帧。

放像机有编辑入点和编辑出点，录像机有编辑入点和编辑出点，4 个编辑点只需设定 3 个。一般编辑入点是必须设定的，而编辑出点设定 1 个即可。具体做法：搜索到所需要的画面后，将 ENTRY 记忆键与对应所要设置的编辑点的 IN 和 OUT 键一齐按下，编辑点被设定。

放像机和录像机计时显示器的上面，与编辑点对应的 IN 或 OUT 指示点亮。如果编辑点的指示灯闪动，则说明编辑点尚未设定。

设定 3 个编辑点后，PREVIEW(预演)和 AUTO EDIT(自动编辑)键闪动，说明可以进行预看和执行编辑。

如何修改编辑点呢?

查看编辑点的位置，只需按下相应的 IN 或 OUT 键，计时显示器上就会显示相应的编辑点位置。观看编辑点画面，一齐按下 GO TO 键和所需观看画面对应的 IN/OUT 键，磁带就会快速到达所需画面，静帧。如果一齐按下 IN 和 OUT 键，计时显示器上的时间则为 IN 与 OUT 间的时间，即所编“镜头”的长度。

编辑点可用＋/－键来进行加帧/减帧调整，按下要调整的编辑点的 IN 和 OUT 键，然后按下＋键，编辑点加一帧，按下－键，编辑点减一帧。如需连续调整，连续按下 IN/OUT 和＋/－键即可。如想同时移动 IN 和 OUT 点，调整整个编辑段落，先按 IN 和 OUT 两个键，再按下＋/－键中的一个。

删除 IN 点或 OUT 点，先按住所选编辑点的 IN 或 OUT 键，然后按相应计时显示器上的 RESET（清零）键，则 IN 或 OUT 编辑点被消除。计时显示器不会复位，如果只按计时显示器上的 RESET 键，则计时显示器复位，同时编辑点的 IN/OUT 值也消除。

预演编辑：预演功能是在执行编辑前进行预演，放像机和录像机准确地按所要执行的编辑形式走带，编辑结果显示在监视器上，供观看审查，但没有录制。

如果未设定编辑 OUT 点，则磁带一直走下去。可以按 AUTO EDIT 键，执行自动编辑，也可以按下 ALL STOP 键，停止预演。

执行编辑：编辑点设定好后，按下 AUTO EDIT 键，正式进行录制编辑，录像机过了 OUT 点两秒后停止，然后倒回到 OUT 点，并停止。

编辑检查：如果需要检查一下编辑效果，可按 REVIEW 键进行编辑检查，录像机在预卷点到 OUT 点的两秒之间进行重放，以供检查编辑结果。

3. 编辑控制器

电子编辑控制器具有微型信息处理装置，能够进行程序编排的开关控制，它只起到遥控作用。它是线性编辑系统必备的设备，该设备集成了基本编辑手段的所有功能。它通过多芯电缆，将电子编辑系统中的放像机、录像机连接起来，把它们的功能操作集中于一体，如倒带、放像和录像等。编辑控制器如图 6-8 所示。

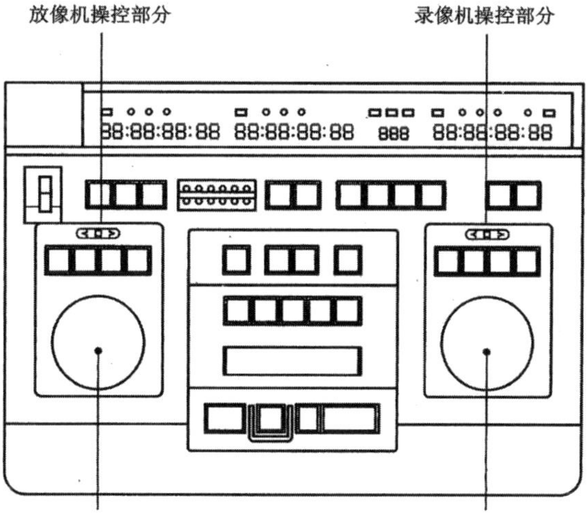

图 6-8　编辑控制器

编辑控制器的操作方式是自动编辑，所谓的自动编辑是可以记入编辑入点、编辑出点，能自动进行和结束编辑状态。

遥控线连接的双机编辑：在具有遥控编辑功能的放像机与录像机之间连接一根多芯

遥控线，以传递控制信息，这样就可以单机操作，通过录像机的面板来对放像机进行控制。录像机面板上的遥控开关调至“录像机”时，操作面板为录像机所属；调至“放像机”时，录像机的面板为放像机所属。

编辑控制器连接的双机编辑：由多芯遥控线将编辑控制器与放像机、录像机连接起来，放像机、录像机的本机/遥控开关均调至遥控位置。放像机、录像机的功能操作全部由编辑控制器控制，编辑操作也由编辑控制器来完成。

二、非线性编辑制作

(一)非线性编辑的特性

非线性编辑系统集各种功能设备于一体，减少了设备与设备之间的连线和接口，避免了信号之间的重复转换，提高了可靠性，设备小型化、零维护费用、功能集成，以及开放式软件使设备综合能力大大提高，成本大大低于传统的设备。不需要添置数台昂贵的录放机，也不用添置动辄几十万的编辑机、切换台、特技机等。由于是非线性编辑，只需要一台录放机，在整个编辑过程中，录放机只需启动两次：一次是输入素材，一次是录出母带，大大避免了昂贵的磁鼓大量磨损，使得录放机寿命延长。非线性编辑系统主机记录介质采用硬盘，硬盘为非接触式记录设备，记录时磁头与磁盘之间不直接接触，不存在磁头与介质磨损的问题，因而故障率极低，平均无故障工作时间可达 300 000 小时，工作寿命远远长于录像机。

非线性编辑制作灵活方便，而且效率高。非线性编辑利用时间地址码二维检索，记录检索方式为随机存取，没有磁带录像机线性搜索编辑点的卷带时间，大大加快了编辑速度，提高了编辑效率，编辑精度可以精确到零帧。线性编辑的信号是在磁带上按顺序记录的，非线性编辑的信号录制和删除并非在存储介质的物理位置上进行，而是依靠软件跳跃式地进行。编辑过程中只是编辑点和特技效果的记录，可以不进行图像和声音信号的复制，剪接、修改、调动画面前后顺序可任意进行，为编辑制作带来了极大的方便性和灵活性。

非线性编辑过程中，信号损失小，因为非线性编辑系统的处理过程是数字式的。在整个信号处理过程中，除了编码、解码、模/数和数/模转换、压缩、解压缩和文件格式转换会引起信号损失之外，实际编辑制作过程中完全是数字化信号处理，对录入的素材进行反复编辑和修改都不会引起图像质量下降，不会增加噪声，从而克服了传统模拟编辑系统的致命弱点。

非线性编辑系统通过联网形成制作群，实现媒体资源共享。采用硬盘随机存取技术，可方便灵活地编辑与修改素材，大大提高编辑效率。非线性编辑系统集成度高，体积小，操作界面直观，便于实现高精度编辑。

通过软件对系统升级，便于功能的扩展。非线性编辑系统的价格与传统设备持平或略低；运行成本低，避免了传统编辑设备中的磨损，具有高度的免维护性与可靠性；具有一次性投资、可以长期使用的优点，避免了传统设备过时废弃的遗憾。

在同一环境中可以完成图像、声音、特技、字幕等工作，制作的效果完全由操作人员的操作技巧决定。

非线性编辑手段提高了节目制作人员的编辑效率，拓展了节目创作的空间，同时赋予了创作人员前所未有的修改自由度与编辑精度。

（二）非线性编辑制作

准备素材文件：素材文件包括通过采集卡采集的数字视频 AVI 文件，由 Adobe Premiere 或其他视频编辑软件生成的 AVI 和 MOV 文件，WAV 格式的音频数据文件，无伴音的动画 FLC 或 FLI 格式文件，以及各种格式的静态图像，包括 BMP、JPG、PCX、TIF 等文件。常见的视频格式如表 6-1 所示。

表 6-1　常见的视频格式

格式名称	备注
AVI	微软发布的视频格式，Windows 系统主流的视频格式
MOV	苹果公司发布的视频格式，Mac 系统主流的视频格式
RM	Real 公司发布的视频格式，常见于网络
MPEG-1	应用于 VCD 制作，现已逐渐被淘汰
MPEG-2	应用于 DVD 制作、高清节目制作等领域
MPEG-4	一种高效率的压缩格式，压缩比高，图像质量较好
MTS	高清格式，常见于索尼高清摄像机，适用于 Vegas 非编软件
MXF	高清格式，适用于 Avid 非编软件
WMV	常见于网络的一种流媒体视频格式

素材的剪切：在编辑视频时，可以选取一个原始素材中的部分或全部导入最终要生成的视频序列中。素材的选择由入点和出点来决定，入点指在最终的视频序列中实际插入的该段素材的首帧，出点为实际插入的该段素材的末帧，入点和出点之间的素材是最终选择的素材。

画面的粗略编辑：运用视频编辑软件中的各种剪切编辑功能进行各个片段的编辑、剪切等操作，粗略完成编辑的整体任务。

制作添加特效：制作并添加各种过渡特技效果。

制作添加字幕（文字）：制作并添加字幕，以便明确地表示画面的内容，使人物说话的内容更加清晰明了。

声音效果处理：在片段的下方进行声音的编辑（在声道线上），可以调节左右声道或者调节声音的高低、渐近、淡入淡出等效果。

生成视频文件：经过对节目窗口中编排好的各种剪辑和过渡效果等进行最后生成，得出的结果就是最终视频文件，可根据节目要求对视频格式进行选择。生成的视频文件不仅可以在编辑机上播放，还可以在任何装有播放器的机器上观看。

(三)非线性编辑实例:以 Adobe Premiere Pro CS6 为例

Adobe Premiere Pro CS6 是 Windows 平台上最为流行的非线性编辑软件，它具有强大的视频编辑功能，可以高效地完成电视节目的编辑工作。

1. 工作界面

Adobe Premiere Pro CS6 工作界面由三个窗口(项目窗口、监视器窗口、时间线窗口)、多个控制面板(媒体浏览、信息面板、历史面板、效果面板、特效控制台面板、调音台面板等)以及主声道电平显示、工具栏和菜单栏组成。初始工作界面如图 6-9 所示。

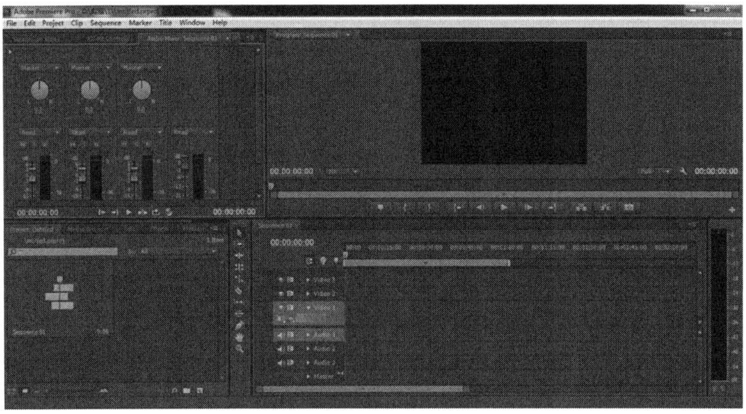

图 6-9 初始工作界面

项目窗口:主要用于导入、存放和管理素材。

监视器窗口:监视器窗口分左右两个视窗。左侧是素材监视器，主要用于预览和截取原始素材。右侧是完成片监视器，主要用于预览时间线窗口中编辑的成片。

时间线窗口:时间线窗口是工作界面的核心，是将素材片段编辑为完成片的主要窗口。它以轨道的方式进行视频和音频的组接。

工具栏:工具栏中共有 11 种工具，分别用于不同的编辑功能。这 11 种工具大体可以分为三大类:选择工具、编辑工具、显示调节工具。

菜单栏:包括文件、编辑、项目、素材、序列、标记、字幕、窗口和帮助九个项目。Adobe Premiere Pro CS6 的很多操作都可以通过菜单栏实现。

2. 视频编辑

设置剪辑入点和出点的过程称为标记。将要包含在序列中的第一帧标记为剪辑的入点，定义为第一帧:将要包含在序列中的最后一帧标记为出点，定义为最后一帧。在典型的工作流程中，一般在源监视器中标记剪辑的入点和出点。对已编入序列的剪辑入点和出点进行调整的过程称为修剪。

设置入点和出点:在素材监视器中播放画面，点击入点和出点按钮，截取有效段落。

入点与出点标识如图 6-10 所示。

图 6-10　入点与出点

插入与覆盖：将截取过的镜头添加至时间线窗口时，若点击插入按钮，插入点之后的镜头将后移；若选择覆盖按钮，则会将插入点后面的镜头抹掉。插入与覆盖标识如图 6-11 所示。

图 6-11　插入与覆盖

视频调色：在视频编辑过程中，调整画面的色彩是至关重要的，因此经常需要对拍摄的素材进行颜色的调整。抠像后也需要通过校色来使当前对象与背景协调。为此，Adobe Premiere Pro CS6 提供了一整套的图像调整工具。在进行颜色校正前，必须要保证监视器显示颜色准确，否则调整出来的影片颜色就不准确。对监视器颜色的校正，除了使用专门的硬件设备外，也可以凭自己的眼睛来校准。

效果处理：增添特别的视觉或音频特性，例如，通过效果可以改变素材曝光度或颜色、改变声音、扭曲图像等，以此来增添艺术效果。

3. 音频编辑

Adobe Premiere Pro CS6 具有强大的音频处理能力。借助调音台窗口，不但可以完成专业化的混音，还能实现实时录音、声道分配等。

操作音频时，首先将其导入项目或者将其直接录制至音轨，可以导入音频剪辑或包含音频的视频剪辑。在音频剪辑处于项目中后，可将它们添加至序列并以类似编辑视频剪辑的方式对其进行编辑。在将音频添加至序列之前，还可查看音频剪辑的波形并在源监视器中对其进行修剪。音频轨道混合窗口如图 6-12 所示。

图 6-12　音频轨道混合窗口

调整音量:滑动推子,可以调整相应轨道的音量。在音量刻度中,0dB 表示初始音量,高于 0dB 表示音量被抬升,低于 0dB 表示音量被抑制。

音频特效:音频特效的添加方法与视频特效类似。在[Effects]窗口中展开[Audio Transitions]或[Audio Effects],并将相应的图标拖拽至时间线即可。常用的音频特效有低音、选频、消除嘶声、消除嗡嗡声、延迟、降噪器、反转、均衡器、多重延时、低通、去除制定频率等。

分离和联结音视频:在编辑工作中,经常需要将时间线窗口中的素材的音频和视频部分分离。可以完全打断或暂时释放音频与视频的联结关系并重新设置其各部分。Adobe Premiere Pro CS6 中的音频素材和视频素材有硬联结和软联结两种关系。当联结的音频和视频来自同一文件,则属于硬联结,项目窗口中只呈现为一个素材。硬联结是在素材输入 Adobe Premiere Pro CS6 之前就建立完成的,在序列中显示为相同的颜色。软联结指在时间线窗口中人为建立的联结,用户可在时间线窗口中为音频素材和视频素材建立联结。软联结的音视频素材,其音频和视频部分在项目窗口中保持着各自的完整性,在序列中显示为不同的颜色。若要打断联结在一起的音视频,可在轨道上选择对象,单击鼠标右键,在弹出的列表中选择“解除音视频联结”即可。被打断的音视频素材可分别进行编辑操作。

4. 特技效果

转场特效:一般情况下,转场特效可用于同一轨道上两个相邻镜头的接点位置。点击[Effects]窗口,展开[Video Transitions]文件夹,从中选择需要的特效,并将其图标拖拽至时间线。

视频特效:点击[Effects]窗口,展开[Video Effects]文件夹,从中选择需要的效果,并将其拖拽到时间线中的镜头上。许多特效需要进行参数的调整,才能达到预期效果。实际应用中,一种效果可以分别添加到多个镜头上,对同一素材也可以添加多种效果,通过效果的组合使用可以获得新颖的画面样式。视频特效窗口如图 6-13 所示。

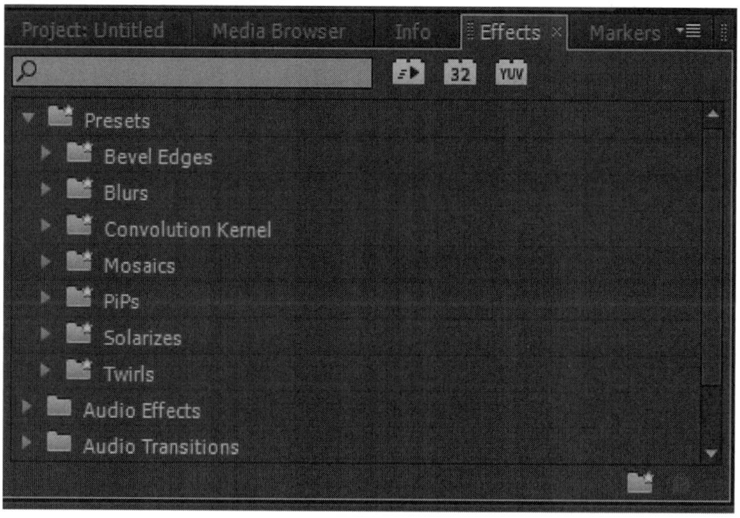

图 6-13 视频特效窗口

常用的视频特效如下：

调整类效果：视频编辑中常用的一类特效，主要用于修复原始素材的偏色或者曝光不足等方面的缺陷，也可以通过调整颜色或者亮度来制作特殊的色彩效果。

模糊与锐化：模糊与锐化类效果主要用于柔化或者锐化图像或边缘过于清晰或者对比度过强的图像区域，也可以把原本清晰的图像变得很朦胧，造成朦胧感。

杂波与颗粒：杂波与颗粒类效果主要用于去除画面中的噪点或者在画面中增加噪点。

通道：通道类效果主要是利用图像通道的转换与插入等方式来改变图像，从而制作出各种特殊效果。

键控：键控类效果主要用于抠像操作，通过各种抠像方式和不同画面图层叠加的方法，可以合成不同的场景或者制作各种无法拍摄的画面。

色彩校正：色彩校正类效果是用于对素材画面颜色的校正处理，是视频编辑的常用特效。

图像控制：图像控制类效果主要是通过各种方法对素材图像中的特定颜色像素进行处理，从而产生特殊的视觉效果。

扭曲：扭曲类效果主要通过对图像进行几何扭曲变形来制作各种各样的画面变形效果。

透视：透视类效果主要用于制作三维立体效果和空间效果等。

5. 字幕制作

字幕制作：在 Adobe Premiere Pro CS6 中进行字幕编辑的主要工具是字幕设计窗口。在菜单栏中，点击[File]—[New]—[Title]，点击确定，即可进入字幕设计窗口。在该窗口中可完成字幕的创建、运动字幕的制作以及图形的修饰。字幕设计窗口如图 6-14 所示。

图 6-14　字幕设计窗口

对文字样式的设计可在属性栏里完成。通过窗口右侧的参数,可以精确设置字幕的字体、大小、间距、填充、变形、描边、阴影等。

创建滚屏字幕:在菜单栏中选择[Title]—[New Title]—[Default Roll],命名后点击[OK],即可创建滚屏字幕。完成文字样式的设计后,点击[Roll/Crawl Options]按钮选择字幕的滚动方向。

6. 导出文件

在菜单栏中选择[File]—[Export]—[Media],在弹出的[Export Settings]窗口中,选择[Format]中的预设格式进行导出。

(四)脱机编辑流程

脱机编辑亦称离线编辑(Offline Edit),通常是指利用低码率素材完成编辑,最终获取高码率播出质量成片的节目编辑流程。与在线编辑方式不同,脱机编辑对非线性编辑工作站的存储容量和运算性能要求相对较低,能够扩展制作网络中编辑站点的数量。同时,在额定的硬盘空间内成倍提升存储能力,大幅度提高节目生产效率。在线性编辑时代,脱机编辑方式就广泛应用于大型纪录片、系列专题片、影视剧等素材量大、占用设备多、制作周期长的节目中。

非线性编辑的普及,尤其是便携式非线性编辑设备的性能提升和广泛应用使得节目制作人员随时随地开展编辑成为可能。适当地降低素材码率甚至画面分辨率进行脱机编辑,完全可以回避在线编辑对编辑设备的苛求,摒弃制作机房对节目创作人员的束缚。

拍摄素材时配合使用光盘或存储卡式摄像机,借助随身携带的笔记本电脑,外采记者们在回程的路上就可以完成节目的低码率版本,同时通过无线网络送审。回到电视台后在编辑机房直接生成高码率成片,之后,根据审看意见修改并提交成片。

基于文件的脱机编辑流程:在 Final Cut Pro 中,基于文件的脱机编辑流程主要通过媒体管理器(Media Manager)或 Compressor 转码软件这两种途径完成。无论采用哪种途径,在整个编辑流程中仅需以高码率采集一次。

1. Compressor 转码软件

Final Cut Studio 中集成的转码软件 Compressor 可以实现常规编辑格式之间的转换。Final Cut Pro 推荐使用 ProRes 编码。Apple ProRes 编码解码器提供独一无二的多码流实时编辑性能组合,外加降低存储率的卓越图像质量。作为适用于 Final Cut Pro 的高质量、高性能编辑编码解码器,Apple ProRes 利用多核处理,具有快速、降低分辨率的解码模块,从而实现特别良好的工作性能。Apple ProRes 包括以下格式:

Apple ProRes 4444:此编码解码器为 4:4:4:4 源和包含 Alpha 通道的工作流程提供最佳质量。其特点包括:

- 全分辨率、高质量的 4:4:4:4 RGBA 颜色,具备多次编码的性能,可以实现与原始材料没有视觉区别
- 通过实时回放实现无损 Alpha 通道(最高达 16 位)

- 适用于存储和交换动态图形和复合视频的高质量解决方案
- 与未压缩的 4∶4∶4 HD 相比，实现优质的低数据速率（对于 1920×1080 和 29.97 fps 的 4∶4∶4 源，目标数据速率接近 330 Mbps）
- 直接编码并解码到 RGB 和 Y′CbCr 像素格式

Apple ProRes 422 (HQ)：此编码解码器仅对 4∶2∶2 视频源保留与 Apple ProRes 4444 相同等级的视觉质量。视频后期制作行业广泛采用 Apple ProRes 422 (HQ)，它能在视觉上无损保留一个（单链路）HD-SDI 信号可携带的最高质量的专业 HD 视频。编码解码器支持全宽度、10 位像素深度的 4∶2∶2 视频源，同时通过多次解码和重编码保持了视频无损状态。Apple ProRes 422 (HQ) 的目标数据速率在 1920×1080 和 29.97 fps 时接近 220 Mbps。

Apple ProRes 422：此编码解码器几乎拥有 Apple ProRes 422(HQ)的所有优势，能够提供 66% 的数据速率，甚至获得更好的多码流进行实时编辑。

Apple ProRes 422(LT)：由于目标数据速率约为 Apple ProRes 422 数据速率的 70% ，文件尺寸比 Apple ProRes 422 小 30%，因此，此编码解码器非常适合拥有最佳存储容量和带宽的环境。

Apple ProRes 422(Proxy)：此编码解码器适用于需要低数据速率但全分辨率视频的离线工作流程。目标数据速率约为 Apple ProRes 422 数据速率的 30%。

ProRes 编码情况下的 HD 及 SD 码率表如表 6-2 所示。

表 6-2　ProRes 编码情况下的 HD 及 SD 码率

格式	帧尺寸	帧率	ProRes 编码器	码率(Mbps)
高清	1920×1080	25	ProRes 4444	275
			ProRes 422 HQ	184
			ProRes 422	122
			ProRes 422 LT	85
			ProRes 422 Proxy	38
标清	720×576	25	ProRes 4444	92
			ProRes 422 HQ	61
			ProRes 422	41
			ProRes 422 LT	28
			ProRes 422 Proxy	12

由此可见，使用 ProRes 422 Proxy 编码器时的码率只相当于其高端编码 ProRes 4444 的七分之一。即便与接近播出质量极限的 ProRes 422 编码器相比也只相当于其码率的五分之一。

Compressor 的优势是可以以批处理的方式，将现有的素材文件通过后台运算转换为指定格式。通过设定还可以让转换后所有文件的文件名与源文件相同（或一一对应）。这也是确保低码率素材脱机编辑后能够顺利链接相应高码率素材的必要条件。Com-

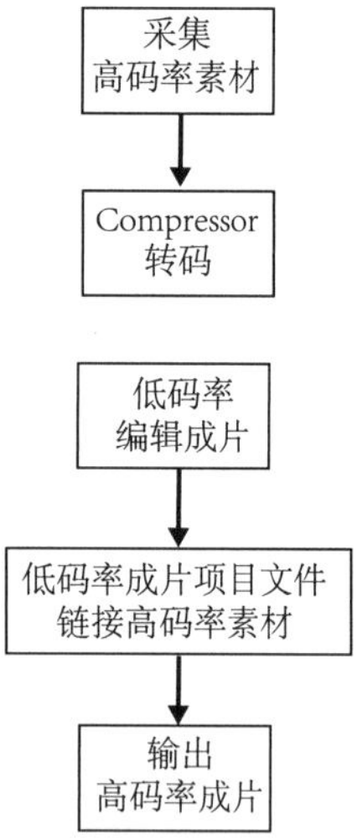

图 6-15 利用 Compressor 实现脱机编辑流程

pressor 用于脱机编辑的典型流程如图 6-15 所示。

首先，在编辑工作站上完成素材的高码率采集。通过 Compressor 将所有素材转换为低码率脱机素材，同时保存高码率素材。然后，拷贝全部低码率素材至低端编辑设备，完成节目编辑。最后，仅将完成片的项目文件拷贝回编辑工作站，自动链接相应的高码率素材，并相应调整项目的序刊设置，即可完成整个编辑流程。

如果节目仍需进一步修改，可在编辑工作站上直接调整。因为所有高码率素材均完整存在，当前的工作状态与常规的在线编辑相同。

2. 媒体管理器

在 Final Cut Pro 的媒体管理器中，提供了五个选项。通过分析其作用机理，分别对应如下用途。

(1)拷贝：创建节目副本。节目副本文件夹中含有作为完成片的项目文件及所有时间线所含镜头的素材文件，这些素材文件会按照媒体管理器中用户的设定给出编辑余量。所有时间线中的未用素材及素材中的未用段落均被排除在节目副本文件夹之外。如果节目编辑已经基本完成，需要转换到其他编辑站点上继续修改，同时还要完整保留当前素材可以考虑使用此选项。

(2)移动：与拷贝选项类似，在创建节目副本文件夹的同时删除原始节目文件夹。如果节目编辑已经彻底完成，需要以数据形式进行节目存档，可以考虑使用此选项。传统的节目存档常采用磁带入库的形式。磁带存档具有成本低、便于及时查看的优点。但其缺陷也是显而易见的，特效及字幕是节目创作中不可或缺的元素。如果以磁带形式存档，当日后需要对存档节目中的有用镜头加以再利用时去除叠加字幕、转场特技、视音频效果会变得相当棘手。甚至有些很有价值的镜头，因为带有无法回避的字幕与特效而丧失再利用的可能。通过适当设定编辑余量采用数据存档的形式可以随时调用节目中的“干净”画面，是保存节目资料时较为彻底的解决方式。

(3)再压缩：创建节目副本的同时，将项目文件及完成片中用到的素材段落转换为指定编码。所有时间线中的未用素材及素材中的未用段落均被排除在节目副本文件夹之外。通过该选项可以降低素材码率用于脱机编辑。如果已经在编辑工作站中利用高码率素材完成粗编，可以适当设定编辑余量，通过再压缩创建低码率节目副本，拷贝至低端设备完成精编。如果编辑工作站仅负责采集素材的工作，则可以将全部素材整体置入时间线(或给出足够长的编辑余量)，实施再压缩。此时创建的节目副本将完整囊括原有素材，拷贝至低端设备后即可实施脱机编辑。

(4)使用现有的：与移动选项类似，利用素材原来所在的文件夹创建节目副本，同时删除原始的节目素材。该选项与移动选项的差别，仅在于是否将创建的节目副本放入新的文件夹。此选项可用作“节目瘦身”。如果节目编辑已经基本完成，需要给其他素材的采集或其他节目的编辑释放足够的存储空间，可以使用此选项。此选项不会删除当前节目，同时将当前节目中的未用素材段落去除，从而起到去伪存真的作用，达到“减肥”的目的。使用此选项时，需要适当设定编辑余量，为节目的继续修改保留操作空间。

（5）制作离线片段：以指定的编码格式创建节目副本。创建的节目副本文件夹中，只包含已经变换为指定编码格式的项目文件。打开该项目文件后所有素材均显示为脱机状态。通常在低码率节目编辑完成后，可使用此选项将节目转换为播出质量的码率。使用此选项后将节目副本文件夹中的项目文件拷贝至编辑工作站，采集所有离线片段即可得到节目的播出版。通过适当设定编辑余量或采集余量，还可以在编辑工作站上以在线质量修改节目。

从技术层面上看，正确选择制作流程是提升效率的保证，合理设定编码方式及码率是声画质量的保证。脱机编辑正是通过灵活搭建编辑流程，合理选择编码方式及码率来确保节目制作效率和技术质量的“双赢”。

第三节　电视节目包装

一、频道标识与节目包装

节目包装（Program Package）既是展现节目内容的一种外在形式，又是渗透在节目创作各个环节的内在表现手段。它根据节目的形态、内容和特点，借助新颖、鲜明、风格化甚至夸张的表现形式，对电视栏目或频道进行整体形象的塑造和推介，并辅助节目主体完成特定信息的传达。

节目包装与整体节目的规划和创作既相对独立、又相互融合，是表现手段最为丰富、技术实现最为繁复的环节。它利用实拍图像、图形生成，以及字幕与声效等常用电视元素，通过特效手段的整合，追求在相对短的时间和篇幅内营造形式上的冲击力和内容上的感染力。

（一）整体定位

频道包装担负着频道或栏目形象的整体定位、识别与推广。它所担负的任务是通过各种艺术表现形式强化频道的定位和形象，增强观众对频道的识别能力；宣传频道的文化和理念，缩短受众与传播者之间的心理距离，营造观众对频道的认知及认同；密切频道内各栏目在形式上和内容上的联系，构建栏目间、板块间在传播形式上的有机融合，形成整体传播的布局；成为特定信息传递的载体，为受众提供具象类信息的服务。

节目包装的缺失会直接抑制节目质量和传播效果，小到栏目字幕形式，大到频道的宣传片，处处体现出节目包装向整个节目制作流程的渗透，展现了节目包装与频道中各栏目之间既相对独立、又密切联系的关系。所以，栏目的个性化、节目的精品化为电视频道的总体包装提供了前提，频道的专业化反过来形成了促进电视栏目体系化发展的重要保障。

电视包装的创意与策划是一部电视包装作品创作的起点。作为电视频道或栏目树立自身品牌形象的“推销”手段，电视包装的创意与策划大量借鉴了广告领域相对成熟的理论和手法。频道包装的诉求重点是品牌的整体形象，栏目包装则注重确定信息的传达。无论是频道包装还是栏目包装，从原始创意转化为图形创意稿的整个过程中，都是将频道或栏目作为一个整体或最基本的单位来进行设计的。也就是说，任何对所塑整体的拆分都会导致策划方案的凌乱，最终表现为包装诉求的散乱和各种包装表现形式间的割裂。整体诉求是电视包装的策划基础，尤其是专业频道的整体包装，强调创意和策划的整体性是频道包装的基石。优秀的包装策划，除了新颖独特、独树一帜，应更加突出和强化包装创意的整体性。

节目包装需要丰富的形式和多样的手段，这与整体和趋同的要求似乎存在冲突。在实际操作中，创意与策划的整体性其实已经决定了其应当具有的包容性。下面我们来看几个例子：

中央电视台科教频道的标板设计适度强调了广泛适用和易于搭配的原则，标板的图形元素不但可以用于频道包装，同时也适用于各栏目角标。实现了视觉传达上的整合，甚至还起到了频道台标的作用。除此以外，由于设计时充分注重形式上的宽容性，科教频道在栏目预告、字幕形式、片尾形式上的统一并未对各栏目的创作产生形式上的制约，反而构造了风格鲜明的整体形象，是元素上的多样性与高度集成的完美结合。

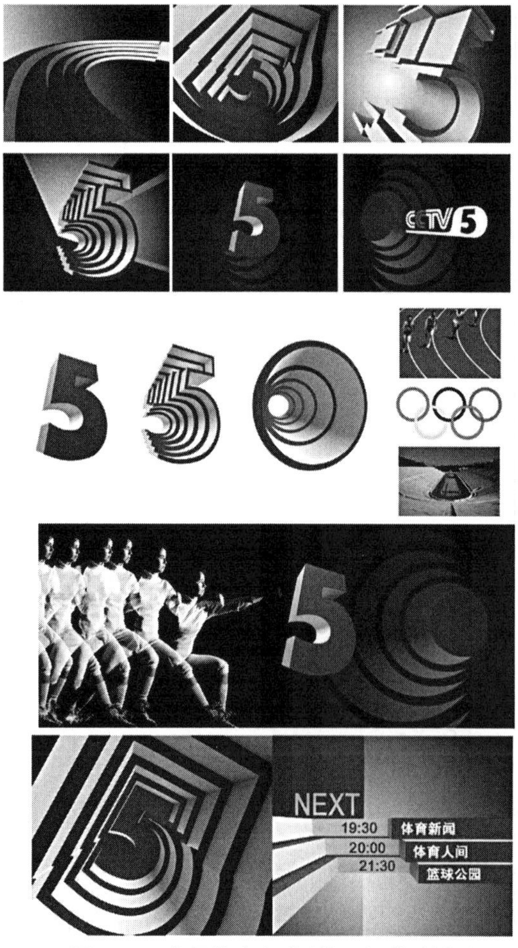

图 6-16 央视体育频道(第 5 频道)的标识

中央电视台体育频道(第 5 频道)自 2003 年开始，以数字“5”的形象作为频道包装中的核心标识，大量包装段落都围绕这个核心形象展开。数字“5”不仅作为频道形象进行推广，而且渗透到部分包装意识较强的栏目，使之成为栏目与频道衔接的符号。如在《直播周末》栏目中，收视预告、宣传片以及精彩回放等段落大量以数字“5”的频道标识作为开篇或落幅，演播室与字幕设计也适度融入数字“5”的元素。由频道标识“5”演变的环形序列结构是包装的主要图形元素，“5”是赛场、是跑道、是奥运五环的延伸。将即时发生的赛事画面与频道呼号结合，形成频道的形象 ID 系列，具有很好的延展性。将呼号的标识动作提炼出来与频道信息版式结合，既强化了图形元素的功能性，又具有很好的编辑效果。央视体育频道(第 5 频道)的标识如图 6-16 所示。

凤凰卫视的标识基础是黄色基调的

“凤凰盘”。凤凰作为吉祥的象征为华夏子孙所广泛接受，这一形象与凤凰卫视服务中国内地、香港、台湾以及全球华人的定位十分切合，成功地跨越了不同地域在文化和意识上的差异。作为“炎黄之色”，黄色调的填充再恰当不过了。凤凰卫视的标识如图 6-17 所示。

图 6-17　凤凰卫视的标识

电视是流动的艺术，转瞬即逝，标识设计一般都会遵循易于识别的原则。虽然频道和栏目标识在大部分时间里是相对静止或以小幅运动呈现的，但考虑到位置和尺寸上的制约，标识在造型上多为简约风格，颜色搭配也要能与缤纷的屏幕画面广泛协调。美国有线电视新闻网的频道 Logo 用一根电线的造型直接组成“CNN”字样，主填充为白色，简单、直观、造型感强、易于搭配使用。纵观频道标识的优秀设计，大都是由平凡的线条、形状和文字组合而成，很难看到繁复、华丽的纹饰和结构。相比之下，那些造型过于繁琐、颜色也较为凌乱的频道标识，则缺乏整体感和个性。标识固然承载着丰富的内涵，但如果不能通过有效的抽象化繁为简，则很难达到所期望的传播效果。

（二）品牌认知

时间是积累品牌认知度的重要因素，保持 Logo 的长期相对稳定以及有限演变是业界所奉行的规律。在电视传播中，频道相对于栏目具有更强的稳定性，频道包装应贯彻“长期效应”的原则。一方面要求频道视觉识别系统的设计要具备充分的前瞻性和预见性，另一方面也需要频道标识的拥有者以长期稳定的意识和规划对标识加以使用。这一规则在国际主流媒体中得到了长期的贯彻。美国三大电视媒体 NBC（国家广播公司）、ABC（美国广播公司）、CNN（美国有线电视新闻网），英国 Sky（天空电视）以及老牌电视媒体 BBC（英国广播公司）等众多媒体所属的新闻资讯频道，在全球广泛覆盖的 ESPN（娱乐与体育节目电视网）、DISCOVERY（探索频道）、Fashion TV（时尚频道）、MTV（音乐频道）、HBO（电影频道）等专业频道，虽然都制作了大量形式各异的频道宣传片和 Logo 动画，但始终维持着频道 Logo 在造型上的稳定性。

而国内媒体在频道标识的使用上所缺乏的正是这种谨慎与保守，目前国内频道标识的使用上存在两种现象：一种是缺乏整体包装意识，频道还在沿用十几年前的台标，而又根本没有围绕该标识进行整体包装的规划；另一种则是频道标识更换得过于频繁，甚至一两年换一个样。在国内，真正保持 5 年以上不更换频道标识且进行成功包装的，也只有凤凰卫视中文频道、凤凰卫视资讯频道、央视的个别频道以及少数几个省级卫视。上面提到的几个国际主流媒体的频道标识中，最短的也已经使用了十年以上。

（三）表现手法

频道形象在表现手法上可谓形式多样。三维以及平面合成技术的广泛介入，极大地丰富了频道标识的演绎和诠释；新颖别致的特效与手法层出不穷，令人耳目一新，过目不忘。眩目法常用三维或特效营造出强烈的视觉冲击，强调标识的视觉印象。演绎法则多采用剪辑与合成的手法，着重表现标识的设计内涵。北京电视台生活频道的主打频道标识宣传片中，无数水滴汇聚为生活频道的“L”标志，亦真亦幻的情景和唯美的画面沁人心扉；中央电视台法制频道宣传片的演绎则生动诠释了频道 Logo 中法制乃“社会方圆”的设计理念；中央电视台中文国际频道的新版频道宣传片也是通过形象演绎的手法将汉文化的博大精深这一主题表现得淋漓尽致。

二、包装制作的基本流程

在申奥成功五周年时，中央电视台体育频道筹划推出《申奥记忆》系列特别节目，披露申奥成功背后的动人故事，激励奥运筹备的前行步伐。根据节目需要，要为每期 30 分钟的节目制作长短两版片头，以及与片头风格一致的下期预告。《申奥记忆》留给节目包装的创作周期相当紧张，从开始创意到制作完成，仅有短短的两天时间，这还包括包装所需资料的收集整理。在短暂的时间里，如何高水准地完成创作，确实是后期环节经常需要直面的问题。主创人员经过沟通，着眼实际，确定了充分利用标志性资料镜头、采用平实叙事的画面风格，以平面构成为主、多套编辑系统协同工作，借助网络交换完成最终整合的技术路线。

确定平面创意稿和搜集资料画面这两项工作并行展开。图形创意方面，围绕《申奥记忆》的节目内容和风格定位，将“奥运”和“记忆”确立为片头画面的表现上同等重要的两个支点。在具体形式上，这两个支点分别被赋予不同的表现元素和表现手段。萨马兰奇宣布北京申奥成功、申奥代表的欢呼雀跃、北京街头的欢庆场面等这些申奥过程中历历在目的标志性画面本身就是支撑“记忆”支点的最佳符号。为了烘托“记忆”的氛围，在元素设计上，加入了运动的胶片格，强化包装的形式感。

整体的影像基调被确定为暗黄色，为了避免这种回忆色彩可能带来的压抑感，同时辅以构成北京奥运会会徽的红白两色作为陪衬。“奥运”支点的表现更适合借助图形元素和文字来完成，五环标志既可以传达确定信息，也可以辅助构图。北京奥运会 Logo 为红色，在所有画面元素中，“中国印”的形象既不需要太清晰，又不能缺失，可以在陪衬位置的胶片格中对其进行运动处理和局部展现。文字用于传达节目主旨，采用平衡构图。

技术实现上，为了尽可能高效率地进行创作，必须将任务拆解，分配给网络上的多台设备同时展开，并且让不同类型的设备扬长避短。Quantel Paint Box 具有业界一致认可的图像质量和色彩校正功能，用它完成最终的场景拼合、校色以及输出是最佳选择。After Effects 的合成功能具有较强的灵活性和直观的操作界面，尤其拥有众多的插件支持，在节目包装中是广为使用的。在 After Effects 中可以方便地实现镜头替换，这对于每期节目实现形式统一非常重要。多套可以高效运行 After Effects 的 PC 工作站可以同时展开工作，因此，选用 After Effects 来承担核心的合成制作工作。Final Cut Pro 是基于 Apple 平台的非线性编辑软件，通过第三方接口板卡，它可以将素材采集为高质的 Quick Time 格式文件。

Quantel Paint Box 和 After Effects 工作站均安装了相应的 QuickTime 编解码器，在实际操作中，常用 QuickTime 无压缩格式或 TGA 图片序列完成各设备之间的视音频数据交换。两种文件都可以最大限度地抑制编码损失，同时又能够携带 Alpha 通道数据。《申奥记忆》片头中伴有同期声，所以选择可以携带声音的 QuickTime 无压缩格式。四台设备通过 TCP/IP 方式接入千兆以太网，在所有工作站上建立共享，设定访问权限，用于文件互访。

包装制作的基本流程如下：

1. 素材采集与图片准备

随着制作方案的敲定，环环相扣的工作开始。首先，利用 Final Cut Pro 采集素材，同时在两台 PC 工作站上启动 Photoshop，分别制作五环和“中国印”图片。在 Final Cut Pro 中，将设置调整为 SD 4∶2∶2 PAL 10bit 无压缩，进行高质量的素材采集。在片头中，每个镜头都要进行单独的合成，不存在前后衔接的关系，在采集窗口直接确定每个镜头的入出点，逐一录入后进行自动批采集。两台 PC 工作站上的图片制作也同步展开，五环和“中国印”并非片头中的主体元素，只是起到烘托气氛和平衡构图的作用，在大部分场景中，展现的是它们的局部，并伴随适度的运动。这样处理，需要图片具有较大的分辨率，一来可以清晰地放大至局部，二来为运动预留出图像内容。在 Photoshop 中还要制作出胶片格的底图，为了最终的屏幕效果，胶片格的绘制会与实际的胶片在样式上略有差异。图片准备工作接近尾声时，Final Cut Pro 的自动批采集也基本完成。

2. 胶片格的运动与资料画面的叠加

视频合成是繁复而细致的工作，也是整个制作的核心环节，需要设定和调整大量的参数，将其分配到两台 PC 工作站上展开。在主工作站 After Effects 中，通过千兆以太网，调入 Final Cut Pro 采集的资料画面，主要的合成工作在这里完成。在 After Effects 中创建多个 SD PAL 16bit D1 合成，分别用于制作每个场景。调入胶片格图片，在 Transform 中设置水平方向的运动。按照创意稿将资料画面分配给每个场景。控制 Scale 和 Position，让镜头套入胶片格的相应位置并同步移动。在另外一台 PC 工作站上，利用“中国印”创建动态形象的工作同时展开。“中国印”的运动视频由动态背景、会徽局部，会徽全幅以及“—Beijing 2008—”书法字样层叠而成。整个视频在最终场景中处于陪衬地位，不需要太抢眼，各元素的运动较为舒缓。画面的整体色调控制为红、白、黑三色。在主工作站 After Effects 中，通过网络共享调入辅工作站保存的项目文件，刚才的合成结果出现在当前项目中。将“中国印”动态形象添加至胶片格的次要位置，同样使之同步移动。至此，通过项目间的嵌套将两台工作站上同步完成的画面整合到主工作站中。

3. 背景制作与画面合成

在辅工作站上，继续制作各场景的背景。背景由运动条纹和五环标志叠加而成，色调要与片头的整体风格相符。每个场景的背景中，五环标志的位置、缩放和运动方式各不相同，从而得到形式统一和构图差异的效果。创意稿中没有为片头设计三维元素，为了弥补画面在纵深和透视方面的缺失，对五环施加了动态 Vegas 效果，形成球面凸凹的错觉，这是一种利用滤镜实现三维模拟的有效手段。每一个做好的场景背景都可以通过网络共享调用到主工作站，进行胶片格与背景的合成工作。按照最终的要求，胶片格应当在不规则轮廓动态区域的作用下若隐若现。这种效果可以借助 Mask 实现，但考虑到手动设置边缘虚化的动态 Mask 费时费力，可以直接从 Apple 工作站的 Motion 软件中输出动态 Mask 视频，调入 After Effects 后，以亮度差分的方式赋予胶片格即可。在 Photoshop 中，制作出若干张类似胶片划痕的图片，按照图片序列的规则按顺序对其进行命名。在 After Effects 中，调入图片序列，并合成在每一个场景中。

4. 字幕处理

除了输出动态 Mask，Apple 工作站上的工作一直在继续。在字幕制作环节，充分发挥了 Apple 工作站中 Live Type 软件灵活快捷的优势，节约了大量制作时间。Live Type 是与 Final Cut Pro 捆绑提供的专门用于创建特效字幕的软件。它简化了以往制作动态字幕中大量的参数调整，能够方便地得到众多的眩目效果。由于 Live Type 的预置效果是可以叠加的，所以不同效果的组合往往可以创建出令人意想不到的新颖动画。虽然 Live Type 提供的预置效果数量有限，但经过组合和排列可以得到无限多种效果类型。Live Type 在输出 QuickTime 时，其原始编码为 Animation，这种编码虽然带有 Alpha 通道信息，但由于其压缩比高，会导致字幕质量受损。为了弥补这一缺陷，需要预先制作帧尺寸较大的动态字幕，而后在最终合成中缩小使用，这样可以确保动态字幕具有清晰的填充细节、较高的通道质量并消除了边缘锯齿。这是在使用 Live Type 时克服其输出编码局限的一种变通手段。用于字幕制作的项目设置为 2000×1500 像素，这个面积是 PAL 制标准帧尺寸的 9 倍，该项目下制作的字幕足以抵消编码的缺陷。“申奥成功五周年”“奥运会进入倒计时”“激动人心的夜晚”“成功背后的故事”这四句宣传语将先后出现在片头的每个场景中。在 Live Type 的不同轨道中输入这些文字，对每个轨道施加“运输机”和“挤压进入”效果，并赋予金属质感的“推进器”动态填充，将每个轨道单独输出为一个带有 Alpha 通道的 QuickTime 文件。用同样的方法，完成落幅文字的制作并输出。

5. 最终合成

在主工作站中调用 Apple 工作站做好的字幕视频，为了丰富构图和加强层次，每个场景中都使用了大小有别、虚实对比、反向运动的两层字幕，并分别设定 Hard Light 和 Overlay 的叠加方式。在落幅场景中，使用了前几个场景中的胶片格合成，施以水平方向的模糊，并叠加落幅字幕。整个合成工作完成后，将主工作站 After Effects 的项目文件拷贝至辅工作站，并经过素材的重新链接，就可以在两个工作站上同时展开各个场景的最终渲染，输出的格式仍然为无压缩的 QuickTime。

6. 场景整合、颜色校正与输出

在 Quantel Paint Box 中，导入主、辅工作站上分别渲染完成的所有场景，QuickTime 文件被重新编码为 CPX 图像序列。根据音乐节奏，对各场景进行微调与剪接，并控制同期声与音乐的音量配合。在 After Effects 中，已经对每层图像进行了色彩调校，通过 Quantel Paint Box，可以再对片头整体进行更为细致的影像控制。通过伽玛、RGB 调整，进一步修正片头的色彩，利用 Mask 和 Blur 进行四角压暗和边缘虚化，得到理想的层次。最后，在示波器的监看下进行磁带输出。随后，按照类似流程，短版片头和下期预告也相继制作完成。

包括渲染在内，耗时 10 个小时，完成了片头、片花以及下期预告总计 90 秒的包装量，除了创意环节充分注重可实现性、设备运行稳定外，制作效率的提升来源于以下几个方面：

合理搭建系统、构建设备组合。节目包装网络的构建不同于编辑网络，在非线性编辑网络中，只有各站点在视音频编解码和编辑数据格式（项目文件格式）上“求同存异”，才能够实现基于中央存储的素材共享。节目编辑更注重单台设备的实时特性和网络的持续带宽，所以在编辑网络中，往往采用规格一致或同一厂商开发的高低搭配的编辑工作站和 SAN 结构或千兆以太网络，以压缩格式存储视频数据。而节目包装对图像的细化处理明显高于一般编辑需求，图像格式首选无压缩或无损压缩。设备选型时多是“求异存同”，使不同设备在功能上实现互补，尽可能丰富合成的手段。一般应用中，对实时性要求相对较低，各设备间的联网可以有更多选择。没有一种系统或软件可以在各种工作流程和任何制作环节都表现得尽善尽美，作为完善的节目包装网络，应该通过合理的设备搭配，在功能上覆盖三维制作、平面构成、色彩校正、键控合成、自动跟踪、Mask、层间融合、速度平滑、音频处理等常用特效手段，如有条件，还应当为相应设备配备适当的插件。

敲定创意稿，从实际出发，越细化越好。创意稿是包装制作所参照的具体图形创意，可以决定制作的基调、元素构成、技术路线等。创意稿在确立电视包装作品表现形式的同时，应当充分考虑制作周期、可用素材资源或实拍、成本投入、现有技术条件下的可实现性等方面，缺乏细节的和不切合实际的创意稿，可能会导致制作中的反复调整。

熟悉设备特长，合理分配任务。借助网络同时展开制作的核心在于协调，其基础是合理分配任务。包装使用的主要特效手段是什么，生成量多大，是否需要通过替换画面制作不同版本，有哪些特定效果等等，了解了这些，有助于合理规划，确定设备。如果包装导演不了解制作环节的技术细节，有必要事先与技术导演充分沟通。

分场景和分步骤。如果在多台设备上完成工作，任务的分配可以按场景或按步骤进行。在不同设备上完成不同场景，需要通过共享设定或专人来统一风格。将不同步骤分配到不同设备的“流水线”方式更适合那些大制作。在创作中，两种方式也可以是相互渗透，交替发生的。

确定视音频数据的交换格式。这一点对于确保最终的图像和声音质量至关重要，同时也可以避免反复转码浪费时间。不同设备或软件使用的素材格式可能不同，有些设备为了发挥独有功能，只能使用自己特殊的文件格式。作为转换的中间格式，无压缩 QuickTime、无压缩 AVI、TGA 序列、AIFF、WAV 等格式是被大量包装软件直接支持的。

团队的配合。人是节目制作的核心要素，在节目包装的工作中，不同元素之间的位置、运动、特效以及影调控制等方面都需要相互呼应和匹配。要做到默契，制作者只精通自己使用的设备或软件是远远不够的，还要了解其他系统的操控特性，才能确保各制作环节的顺畅衔接。

电视节目的整体包装对于电视品牌宣传起到了举足轻重的作用，电视节目包装从以往少量的、局部的需求，发展到大量的电视节目、栏目、频道整体的需求。包装也从单纯的制作行为，发展为具有策划、创意、设计、制作等多环节的复合创作行为；从有感而发的个体创作和制作，发展到精心组织策划和实施的集体生产形式。

思考与研讨题

1. 线性编辑与非线性编辑中的"插入"编辑有什么区别？
2. 视频编辑的流程主要有哪些？
3. 非线性编辑的特点有哪些？
4. 脱机编辑的流程有哪些？
5. 试述电视节目包装的发展前景。

参考文献：

1. 孟群：《电视制作技术》(第2版)，中国传媒大学出版社2012年版。
2. 刘羽：《视频非线性编辑技术——Final Cut Pro X 实务教程》，高等教育出版社2013年版。

第七章　电视演播室

本章重点

1. 电视演播室的主要系统
2. 电视演播室视频系统的功能与作用
3. 演播室节目制作基本流程
4. 虚拟演播室技术及虚拟植入技术的原理与应用
5. 全媒体演播室技术

演播室是电视节目制作的主要场所，承担除了外景节目以外的晚会、访谈、新闻播报等各种节目。演播室复杂的音视频系统以及众多的操作设备，让刚刚接触演播室的制作人员感到困惑，最新的虚拟演播室技术以及虚拟植入技术更是让人眼花缭乱。演播室由哪些部分构成？演播室内的操作设备如何使用？演播室节目制作流程是怎样的？虚拟演播室以及虚拟植入技术是怎样实现的？本章将解决这一系列问题。

第一节　电视演播室概述

一、电视演播室的布局

电视演播室主要由演播区和节目控制室两部分组成，如图 7-1 所示。

演播区

演播区是节目的录制现场，区域内部全部进行吸声处理，顶部为灯光设备，演播区内一般设有观众席，放置有节目影片道具，还有摄像机、话筒等设备，如图 7-2 所示。

节目控制室

节目控制室是节目信号的控制中心，一般分为三部分：灯光控制区、视频控制区和声音控制区，如图 7-3 所示。在控制室内通常有录音师、视频切换员、字幕员、灯光师、导演、编辑等。

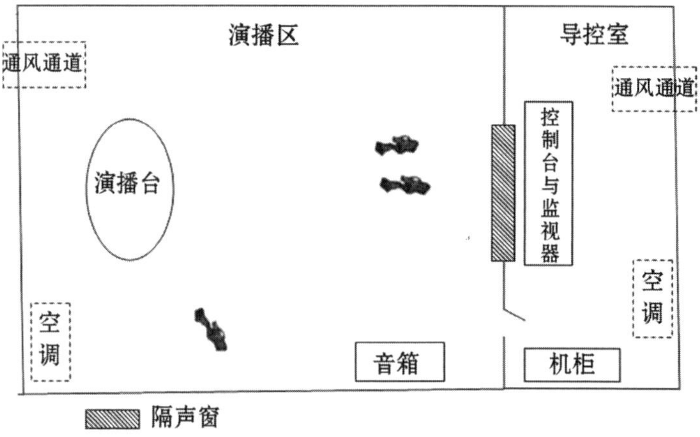

图 7-1 演播室布局图

图 7-2 演播区

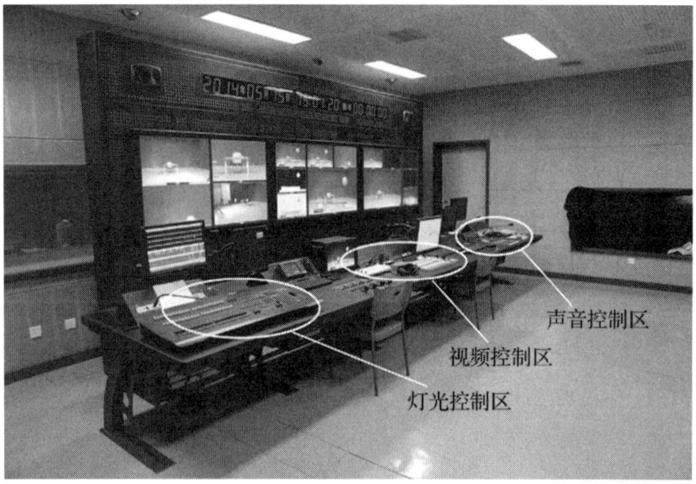

图 7-3 节目控制室

灯光控制区

灯光控制区是灯光技术人员工作的区域，主要设备为调光台，灯光师按照节目要求事先布置灯光，为节目提供最佳的图像灯光效果。

视频控制区

视频控制区是用于对图像信号进行控制的区域，通常占用较大的空间区域，它一般分为摄像机控制、导播控制、放像、字幕和录像几部分。

摄像机控制：技术员在节目录制过程中对技术指标进行控制，如光圈等。

导播控制：导播在这里调机、切换，通过通话系统与摄像师沟通摄像机方位、景别等，并在切换台上切出最佳信号输出。

放像：播放插播带（资料片、节目片花、节目小片等）。

字幕：直播节目一般需要两台字幕机叠加字幕，一台出标题和片头、片尾，一台出唱词或图片，录播节目则可以后期再加字幕。

录像：录制节目，需提前走带并滞后停止。

声音控制区

声音控制区是录音师进行声音控制工作的区域。主要设备有调音台、各种声源（如CD、话筒、DAT 等），录音师通过监听节目声音质量，对各路声音进行混合来控制音频信号的输出。

二、电视演播室系统构成

（一）视频系统

演播室视频系统由摄像机系统、切换台系统、录制系统、图文包装渲染系统、电视墙分屏系统、特技系统等构成。设备机柜如图 7-4 所示。

1. 摄像机系统

演播室使用的摄像机系统是由摄像机和摄像机控制单元（CCU）所组成的。

图 7-4 设备机柜

2. 切换台系统

切换台用于多摄像机演播室或外景制作，它通过切、叠画、划像等来连接所选视频。切换台的主要功能是给即时编辑提供方便，选择各种视频素材并通过过渡技巧将它们依次连接起来。

3. 录制系统

录制系统一般由演播室录像机组成。目前演播室对节目信号的录制一般通过磁带录像机来完成，也可以采用硬盘服务器直接录制。节目的录制就是要实现对整个节目最终输出的视音频信号的记录。有时导演为了保证节目后期编辑的灵活性，要求在录制节目信号的同时，还要录制单个摄像机信号或切换台上一级切换的辅助输出信号。

4. 图文包装渲染系统

图文包装渲染系统采用模块化设计，制作和播出分离。一般先由美工人员进行频道整体包装设计和模板制作，字幕人员在线调用模板后，经过简单的内容替换即可完成节目图文制作，也可以连接外部数据源，在播出过程中实时替换数据内容，操作快捷，并且保证播出效果和数据的多样性。

电视字幕机的外部接口主要包括视频信号的输入、输出接口，基准同步输入接口和键控信号输出接口。对于数字切换台来说，可直接将字幕机输出的视频信号和键控信号当作切换台的两路输入源信号，通过切换台操作界面叠加字幕。

5. 电视墙分屏系统

大屏幕投影电视墙的普及，改变了传统演播室背景的应用模式，DLP 投影电视墙更是以其清晰的画质、丰富的色彩、逼真的图像和持久的一致性得到了广泛的应用。

电视墙分屏系统采用多个视频处理系统和多屏控制系统，支持多种信号格式同时显示，很好地适应了高、标清兼容，具有很高的灵活性，如图 7-5 所示。系统可接受标准的分量和复合模拟视频格式，SDI 视频，高达 1600×1200 分辨率的计算信号，高清 720P、1080i 和 1080P，HD-SDI 视频，2048×1080P 数字电影视频等多种格式。

电视墙分屏系统的画面可以整屏显示，也可以分屏显示。DLP 拼接不足 1 毫米的拼缝保证了拼接画面的完整性。DLP 拼接是目前最稳定且效果最佳的大屏幕显示设备，可以呈现无缝超大屏显示，画中画和键控图像可在屏幕上实时移动和变换大小，在背景屏上实现多种特技效果。一般 DLP 背景墙都有主备两个系统，可以自动切换，具有很高的稳定性。

（二）音频系统

演播室音频系统是指在电视演播室内，为完成电视节目声音制作的需要而设置的音频设备及其控制系统，主要由调音台、扩音台、CD、DAT、MD、CASSET、硬盘机、电话耦合器及各种效果器组成。

调音台

调音台是调音控制台的简称。调音台是电视演播室的音频系统中的核心控制设备，各种音源的收集处理及分配的工作都是通过调音台完成的，工作人员可以在调音台上对声音进行全面的控制。按照用途不同，调音台可分为录音调音台、扩音调音台、直播调音台等。调音台有信号放大、为每个通道设置可控均衡器、通道或母线分配、声音监听、视觉监视、编组混合、电平调节、返送、对讲、声像调节、提供测试信号、跳线等功能。

传声器（话筒）

演播室会配备一定数量的有线与无线话筒，录音师根据节目需要，灵活使用和调配话筒。

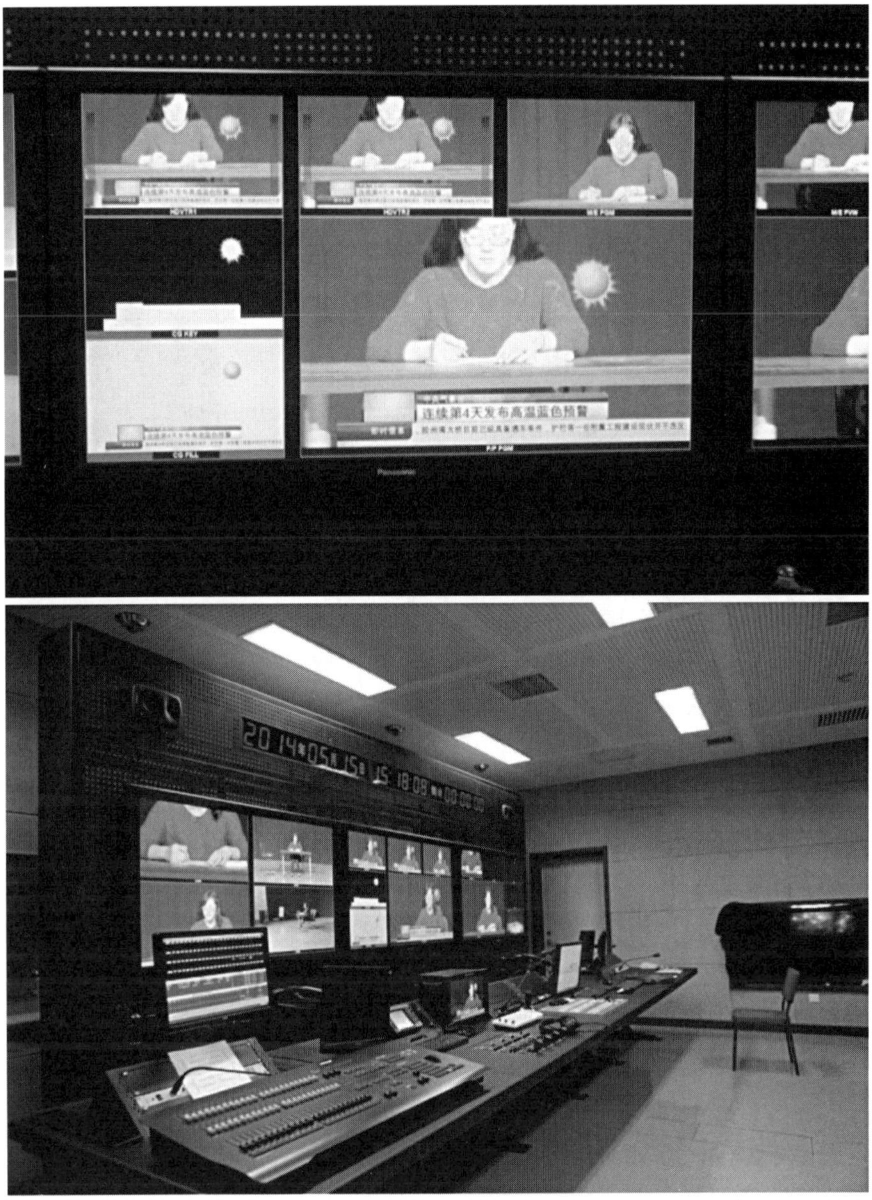

图 7-5　电视墙分屏系统

有线话筒主要用于拾取现场乐队、乐器的声音。在综艺节目中的用途是拾取现场效果声，即观众的掌声、欢呼声等。在演播室中，这类声音的拾取通常采用“吊话筒”的形式。有线话筒通过话筒线将话筒信号传送至调音台。

无线话筒包括无线手持话筒、无线纽扣话筒和无线头带话筒三种。无线话筒使用方便，机动性强，主要用来拾取节目中的人声，在演播室综艺节目中发挥着重要的作用，如图 7-6 所示。

图 7-6 传声器(话筒)

音频信号处理设备

音频信号处理设备是对声音进行加工、控制和再创造的设备。演播室的数字音频处理器主要包括混响器、压限器、均衡器等。

混响器:在录音时,为了使人声或乐器声音更有感染力,更加丰满,增加声音信号的空间感,就要对信号进行处理,使其产生更多的反射声,一般都是通过混响器来实现的。

压限器:压限器,即由压缩器和限制器合并构成。压缩器的功能是将输入信号的电平按照一定比例进行压缩,使输出信号电平小于输入信号电平。限制器的功能是无论输入信号电平有多大,都令其输出信号的电平不高于或是保持在器件设定的电平值。在演播室的音频信号处理设备中,压限器是常用的振幅处理设备,它的处理对象是音频信号的动态范围。

均衡器:按调整方式划分,均衡器可分为参量式均衡器和图示式均衡器。参量式均衡器可以对各均衡参量分别加以调整,它是音质加工的有力工具,几乎在所有调音台的输入模块中都装有参量式均衡器。图示式均衡器由一系列工作于可听声频带内并能调节均衡量的推拉电位器组成,这些推拉电位器在面板上的物理位置连接曲线类似于均衡产生的频响曲线。在演播室中,图示式均衡器主要用来对扬声器进行均衡处理。

图 7-7 扬声器

演播室的监听与扩声

监听:音频工作人员需要通过扬声器(音箱)对节目声音进行实时监听,以了解声音质量,判断声音制作水平。监听设备由功率放大器和扬声器构成。功率放大器简称“功放”,其将音频信号放大后,驱动扬声器工作。扬声器(音箱)将电信号转化为声波振动,从而让人耳听到声音,如图 7-7 所示。

演播室内的监听可分为近场监听、远场监听以及导播监听。

扩声：扩声设备主要包括扩声调音台、功率放大器以及扬声器，其原理与监听设备工作的原理相同。演播室内的扩音功能分为主扩和反送。前者用于现场观众区的扩声，后者用来为演员提供返送信号。

演播室的其他音频设备还包括放音设备、音频信号分配器、电话耦合器、数字/模拟信号转换器和跳线盘等。

放音设备：节目中用来播放音乐和各种声音素材的机器，主要包括硬盘机、数字磁带录音机、迷你光盘播放机、模拟磁带录音机、CD 刻录机等。

音频信号分配器：音频信号分配器在多个机器复制信号系统中或在控制室共享信号系统中，可以将信号源有效地分离使用。在演播室中，它适用于将一个输出信号同时送到几个不同设备的输入端，如图 7-8 所示。

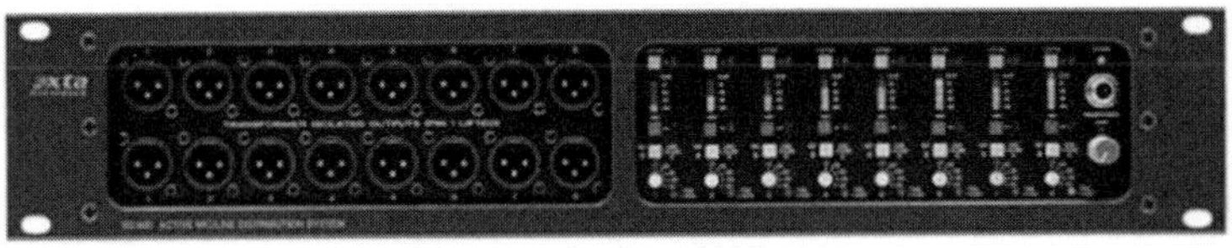

图 7-8　音频信号分配器

电话耦合器：在观众互动参与环节中，电话耦合器将电话信号（场外被采访者的声音）进行放大处理作为音频信号输入至调音台，同时将接收的音频信号（现场节目声）处理后送入电话，如图 7-9 所示。

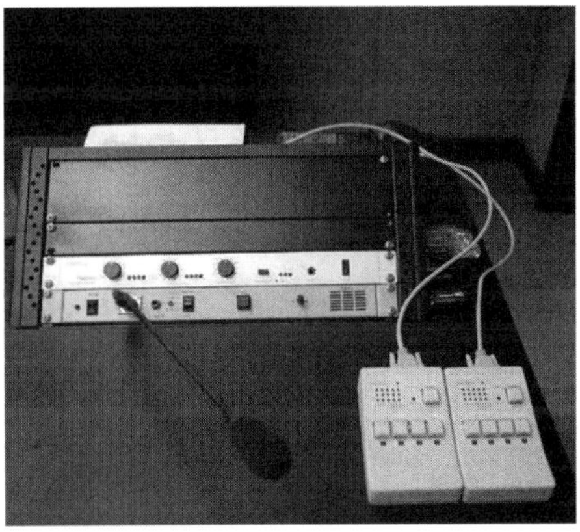

图 7-9　电话耦合器

数字/模拟信号转换器：数字/模拟信号转换器用于模拟音频信号和数字音频信号之间的转换。通过数模和模数转换这两种设备，可以将信号从一台只能输出模拟信号的设备送至一台只能接收数字信号的设备中，或是把信号从一台只能输出数字信号的设备送至一台只能接收模拟信号的设备中，如图 7-10 所示。

图 7-10　数字/模拟信号转换器

跳线盘：跳线盘在演播室系统中扮演着非常重要的角色，是演播室系统的重要组成部分。它是将系统中各个设备的输入、输出端口及其相互之间的连接直观地呈现的一个操作界面。由于调音台的输入、输出端口数量有限，并非演播室内所有的周边设备都能直接接入调音台，调音台的输出也并非直接连接在每一路输出信号端。所以，演播室系统内几乎所有设备的输入、输出端口都被连接在跳线盘上，通过插拔跳线，可以安全快捷地将这些周边设备及音源接入调音台，将调音台的输出信号接入所需输出的端口，如图 7-11 所示。同时，跳线盘也可以实现周边设备之间的相互连接。跳线盘的使用，大大提高了演播室系统的可操控性，工作人员可以方便、灵活地对系统进行更改，以适应不同形式节目的录制。

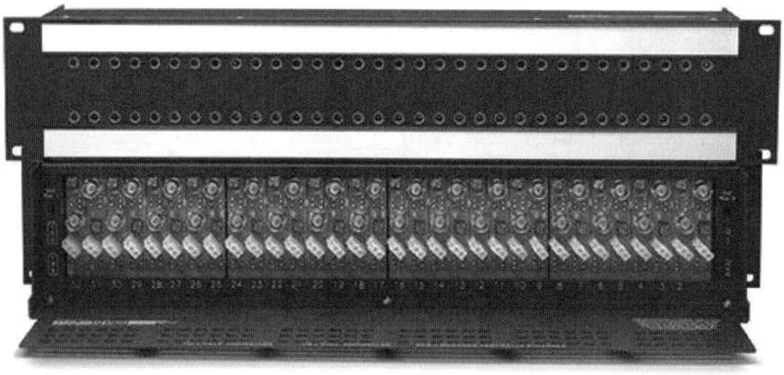

图 7-11 跳线盘

(三)灯光系统

演播室灯光系统是指在电视演播室内，为满足电视节目制作需要而设置的灯光设备及其控制系统。主要由调光台、吊挂系统、布光控制系统、灯具等构成。

1. 调光台

调光台是安装在电视演播室内用来控制灯具亮暗变化，实现灯光变化效果的控制设备，是调光控制系统的人机操作界面，如图 7-12 所示。

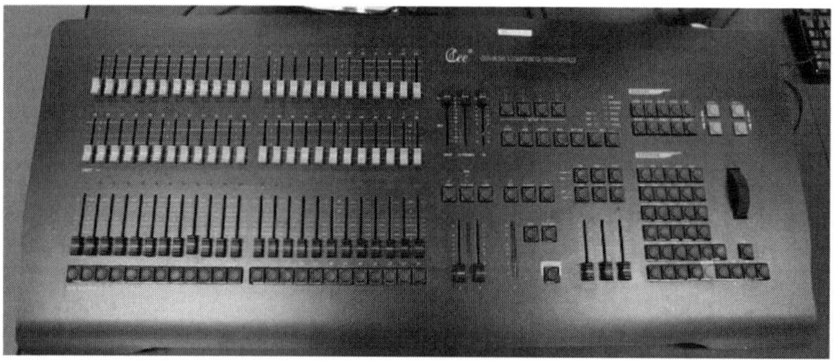

图 7-12 调光台

2. 吊挂系统

灯光吊挂设备是安装在演播室内设备层(灯栅层、顶棚或一些特殊固定吊点)上，或某些特殊支撑面上用来悬挂灯具或其他灯光设备的装置，如图 7-13 所示。灯光吊挂设备是电视演播室灯光设备的重要组成部分，它能够使灯光师快速、准确、安全地将灯具布置到演播室节目制作所要求的空间位置，减少布光的时间，缩短节目制作周期，提高演播室的利用率。

图 7-13　吊挂系统

定位式吊挂设备

定位式吊挂设备是指在演播室平面内位置固定，只能做升降运动而不能做水平移动的灯光吊挂设备。常见的定位式吊挂设备有水平吊杆、组合吊杆、垂直吊杆、简单吊架等，如图 7-14 所示。

图 7-14　定位式吊挂设备

水平吊杆:水平吊杆是现代电视演播室灯光吊挂系统的主要组成部分,它安装在演播室设备层上或固定在演播室顶棚上。水平吊杆是为悬挂演播室内的固定灯具所设置的,一般由提升电机、提升器、吊杆、线缆及灯具电源插座、信号插座等组成。有的还配有可伸缩的副杆,以及一些附属横杆,可根据需要横跨两根吊杆使用。

组合吊杆:组合吊杆又称自提升吊杆,它的提升电机和吊杆是组合在一起的。组合吊杆是在水平吊杆的基础上演变发展起来的一种演播室灯具吊挂设备。组合吊杆的设备不需要专门的灯光设备层,简化了演播室顶棚建筑结构,增加了演播室的使用空间高度,并且因为灯杆短,灯位调度方便。组合吊杆最大的缺点是承重能力差,现场维修性较差。

垂直吊杆:垂直吊杆是一种能够伸缩并且可以垂直升降的竖杆,它的提升传动设备固定在演播室灯光设备层上。垂直吊杆的主要功能是通过提升机利用钢丝绳带动灯具完成升降运动。垂直吊杆的系统结构简单,使用灵活方便,工程造价较低,但安全可靠性稍差,灯具在灯杆上必须成对安装,以保持平衡。

简单吊架:简单吊架是将圆管横竖交叉搭成"井"字形的网状灯栅架,它与顶棚固定连接,在圆管的适当位置设置灯具电源插座。灯具与附件铰链伸缩器连接后,用灯钩固定在圆管所需位置上。灯具的水平移动主要靠人工来实现,高低变化可以靠铰链伸缩器来完成。由于布光时经常需要有人登高,所以比较费工费时。网格架一般不宜设计得太高。简单吊架简单实用,造价很低,但使用时非常不便,所需布光的时间较长,所需灯光人员较多,劳动强度较大,造成演播室变换节目的过程相对较慢。它适合在节目制作量不大,且栏目相对固定的较小演播室使用。

平移式灯具吊挂设备

既能做升降运动,又能够在水平方向沿着特定的运动轨迹做平移运动的吊挂设备,即为平移式灯具吊挂设备。它通过滑动轨道实现灯具在一定范围内的平行移动,增加了灯具的灵活性,可以减少演播室的灯具数量。主要包括杆控滑轨小车吊杆和机控轨道小车吊杆,如图 7-15 所示。

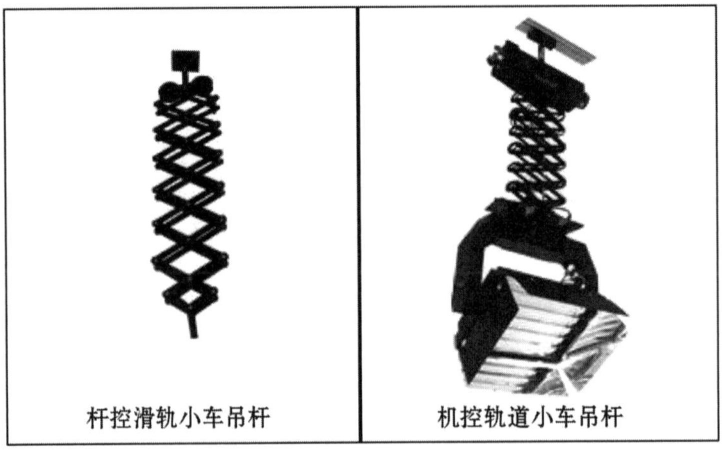

图 7-15 平移式灯具吊挂设备

杆控滑轨小车吊杆：它采用两根“工”字形铝轨道与演播室顶棚固定成间隔1米～3米的双轨，在固定的双轨下各挂一个小车，并连接水平工字铝滑轨。杆控滑轨小车吊杆是一种简单实用、经济实惠的灯具吊挂方式。机动灵活性很强，操作非常简单，并且能实现灯具在空间的位置无死区。

机控轨道小车吊杆：它是将杆控滑轨小车改成机动控制的一种灯具吊挂设备。它采用一根工字铝轨道与演播室顶棚固定成单向轨道，机械小车直接倒挂在单轨上。机控轨小车吊杆的体积小、重量轻、操作方便，由于采用了机控小车，提高了吊挂升降高度，可以在较大的演播室内使用。

支撑式灯光吊挂系统

支撑式灯光吊挂系统是根据演播室的结构特点，为扩大演播室有效使用面积，减少节目制作过程中的重复劳动而设计的。它由横杆和立杆组合成网格状结构，分布于演播室周边，一般安装在演区的后方离墙面较近的地方，并且还能够根据节目要求随意改装，组成不同的吊挂密度，并设置多路电源接口和信号输出插口。

支撑式灯光吊挂系统安全可靠，安装简便快捷，连接牢固可靠，适合在各大中型演播室内使用，可用于吊挂各种形式的效果灯具。

3. 布光控制系统

电视演播室布光控制系统，是指电视演播室内通过控制机械灯具和灯光吊挂装置的动作变化，来完成演播室布光效果的控制系统。

在布光控制系统初级控制技术阶段，采用的是模拟控制技术，操作人员通过手动操作，完成电动吊杆和机械灯的动作变化。

现代数字化布光控制系统又称电脑布光控制系统，一般由布光控制台(机械灯控制台和吊杆控制台)、吊杆控制柜、吊杆提升机、吊杆、灯具控制箱、机械灯具以及信号放大器和各种缆线组成。

现代数字化布光控制台的人机操作面板一般为一个电脑软件操作界面，其结构形式是将灯具和吊杆分开来控制，分成机械灯控制台和吊杆控制台两个系统。灯光师通过操作台面上的按键或推杆，发出控制指令，完成机械灯具的俯仰、方位、调焦等机械动作的变化，或者完成吊杆的升降、进退运动。

在现代数字化布光控制系统中，不管是吊杆提升机，还是机械灯具，都有唯一的编码，每一个控制动作对应着一个操作按键或推杆，每一台电脑对应着一个地址码。布光时，灯光师在控制台上键入要选择设备的编码，再操作相应的动作按键或推杆，就可以控制灯具或吊杆的运动。

4. 灯具

演播室灯具一般分为三大类：聚光灯、泛光灯和效果灯。

聚光灯

聚光灯是指能通过一定的机械手段对光照输出进行调焦控制以产生聚光效果的灯具，是演播室内的主流灯具，适合作为人物或场景的主光、轮廓光使用。

演播室内常用的聚光灯有螺纹透镜聚光灯、回光灯、筒子灯、成像灯等，如图 7-16 所示。

图 7-16 聚光灯

螺纹透镜聚光灯由灯泡、球面反光凹镜、灯体、灯梁、挡光板及调焦机构等组成。螺纹透镜聚光灯能够产生边缘柔和的光束，并可以通过调节灯泡和反光器与透镜之间的距离来改变输出光斑的大小。

回光灯是一种依靠球面反射凹镜将光源发出的光线反射到舞台上的灯具，由光源、反光镜、灯体、灯梁等组成。回光灯亮度高、光效好，投光面积大。

筒子灯由灯筒、灯泡、灯梁等组成。筒子灯结构简单、重量轻，便于搬运携带，能够快速安装和调整，灯口处还配有色片夹卡座，能够加装色纸或换色器，以产生各种颜色的光束效果。

成像灯全称为成像聚光灯，它具有相对复杂的光学成像系统，包括反射器、光源、成像透镜组和变焦透镜组等。成像灯具有强聚光效果，光线照射方向性强，可以产生十分明显的光斑轮廓，经常用于舞台造型和局部图案照明。目前，由于大量电脑效果灯的使用，其许多功能被电脑灯取代，已很少在演播室内使用。

泛光灯

泛光灯是用来覆盖尽可能大区域照明的一种灯具，泛光灯是依靠漫反射镜产生均匀光效果的灯具。泛光灯主要用来对舞台进行大面积的照明，或对天幕、观众场面的照明。主要包括天幕灯、地排灯、双反射式柔光灯、三基色冷光灯，如图 7-17 所示。

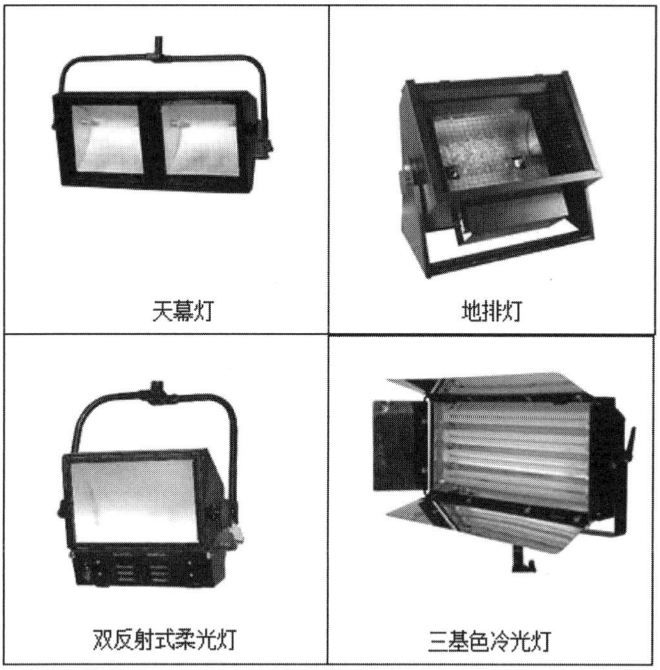

图 7-17　泛光灯

效果灯

效果灯用来渲染电视舞台气氛，塑造舞台灯光艺术效果，能够产生多种特殊效果。效果灯是现代电视演播室最常用的灯具。通常情况下，将效果灯分为电脑效果灯和普通效果灯两种类型。

电脑效果灯是指利用数字化电脑技术控制的智能化程度较高的效果灯。演播室常用的电脑效果灯包括电脑灯、变色灯、染色灯、激光灯等，如图 7-18 所示。

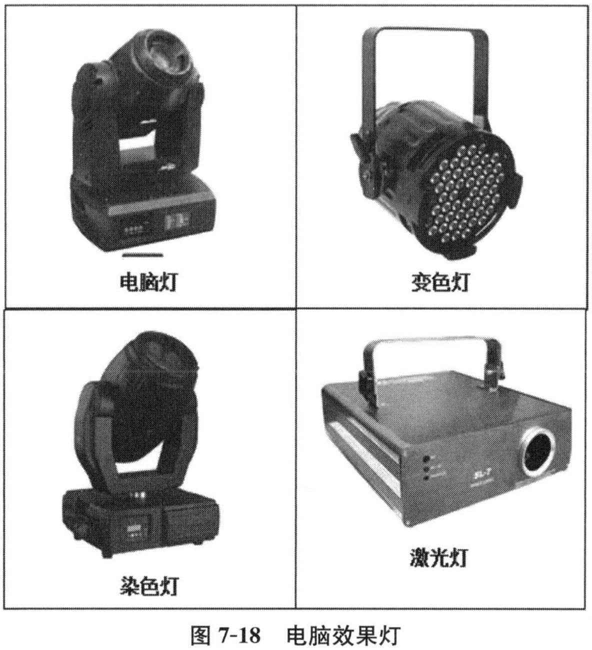

图 7-18　电脑效果灯

电脑灯:它是一种能够通过电脑控制使输出光线做扫描运动或使光线颜色和光斑图案等产生变化的智能化效果灯具。电脑灯的使用可更好地衬托和渲染电视舞台节目的艺术效果。电脑灯分为两种类型:镜片扫描式电脑灯及摇头式电脑灯。

变色灯:它是指输出各种颜色光束的效果灯。它主要用于颜色的变化。在使用上,有的用来对景片染色,有的用来对背景照明,还有的作为舞台的逆光。

染色灯:主要用于对景片或大面积场景的染色。它的最大特点是能够透射大面积的柔光,且其能够使光束产生运动变化,可以通过三基色组合输出无限变化的颜色效果。

激光灯:它是把激光束效果应用到演出舞台上的一种效果灯。它由激光表演器、激光器和控制台组成。对于激光效果灯的控制主要工作是在预先程序的编制和控制软件的使用上,控制软件预置的程序越多,舞台的激光效果就越丰富。

一般效果灯主要包括追光灯、特殊效果灯、频闪灯、天空玫瑰灯,如图 7-19 所示。

图 7-19　一般效果灯

追光灯:位于演播室眺台或高台上,安装在特制的支架上,一般通过工作人员手动操纵,在追随舞台上演员移动的同时加强局部的亮度,用来提高观众的注意力。追光灯具有极强的光束效果,明显的光斑边缘,主要作用是在演出中突出舞台上的主角。

特殊效果灯:它是专门用来产生各种特殊效果的灯具,如模仿水纹效果、云彩效果等。随着电脑灯的普及,许多特殊效果已经由电脑灯的特殊功能来完成。一些简单实用的效果灯有时候还非常方便。

频闪灯:主要功能是产生快速频闪的效果。在电脑控制台的控制下,通过输入不同的参数,它可以产生不同类型的闪烁特效,如闪电等。

天空玫瑰灯:它是一种多光束的大型高温色聚光灯,其效果主要是从视觉上增加演区空间的立体感和纵深感。天空玫瑰灯主要在演播室内及露天大型文艺晚会中使用。

（四）其他系统简介

电视演播室主要系统包括视频系统、音频系统、灯光系统等，此外，还包括一些周边系统如通话系统、TALLY提示系统、播音提词器等。

通话系统主要是为节目制作人员提供联系的平台。节目制作中需要通话的人有导演、导播、摄像师、主持人、现场指挥、技术人员、灯光师、录音师等。通话系统包含主机，通过主机连接独立的通话面板，有些演播室配备无线通话与主机相连。

演播室通话系统一般由多个不同类型的通话子系统组成：PL会议系统、数字矩阵系统、无线系统和周边界面附件。数字数据网DDN和综合业务数字网ISDN技术在演播室远程通话中也有应用。

根据节目制作的实际需要和演播室现有设备的配置状况，演播室的通话系统分为四个独立的部分：演播室内部通话的系统；演播室内部通话的备份系统；演播室与播送中心主控、播控两个机房的通话系统；演播室和异地分演播室的通话系统。

演播室TALLY提示系统是视频系统工作时的一种辅助系统，在演播室中具有很重要的作用，它可以及时提醒节目导演、摄像师、技术人员演播室的工作状态，同时具有在节目进行中协调导演、摄像师和节目主持人工作的作用。

TALLY系统由一台控制器和若干TALLY灯组成，控制器可与任何切换台、播控台和矩阵接口相连接，各TALLY灯之间的连线为总线结构，可用并连的双绞线或普通的单芯屏蔽线连接。TALLY选定的每一个显示点阵都已存入内部的EPROM，当有切换动作时，相应的TALLY灯自动变色，关电后不影响下一次显示。

TALLY灯也叫讯源指示灯，能够指示信号源名称和状态，通常安装在电视演播室导控室的监视墙上。

TALLY系统很重要，它提示演播室的工作状态，导播切换到哪路信号，相应的TALLY灯就会变亮，主持人及摄像师通过摄像机顶部的TALLY灯就可以了解现在切出的是哪一个机位并可据此从容调整自身工作，各工种技术人员通过TALLY灯就能够了解哪个设备处在PGM播出状态，如图7-20所示。

图7-20　摄像机寻像器顶部的TALLY灯

三、电视演播室信号流程

(一)视频信号流程

如图 7-21 所示,所有的视频信号源包括摄像机、录像机、字幕机、特技台产生的特技画面都进入切换台。导演根据电视墙上每个设备的监视器选择所需的画面,在 PGM 母线上做出切换选择,并确认字幕机制作的标题字幕是否正确,通过切换台的下游键将标题叠加在画面上,最终画面进入录像机,记录在磁带和硬盘上或经过延时器后直接播出。图中所有的设备以及相关设备的同步输入都接入同步机所产生的统一信号,以保证系统的稳定使用。

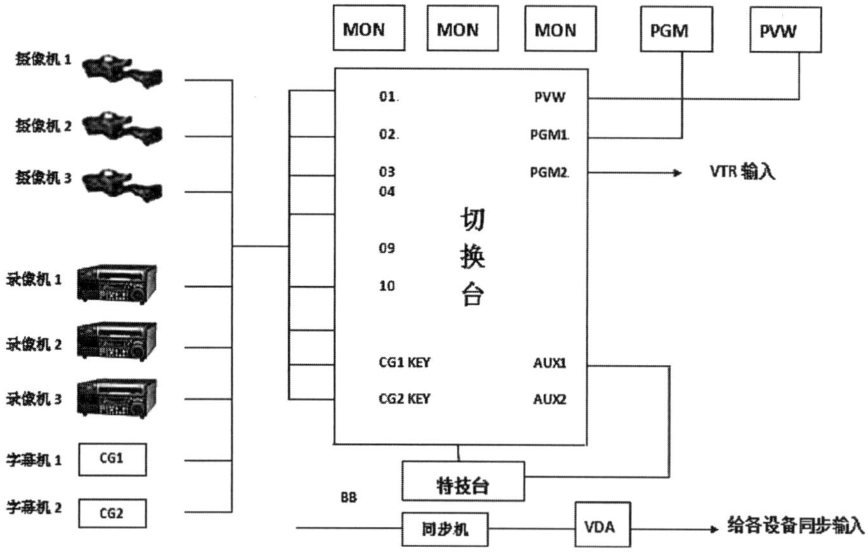

图 7-21　视频信号流程

(二)音频信号流程

如图 7-22 所示,所有的音频信号源如话筒、放像机、DAT、磁带机、CD 机等都进入调音台,调音台对每路音频的音量、均衡等进行调节后,调音师根据导演选择的画面从调音台上选择输出的声音,最后输出的主声音信号经过分配器后一部分经过功放到音箱,给控制室及演播区提供声音返送,另一部分由调音台的编组输出可经过功放到调音师专用音箱。这样,调音师可以在不干扰正常监听的情况下,随意选择要监听的音源,方便操作与控制。与画面相匹配的声音信号记录在磁带和硬盘上或经过延时器后直接播出。

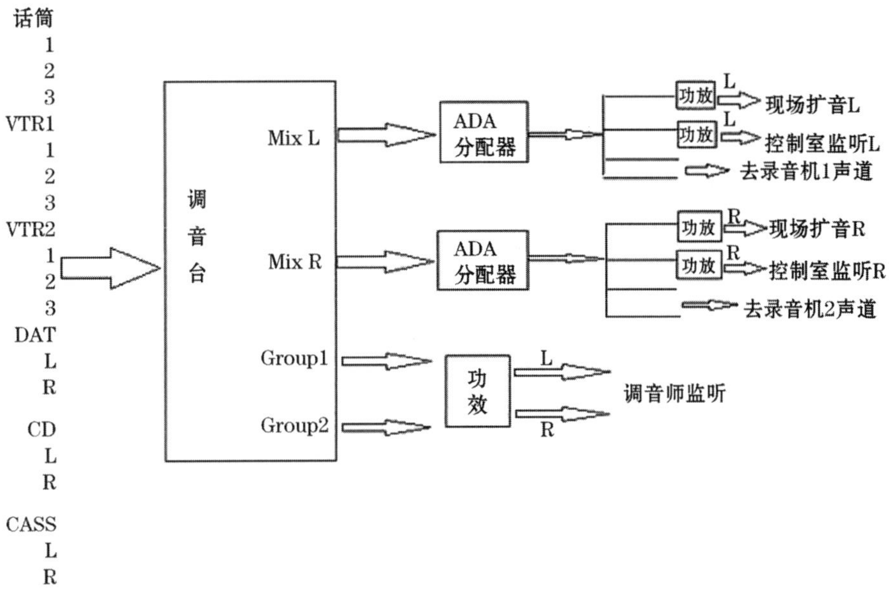

图 7-22　音频信号流程图

第二节　演播室视频系统

一、演播室摄像机系统

(一)演播室摄像机及其承载设备

摄像机对电视节目的技术质量起着关键作用,演播室拍摄均采用具有高稳定性和高可靠性的演播室用数字摄像机。演播室摄像机包括 5 个基本部分,分别是镜头系统、摄像机机头(包括 CCD 组件、光学部分及信号处理电路)、适配器、寻像器、摄像机通话系统。

镜头系统的主要功能是在 CCD 上产生一个清晰的被摄体图像。镜头种类的选择及其使用的方法,决定着被摄体的放大率、尺寸以及拍摄的景深,从而也决定了观众对景物的视觉透视感。镜头系统包括镜头及变焦、聚焦控制操作手柄。

变焦、聚焦控制操作手柄是通过连接在摄像机和三脚架之间的遥控电缆来远距离控制摄像机变焦、聚焦的操作设备,如图 7-23 所示。

一般情况下,右手柄控制变焦功能,左手柄控制聚焦功能。右手柄上有一个返回监看钮,按下后,摄像机的画面为导播切换的画面。

摄像机机头包括 CCD 组件、光学部分及信号处理电路。光线通过镜头系统后,由分光棱镜将入射光分解为 R、G、B 三种基色,即将一幅彩色图像分解成三个基色图像,分别透射到三片 CCD 摄像器材上,CCD 将三个基色图像变换成电信号。这三路电信号经过

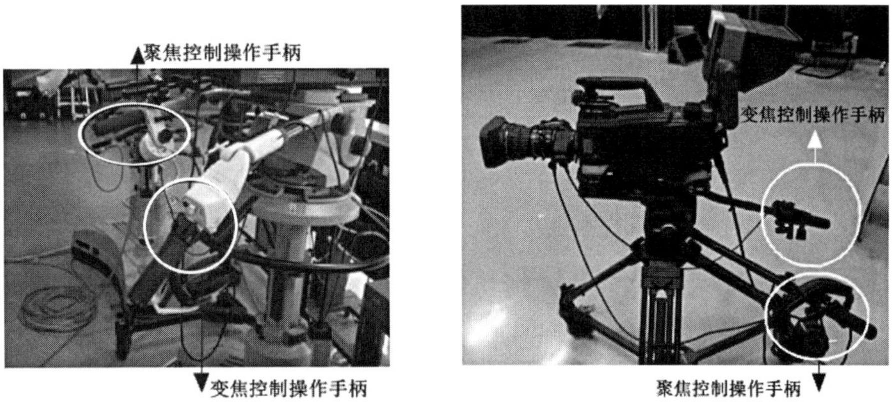

图 7-23 摄像机变焦、聚焦手柄

预放器放大后送到视频信号处理电路。

适配器：在演播室内，摄像机机头需要与控制单元（CCU）相连，这就必须通过摄像机适配器。摄像机适配器是摄像机的外连接口部分，演播室摄像机一般配备三同轴电缆适配器。

寻像器：为了取景并随时掌握摄像机工作状态，每台摄像机上还附加一台寻像器。寻像器实质上是一台小型的电视图像监视器，它利用摄像机本身输出的信号，在寻像器上显示出图像，这样既作为取景构图用，同时也监视了摄像机电路的工作状态。

摄像机通话系统：在演播室中，摄像师始终需要与控制室中的节目导演及其他成员保持直接联系，这是通过摄像机中的内部通话（INTERCOM）系统来实现的。摄像师通过插在摄像机上的耳机话筒与控制室通话，摄像师在耳机中除了可以听到导演的调机声以外，还可以听到节目声。摄像机上有开关可控制摄像师的耳机和话筒的开启与关闭，同时有旋钮可以分别调节耳机中的导演指令和节目声音的音量。有些摄像机的变焦手柄上有可以控制摄像机的通话开关，以方便摄像师的操作。

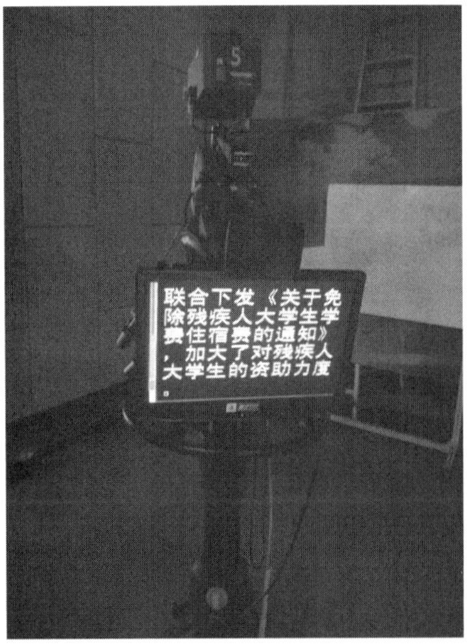

图 7-24 提词器

提词器：提词器通过一个高亮度的显示器件显示文稿内容，并将显示器件显示的内容反射到摄像机镜头前一块呈 45°角的专用镀膜玻璃上，把台词反射出来，使得演讲者在看演讲词的同时，也能面对摄像机，如图 7-24 所示。演讲者、提词器、摄像机三脚架在同一轴线上，从而产生了演讲者始终面向观众的亲切感，提高了演讲质量。

承重设备：摄像机的承重设备主要包括云台、三脚架和承重机座，如图 7-25 所示。摄像机安装在云台上，而云台则被安装在三脚架或承重机座上。不同的摄像机有不同的承重设备。便携式摄像机采用轻便的三脚架及云台，它一般较轻，而且可以折叠，配上脚轮后可以灵活移动。

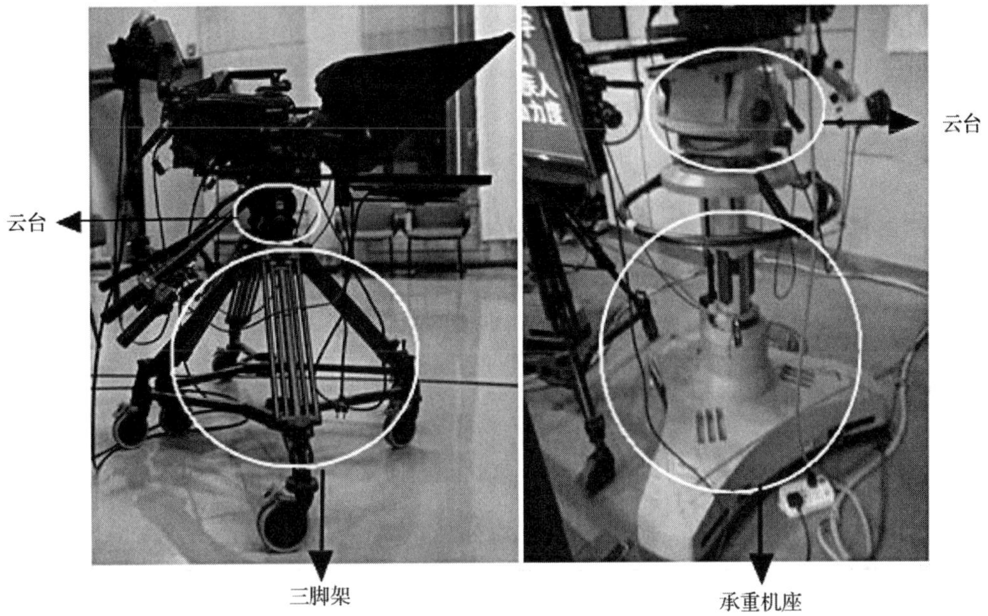

图 7-25　摄像机承重设备

三脚架的主要作用是稳定摄像机，以达到特定的拍摄效果。三脚架按照材质分类可以分为木质、高强塑料材质、铝合金材料、钢铁材料、火山石、碳纤维等。最常见的材质是铝合金，铝合金材质的三脚架的优点是重量轻、坚固。

云台是为解决普通摄像机的监控位置固定不变而产生的。云台适用于对大范围进行扫描监视，它可以扩大摄像机的监视范围，可以分为固定云台和电动云台两种。固定云台适用于监视范围不大的情况，在固定云台上安装好摄像机后可调整摄像机水平和俯仰的角度，达到最好的工作姿态后只要锁定调整机关就可以了。电动云台适用于对大范围进行扫描监视，它的高速姿态是由两台执行电动机来实现的，电动机接受来自控制器的信号精确地运行定位。

承重机座是演播室中常见的支架设备，摄像机连同云台安装在机座中心立柱的顶端，摄像师只需向机座中心的升降环施加一点压力，便可使该立柱轻轻地升高或降低。

（二）演播室摄像机控制单元（CCU）

摄像机控制单元主要包括摄像机基站、操作控制面板和集中控制面板。

摄像机基站的主要功能是将摄像机机头通过三同轴电缆送来的信号进行解调和对信号作编码处理，同时将传送给摄像机机头的信号（如返送、通话）作调制处理，并通过三

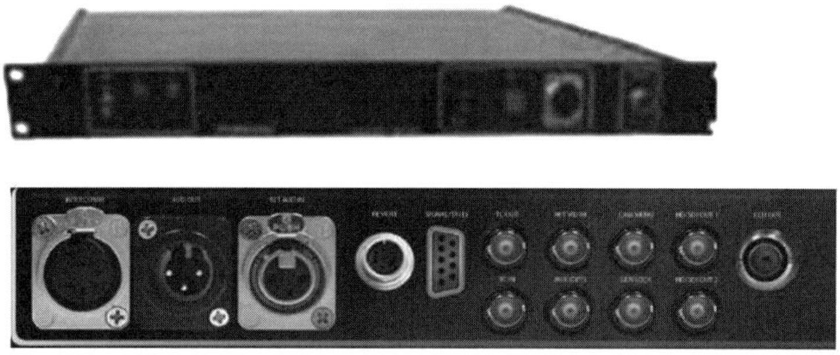

图 7-26 摄像机基站前后两侧

同轴电缆向摄像机机头供电，如图 7-26 所示。

操作控制面板的主要功能是对摄像机的主要技术参数进行及时调整，其中包括黑/白平衡、GAMMA、滤色片选择、增益、光圈、底电平等参数的调整以及场景文件的存取等，如图 7-27 所示。这些调整中最常见的是光圈和底电平的调整，在节目的录制过程中，工程师要根据现场灯光情况随时对摄像机的这两项参数进行调整。

集中控制面板通常用来对演播室内的所有摄像机作集中统一的调整，以保证演播室内的所有摄像机具有统一的拍摄色调，从而在切换时画面色调保持一致。同时，与操作控制面板相比，集中控制面板具有更多的调整功能，在集中控制面板上能对摄像机作更深入复杂的调整，如图 7-28 所示。

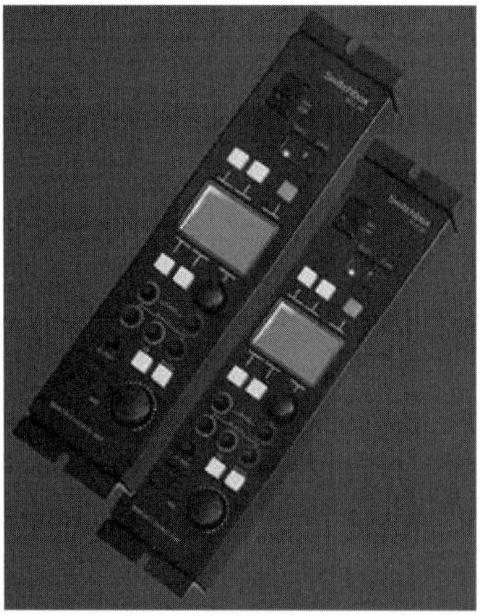

图 7-27 操作控制面板

图 7-28 集中控制面板

二、演播室视频切换系统

(一)视频切换特技台

1. 切换台

切换台是用于多摄像机演播室或外景制作,通过硬切、叠画、划像来连接所选视频,进而创作和嵌入其他特技来完成节目制作的设备。切换台的主要功能是给即时编辑提供方便,选择各种视频素材并通过过渡技巧依次连接起来。切换台面板是切换台的主要操作载体,切换台面板的构成如图 7-29 所示。

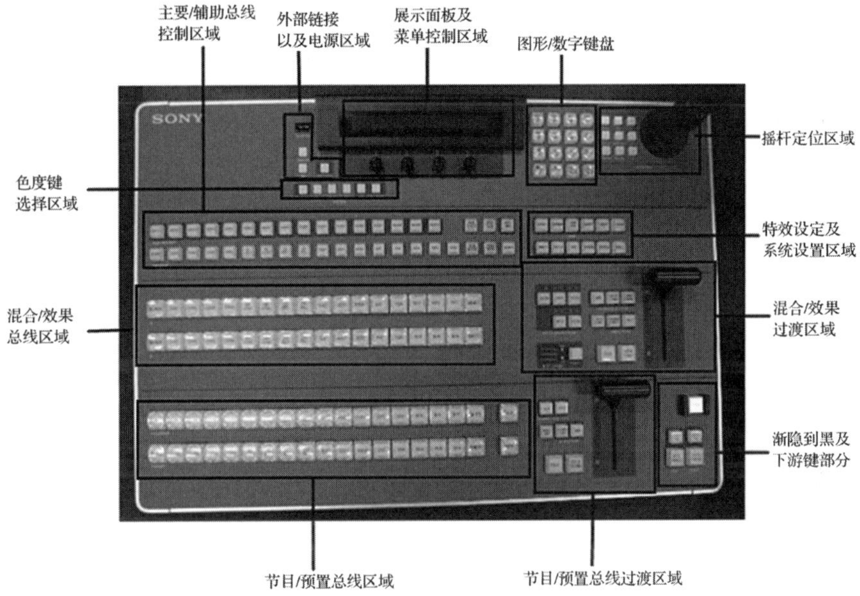

图 7-29　切换台面板

总线

所有切换台最主要的操作部分是一排排的切换旋钮,称为总线或键排。总线上每一个按钮对应一路视频输入,此外还有附加的按钮用于其他功能。总线是所有输入信号的一条公共传输通道。视频切换台上有多条总线,每条总线都有同样的按键数,按键的排列顺序也相同,并且与同样的输入信号一一对应。

节目/预置总线区域以及节目/预置过渡区域

节目总线(PGM,Program):能把各种图像源直接输送到播出系统或录像机的总线称为节目总线,也称直通总线。节目总线用于选择输入视频来源并播出到节目线上去,在切换台的节目总线上按下相应的按钮来选择视频输送到节目线上。如果想将摄像机 1 中的画面传送到节目线上,可以按下“CAM1”这个按钮;如果要把镜头转到摄像机 2,可以按下按钮“CAM2”,这时,“CAM1”按钮会自动取消选择,而摄像机 2 的画面会被传送到节目线上。

预置总线(PVW,Preview):也称预监总线,这条总线的按钮数量、类型和排列与PGM总线完全一样,功能也相似,预监总线输出的图像信号不是提供给播出和录制,只是在播出前作预览用。预监总线按键的选择切换只会在预监视器上变换画面,并不影响正常的播出。例如导播按下预置总线上摄像机1的按钮,摄像机1的画面只会出现在预览监视器上,不影响PGM的输出,一般使用预监视器和预监总线按键寻找下一个切换画面。

切换台上有一个节目/预置过渡区域,它由一个控制杆和几个按键组成,用于实现节目总线与预置总线之间的过渡。

混合/效果总线区域以及混合/效果过渡区域

除了切换以外的其他过渡,都需要多加一条或更多的总线。混合总线由两条总线(称为混合总线A和混合总线B)和一个控制杆组成,控制杆用来控制过渡速度。另外在操作过程中,还需要混合/效果过渡区域的一个混合控制键MIX,按下MIX键,混合总线得到的混合信号输出才能通过节目总线输出。

两排或更多的总线可以实现过渡,如叠化、划像和更高级的效果,特定的过渡区取决于在切换台上选择适当的控制。

切换台面板上的其他区域还有:渐隐到黑及下游键部分、摇杆定位区域、图形/数字键盘、外部链接以及电源区域、特效设定以及系统设置区域、色度键选择区域、展示面板及菜单控制区域。

2. 基本功能的操作

混合操作

混合也称为慢切换,是将两路信号在幅度上进行分配组合,以缓慢变化的方式使电视屏幕上的一个画面渐显,另一个画面渐隐,屏幕上会同时出现两个画面。转换的速率可手动控制,也可以自动控制,如果停留在转换过程中的某一状态,则可得到叠画的艺术效果,如图7-30所示。

图7-30 混合效果

在此切换台中,可以选择三种切换方式。

混合切换:在这种切换方式中,前画面逐渐淡出,后画面逐渐淡入。在切换的中点,前后两个画面的输出电平均为50%。

完全添加混合切换:在这种切换方式中,后画面逐渐淡入遮盖前画面,前画面在切换开始时并没有变化。在切换的中点，两个画面的输出电平均为100%，然后前画面开始逐渐淡出。

无添加混合切换：在这种切换方式中，电平的变化与完全添加混合切换完全相同，但并不是两个输出视频信号添加到程序输出，两路视频信号在切换过程中会被比较，只有拥有最高亮度的视频信号才会被输出。

具体操作步骤如图7-31所示。

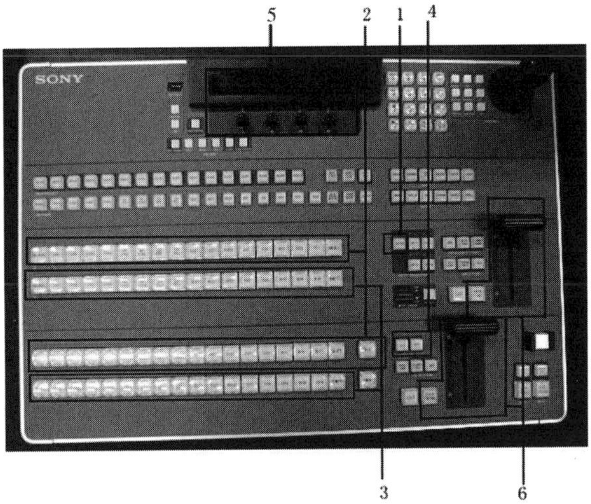

图7-31　混合操作步骤示意图

(1)在混合/效果过渡区域，按下BKGD键。

(2)在节目/预置总线区域按下一个节目总线按键，或者在混合/效果总线区域按下一个混合/效果A总线来选择一个切换之前的画面。

(3)在节目/预置总线区域按下一个预置总线按键，或者在混合/效果总线区域按下一个混合/效果B总线来选择一个切换之后的画面。按下的键钮呈绿色，已经选择的画面在预监显示器上出现。

(4)按下切换类型选择按钮来选择切换的类型：按下MIX按钮可进行MIX切换。

(5)按照需求选择切换率。在混合/效果过渡区域或者节目/预置过渡区域，按下混合切换类型选择按钮。切换率菜单出现在展示屏幕上：Rate：PGM＝30、DSK＝30、FTB＝30。旋转F2、F3或者F4旋钮来改变相应的切换率。

(6)执行切换：按下AUTO TRANS按钮或移动推杆。后画面逐渐混合入前画面，并逐渐替代它。

划像切换以及DME特技划像操作

划像又称为扫换、电子拉幕或分画面特技，它是使一个画面先以一定的形状、大小出现于另一个画面的某一部分，接着按此形状使其面积不断扩大，最后完全取代另一画面。划像效果如图7-32所示。

图 7-32 划像效果示意图

具体操作步骤如图 7-33 所示。

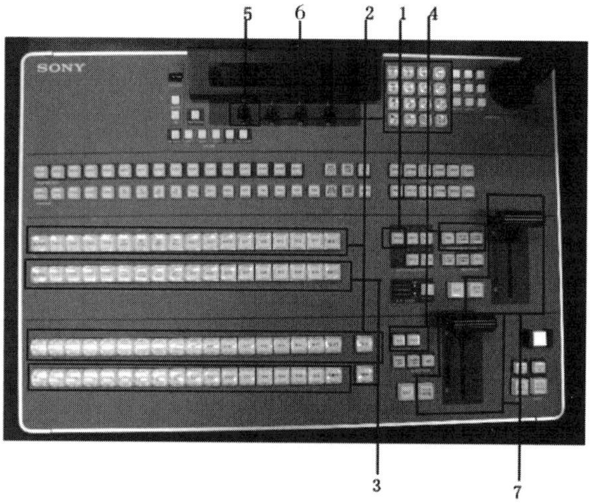

图 7-33 划像操作步骤示意图

(1)在混合/效果过渡区域,按下 BKGD 按钮。

(2)在节目/预置总线区域按下一个节目总线按键,或者在混合/效果总线区域按下一个混合/效果 A 总线来选择一个切换之前的画面。

在节目/预置总线区域按下一个预置总线按键,或者在混合/效果总线区域按下一个混合/效果 B 总线来选择一个切换之后的画面。按下的键钮呈绿色,已经选择的画面在预监显示器上出现。

(3)在混合/效果过渡区域,按下切换类型选择键 WIPE 或者 DME 。

(4)或者在节目/预置过渡区域按下叠化切换类型选择按钮。

当混合/效果过渡区域的 WIPE 按钮被按下后,混合/切换划像菜单在显示屏上出现。

混合/切换划像菜单显示如下:

M/E Wipe Pattern
Pat=0 Wid=9. 1 Soft=12. 5 Src=W. Bd

当 DME 按钮按下后,DME 菜单出现在显示屏上:

DME menu

M/E DME Pattern
Pat=0

当节目/预置过渡区域的 WIPE 按钮按下后，节目/预置划像菜单出现在显示屏上：

P/P Wipe Pattern
Pat=0 Wid=9.1 Soft=12.5 Src=W.Bd

(5)旋转旋钮 F1，选择一个划像或者 DME 的形式。

(6)按照需求设定切换率。在混合/效果过渡区域或者节目/预置过渡区域，按下混合切换类型选择按钮，切换率菜单出现在展示屏幕上：Rate：PGM=30、DSK=30、FTB=30。旋转 F2、F3 或者 F4 旋钮来改变相应的切换率。

(7)执行切换：按下 AUTO TRANS 按钮或移动推杆。根据选择的形式，后画面逐渐取代前画面。

键控合成画面的操作

键控又叫抠像，是在一幅图像中沿一定的轮廓线抠去它的一部分而填入另一幅图像的特技手段。在电视画面中插入字幕、符号，或以某种较复杂的图形、轮廓线来分割屏幕时，需要采用键控特技。

键控特技实质上也是一种分割图像的特技，只是分割屏幕的分界线多为不规则形状，例如文字、符号、复杂的图形或某种自然景物等。“抠”与“填”是键控技术实质所在。

正常情况下，被抠的图像是背景图像，填入的图像为前景图像，用来抠去背景图像的电信号称为键信号，形成这一键信号的信号源称为键源，如图 7-34 所示。

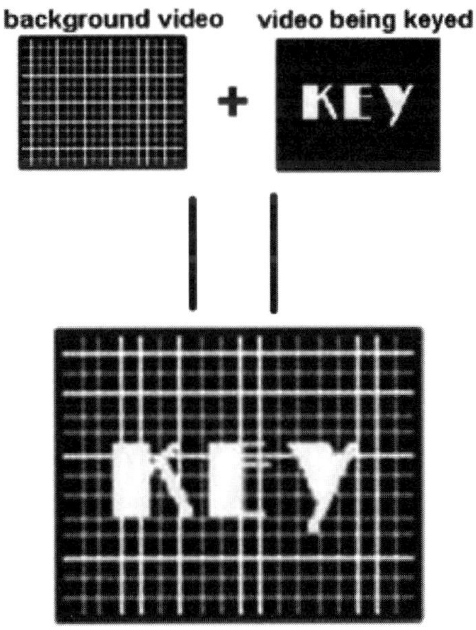

图 7-34　键控效果示意图

键控的类型如下：

外部键控：运用独立的信号作为键控填充以及键控源。

自身键控：运用同一个信号作为键控填充以及键控源。

色度键控：键控基于的是色度数据而不是亮度数据。色度键控不能使用下游键。

键控的设定方法如下：

(1)在主要/辅助总线控制区域，按下设定键控的按钮。

(2)在色键区域，选择抠像的类型。

(3)在根据选择的抠像类型而出现的菜单上，设定抠像参数。

插入键控的方法如下：

在切换台上通过混合切换、划像以及 DME 划像切换来插入抠像，这里以混合切换为例介绍抠像插入的步骤，如图 7-35 所示。

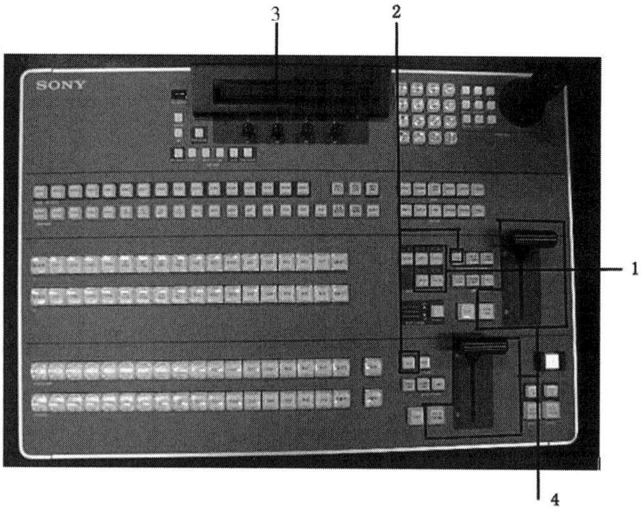

图 7-35 使用混合切换进行键控(抠像)的操作示意图

(1)在设定键控信号的基础上，按下 NEXT TRANSITION 选择按钮，来选择已经设定的键控。

(2)按下 MIX 按钮。

(3)根据需要设定切换率。

(4)使用 AUTO TRANS 按钮或者操作杆来执行混合切换，插入抠像。

3. 切换台主要控制接口

切换台通过控制接口的设置可以控制演播室的其他设备，例如切换台从录像机或硬盘机的输出获得视频，需要切换台通过触发 DEV 效果发生的时间和方式来控制外部设备，能够操控图像发生器和其他图像设备。

RS422 是串行通信信号，使用 9 芯 D 型接口，主要用于设备之间的遥控与被控。例如，切换台通过 RS422 信号被编辑控制器控制或者切换台通过 RS422 信号控制录像机或其他设备。

GPI(General Purpose Interface)是在广播电视设备中极为常见的接口。它主要是利用外来脉冲触发本机的一些动作，如通过触发“RUN”或“STOP”键来运行数字特技。GPI 接口的通用性强，无任何通信协议的限制，只是由脉冲信号触发。GPI 接口在电视设备中的应用极为广泛，不论何种类型的切换台和编辑控制器均具备 GPI 接口。

GPO 是指切换台向外输出开关信号以触发其他设备。如 TALLY 信号是切换台输出的一组开关信号，用来触发 TALLY 指示灯，提示当前正在被切换台切出的信号源。

切换台技术发展日新月异，能完成很多以前不可想象的功能。内置特技、内置RAM已经作为切换台的标准配置，内置特技可以完成二维或三维的特技效果，内置RAM可以存储上千幅静止画面或几十秒的动画，如此一台切换台就可以完成以往一台切换台加一台数字特技机再加一台图形发生器才能完成的效果。

切换台的操作上也有很多新的技术产生，其中最主要的两个是宏命令（Macro）和切换台面板按键功能的重新指定（Remap）。宏命令可以允许制作人员事先记录一系列的切换台操作命令并存储起来，使用时只需按一个键就可以让这一系列命令在切换台上按预先设定的顺序执行。切换台面板按键功能重新指定是指切换台允许按照制作人员的操作习惯，由制作人员随时简便地对面板的按键功能作重新指定，极大地拓展了切换台的功能。

（二）演播室节目导播

导播室主要由导控台和监视器墙两大部分组成。

导控台上分区域分别安装灯光设备和视频设备。主要包括灯光调光台、摄像机遥控单元、应急切换面板、切换台控制面板、特技操作面板、编辑控制器、现场屏幕切换面板、字幕机等设备。制作人员可以在这里调整演播现场的灯光效果，控制摄像机光圈，切换不同摄像机的画面，插播录像，切换现场屏幕显示画面，制作电视字幕等等。

监视器墙位于导控台的正前方，由主监、预监、电视接收机、多路信号源监视器、TALLY提示灯等设备组成。

电视节目导播是多机电视节目制作中一个工种的名称，负责监看和调度各个摄像机拍摄的画面及其他来源的画面信号，利用视频切换台切换选择并播出画面。按岗位分为总导播、助理导播、场地导播、慢动作导播、字幕导播、切换导播等。

导播是个特殊的岗位，需要具有较强的观察力、反应力、协调能力以及调度能力，在常态化的电视节目制作过程中，导播配合制片人编排串联单，撰写串接词，统筹整个制作过程，与主持人、影像编辑、字幕编辑、切换员、摄像人员、音频人员、技术保障人员等多个工种的人员配合完成任务。

在准备阶段，导播最重要的工作就是编排串联单。串联单一般由片头、主持人主持文稿、节目内容和片尾组成，有时会增加电话采访、现场连线或嘉宾访谈等环节。导播在制作串联单的阶段，需要和制片人、主持人、编辑进行充分的沟通，除了和制片人确定编排顺序、主持文稿之外，还要和编辑确认每个小单元的准确时长，和负责播放影像的编辑核对最终的影像片段的顺序和长度。

在制作过程中，导播观看监视器。导播间配备有多台监视器，呈现有主持人的全景机位、近景机位、备播画面、录制节目画面、资料画面等。最重要的监视器有两台，一台是主监，呈现正在播出的画面；另一台是预监，呈现即将播出的画面。导播通过摄像机的监视器画面对摄像师下达指令，选择最佳画面，及时切出，在主监播出画面；观察预监画面，及时发现节目的失误以便进行补救。

导播应依据分镜头本或摄制提纲，及时给相关工作人员下达指令，如提前提醒主持人下一步的工作内容，提醒影像编辑准备播发片段，提醒字幕人员准备上字幕等。导播要监听声音、作出判断，并给调音师指令使音响效果配合良好。

下达制作指令的系统是双向通话系统，但通话往往是单向的，导播讲、摄像听，这样导播所受干扰很小，有利于顺利制作。有时还会关闭摄制人员的耳机话筒，以免外部声音进入内部联络系统，干扰通话。有时也需要摄像师反映现场情况提示导播并做出回答。

导播需要应付各种突发的情况，出现差错时须保持镇静，如摄像师突然把镜头摇走，应马上切换到另一台摄像机；又如演员出现差错，可通过镜头遮掩。在把握整体播出流程的前提下，导演应注意控制开始和结束的时间，在节目即将结束之前的三到五分钟控制节目节奏及内容，对各工种进行倒计时提醒。

导播既是一个需要全面控制制作现场，精确掌握节目时间，把握播出质量及成片面貌的决策者，又是一个需要协调各部门工作人员共同完成制作的指挥者。

导播下达的指令必须明确、清晰，使用通用的术语。下达指令是导播工作的重要内容。导播对于指令的下达一般采用较为规范的术语并遵循一定的原则。口令循环原则是指当导播使用完某台摄像机的画面后马上就要告诉该摄像师下一个镜头的要求，不能让他茫然而无所适从。口令时机原则是指在录制过程中，导播的口令可以分为预备口令和正式口令，是导播在有限的时间内对各种指令先后主次的分配。导播下达指令，声音必须洪亮清晰，使全体直播人员集中注意力，顺利完成任务。

在节目录制正式开始前，导播通过对讲机呼叫摄制组内需要对导演的指令做出反应的成员，询问大家是否已准备好，询问现场导演是否已准备好，并指示哪台摄像机首先拍摄，宣布播出前还有多长时间，再次提醒每个人注意第一个指令，检查录像是否已准备好，摄像和音响是否已准备好；节目录制正式开始后，准确地发布口令，调度机位，现场切换，叠加字幕和特技画面，加入声音效果和背景音乐。如果是录播，还可以在节目录制过程中安排流动机位，录制现场空镜头和节目内容，拍一些特殊角度的镜头。

（三）演播室节目制作流程

演播室摄像机分为座机、便携机、摇臂机和顶拍机。座机也称固定机位，在节目制作中位置基本不变，可以利用三脚架的功能升降和左右摇摄。便携机也称游动机，在节目制作中很灵活，可以来回变换位置，有时摄像员可将其肩扛至舞台直接拍摄，有时可以当作固定机位使用。摇臂机的操作比较复杂，主要可以分为带座位、全遥控及全手动三种，其中只有部分摇臂具有臂杆收缩的功能，摇臂机在很大程度上丰富了电视节目的镜头语言，使镜头画面更加动感和多元化，给镜头画面增加了磅礴的气势和纵深的空间感，使观众有身临其境的感觉。由于摇臂机的特有长臂优势，经常能拍到其他摄像机不能捕捉到的镜头。顶拍机主要吊挂在舞台中央的上方，用于节目的全景俯视拍摄。

电视演播室根据不同的节目类型可以进行不同的演播室机位设置。新闻类节目一般是两位节目播音员轮流播报节目，并且一般没有现场观众，制作中通常使用三台摄像机，包括两台座机和一台摇臂机。两台座机分别给两位节目播音员近景镜头，摇臂机负责节目开始和节目完成时的全景。

谈话类节目一般是一个节目主持人和几个谈话嘉宾，此类节目一般有少量的现场观众。节目制作中通常使用五台摄像机，包括三台座机、一台游动机和一台摇臂机。两台座机和一台游动机分别轮流给节目主持人和谈话嘉宾镜头，另一台座机则负责正面全景，摇臂机负责观众和节目的侧全景。综艺类节目一般是两个或多个节目主持人负责播报节目和串台，很多演员负责表演各个独立的节目。这类节目通常有大量的现场观众。节目制作中通常使用八台摄像机，包括四台座机、两台游动机和两台摇臂机。①

1. 演播室节目制作

综艺节目的现场录制要求所有节目尽可能一次性、高质量地完成。这就对各工种的工作人员、主持人及演员提出了更高的要求。节目制作主要包含以下流程：

(1)节目准备

与相关负责人员沟通，了解节目时长、机位要求、节目类型等基本情况。布置节目会场、确定机器架设位置，如主机应尽量架设在舞台正前方，以便于捕捉舞台全景以及节目开场的镜头。为防止观众突然站起时进入镜头而影响拍摄，应在位置较高的地方设置副机位并确定游动机、摇臂机的位置等。充分利用三角机位（“品”字形），避免各机位相互影响，如游动机进入主机位镜头的情况要尽量避免。综艺类节目《非诚勿扰》的场景图如图 7-36 所示。

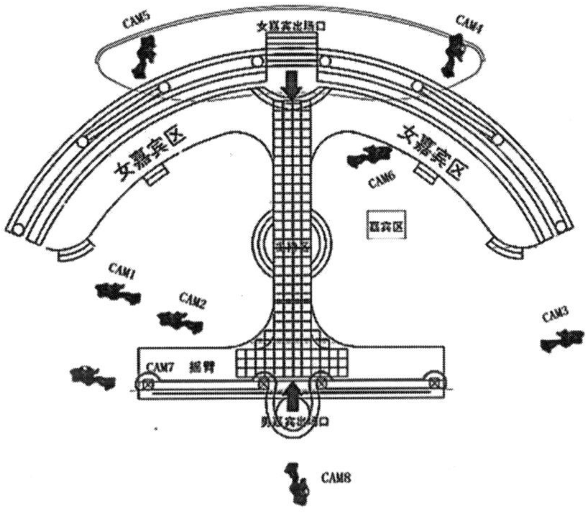

图 7-36　《非诚勿扰》节目场景图

(2)节目排练

排练也称走场。排练分为不带机排练与带机排练两种。排练能帮助摄制人员、演员等全体工作人员充分了解导演意图和现场环境。导演通过排练可以进一步完善节目设置，确定各个环节的顺序，确定每个节目各个机位的拍摄角度，细化节目演员分布、演员站位、更换景别、特殊拍摄要求等问题。摄像师可在拍摄位置熟悉现场情况，根据演员的位置变化，练习调节跟拍的速度以及焦点的变化。带机排练中往往能暴露出很多问题，比如，道具上下场时间长短、两个节目之间如何衔接、舞蹈演员上下场时如何避让镜头等。针对发现的此类问题，现场导演可以有针对性地协调解决。

(3)节目录制

节目排练后，编播人员会根据节目内容将要录制的节目进行编排，形成一个节目录制流程单。导演、灯光、视频、音频等工作人员将按照该节目流程单的顺序进行节目的录制。

---

① 徐威、李宏虹：《电视演播室》，中国广播电视出版社出版 2006 年版。

在节目录制前要做好现场环境的检查。负责录音的机器需配备耳机以便实时监听录音;所有数据线在铺设完成后,为防止意外脱落,需要全部用透明胶粘贴固定。

在节目录制过程中,工作人员特别是摄像师应尽量处于隐蔽位置,避免出现穿帮镜头。演播现场一般由现场导演负责。在节目录制时,因大部分节目均为现场同期录音,在节目开始录制时,要提醒所有工作人员和观众关闭手机或将手机调至振动状态,避免使用闪光灯照相,以防对声音及画面质量造成干扰。演员一般在离录制现场不远的候播厅内候场,舞台监督要负责催场。一般开场时,前三个节目的演员应在台口候场,其余演员均应提前三个节目候场。

在节目开始前现场导演一般会进行热场,说明节目内容,调动观众情绪。节目录制过程中,在现场要安排工作人员领掌,如果是抒情歌曲或音乐,也可以带领观众有节奏地挥手或舞动荧光棒。

在节目录制过程中,现场导演应该简单记录有哪些节目或环节由于现场原因需要补录,并及时通知演员和相关的舞美、道具等各种工作人员,以便在整场节目录制工作结束后,组织大家进行补拍或重录。同时,导播室内的助理导演或场记也应该做好同样的记录工作,比如主持人的口误、导播切出不完美的画面等情况。在录像结束后及时提醒导演以确定是否需要补拍。

总之,节目现场录制是一项集体工作,需要各工种紧密地协调配合,共同完成。

2. 演播室节目直播流程

演播室直播是把电视台演播室里制作的电视节目,通过直播形式传送给广大的电视观众,这类直播通常包括新闻节目、谈话节目、教育节目以及综艺节目等。直播时可以通过使用电话、计算机等反馈系统,让观众直接参与到节目制作、演播过程中来,随时获取观众的反馈和意见。在有些节目中,还会实现演播者同观众的沟通、对答和论辩等。

尽管直播节目和其他电视节目一样,在制作过程中要涉及前期的策划准备、节目的制作、节目的播出过程,但由于在直播节目中,在事件发生的同时就要把信号制作完毕并传送出去,这就使得直播节目的导播不可能完全操控整个过程,只能根据不同的内容来安排制作。

在直播节目中,一些节目可以经过选择和设计,一些节目则完全需要根据事态的发展来进行转播。因此,在前期策划中,要根据不同的节目内容来安排直播计划。

直播方案的案头工作主要包括:对现场直播时的场面调度、镜头拍摄等作出一定安排,即做好直播的分镜头工作;撰写现场直播的相关文字稿,包括一些背景资料的介绍、现场解说词的撰写等,需要采访的还要准备好采访大纲。现场直播的电视节目中,场面调度要根据实际情况来安排。如春节晚会等文艺节目当中,编导可以根据需要来安排演员的走位、出场路线、表演动作。在一些大型事件的报道中,如三峡大坝合龙、钱塘江大潮的直播,便要根据实际情况来安排好摄像机的位置。同时也要做好文稿的工作,包括一些背景资料的整理,以备在解说时使用。

保障电视演播室直播安全的前提条件是做好直播前的技术准备工作。这项工作主要分为两部分：直播前各项系统设备的检查以及直播前信号的校对。

为保证直播安全，各工种技术人员应对本系统中各项设备进行严格仔细的检查，杜绝任何对直播安全造成威胁的事故隐患。其中，摄像机、切换台、放像机、录像机、字幕机、特技机、同步机系统、信号传输通道、应急切换设备为检查的重点。应提前制定好各项应急备份措施。直播前演播室必须和主控校对信号。校对方法是：大型节目一般在直播前60分钟，新闻日播节目一般在直播前半小时，将本演播室到主控的主、备发送通道都切出本系统彩条和千周信号，检查主控传输通道是否通畅，同时进行信号质量和相位的检查。如果演播室需要接收主控送来的外来信号，直播前还需要将主控彩条和千周信号发送给演播室，以便校对主控到演播室的接收通道。

直播前的信号校对除检查传输通道的通断和信号质量外，还有一项重要内容就是对信号相位的校对。在数字系统中，数字播控台的每个输入接口都配置自动相位校正器，只要进入播控台信号的相位误差在校正器的校正窗口范围内，播控台都可以进行自动校正。目前，一般数字播控台的校正窗口大约为相对基准信号的正负半行，即校正窗口为1行左右。一般情况下，当演播室的同步机工作在外同步方式时，由演播室数字切换台和传输通道造成的信号相位时延都能落在播控台的校正窗口之内，基本上不需要演播室同步机作相位调整。

对音频系统来说，传输通道的电平校准非常重要，要求发送端电平和接收端电平保持一致。千周信号是频率固定为1000Hz的音频信号，它对音频电平的校准非常关键。直播前，演播室调音台送出一个0dB的千周信号到主控，从主控输出后，幅度也应该保持在0dB左右。如果不是0dB，一般由演播室调音台的主输出推子调节。信号校对完毕后，直播过程中调音台的主输出基本就不再变动。

视频系统中最重要的设备当属切换台，当切换台发生故障而不能进行信号切换时，如果没有可代替的应急切换设备，直播就无法进行下去。因此，直播演播室必须配置备份切换设备，在切换台发生故障时，能够快速简单地切换出替代的信号源。

直播演播室通常采用的应急切换设备有切换器和矩阵。小型演播室由于系统比较简单，通常不配备矩阵，多采用切换器作为切换台的应急备份。大中型演播室系统比较复杂，一般配备矩阵，通常为矩阵的某路输出配置一个切换控制面板作为切换台的应急备份。切换器和矩阵都只能对信号源进行简单切换。

在直播过程当中，各工种制作人员要负责好自己的工作。摄像师要按照事先准备的摄像方案，在导播的指挥下按要求拍摄画面；现场主持人要时刻与导播保持联系，有时根据实际情况需要增加采访或者介绍情况；现场录音要负责好声音的录制；技术人员要保证信号传输的畅通；导播在助手的帮助下协调各方面，最终决定传送的画面和时间。

第三节　演播室新技术

虚拟技术在节目中的运用，使得电视节目进入了一个无限的想象空间，可以实现各种新颖、奇特的创意。虚拟演播室技术以及虚拟植入技术的原理是什么？它们在节目中是怎样被应用的？

一、虚拟演播室

虚拟演播室是一种独特的电视节目制作技术，它的实质是将计算机制作的虚拟三维场景与电视摄像机现场拍摄的人物活动图像进行数字化的实时合成，使人物与虚拟背景能够同步变化，从而实现两者天衣无缝的融合，获得完美的合成画面。在电视节目制作中，虚拟演播室可以降低节目制作成本，拓宽节目制作者的创作空间，增加节目的真实感。

（一）虚拟演播室系统原理

虚拟演播室是由计算机主机及软件、现场摄像机、摄像机跟踪器、图形图像发生器、色键器以及视音频切换台等构成的节目制作系统。

图 7-37　虚拟场景示意图

虚拟演播室的工作原理是以计算机三维动画“虚拟”出的场景取代道具实景，摄像机所拍摄的现场不是一般意义上主持人或演员活动的地方，而是虚拟画面应用空间的组成部分。现场所有布景全部由单一的蓝色背景所取代，以蓝色作为将来抠像的基准色。图像的前景是不同机位摄像机拍摄的主持人画面素材，主持人所在实景现场的全部蓝色区域将填充为计算机三维动画生成的虚拟场景。

虚拟演播室用的实景现场虽然被简化成单一的蓝色，但并不是任何东西都不要。如果节目中表现主持人从楼梯上走下来，现场也必须设置一些涂成蓝色的几何块状物体作为“楼梯”，以便与计算机生成的楼梯相配合，如图 7-37 所示。

虚拟演播室系统可分解为三个部分：摄像机跟踪部分、计算机虚拟场景生成部分及视频合成部分。

虚拟演播室技术可以对背景进行调整或移动，使之与摄像机的运动同步：使用一个所有位置、参数都能够被测量的摄像机系统，让它与一个计算机系统相连接，则该计算机系统能够使用这些数据控制背景图像的生成，使背景与摄像机同步运动，即前景图像与背景图像建立起正确的透视关系。

虚拟演播室系统在现场拍摄及录制过程中，使用计算机制作的三维模型场景、现场拍摄的演员、录像机以及其他信号源合成在一起，保证了现场演员在虚拟演播室中与三维背景呈现真实的透视关系，同时允许插入视频片段、互相作用的三维特技效果、图形/音频及其他元素。这些效果可以是事先准备好的，也可以是导演现场的决定，所有的三维场景应该形成由同一台摄像机拍摄的感觉。

“虚拟演播室摄像机”进入合成系统后能够实现许多功能，能在演播室范围外游移，以完全不同的场景出现或者飞出演播室之外，在运动中安全平滑地返回虚拟演播室场景，以及过渡到真实的摄像机。虚拟蓝背景技术允许摄像机表现蓝背景以外的场景，不受现场演播室的局限。

虚拟演播室系统原理如图 7-38 所示。

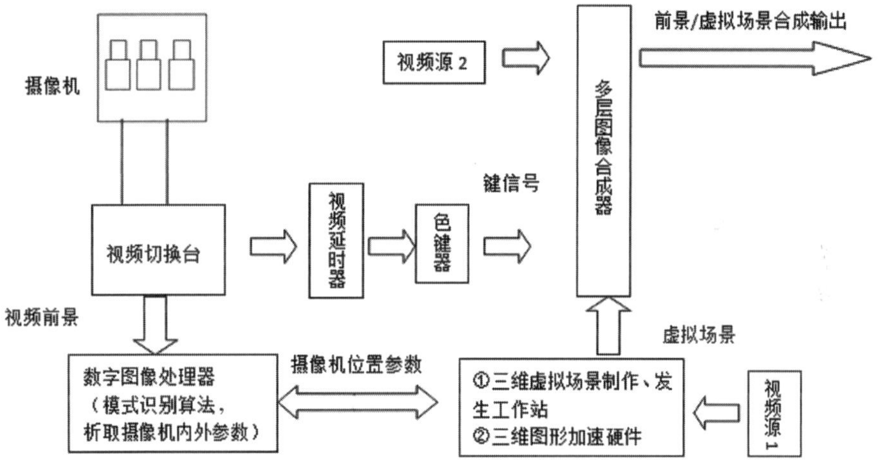

图 7-38　虚拟演播室原理图

摄像机运动跟踪系统将获取的摄像机运动参数进行处理后，控制背景图像生成装置，使生成的背景图像与前景图像保持正确的透视关系。最后，摄像机所拍摄的前景与背景在色键合成器中合成并播出。

（二）虚拟演播室关键技术

1. 摄像机跟踪技术

摄像机跟踪技术的目的是将摄像机当前的位置、方向和镜头参数通过 RS-422 或 RS-232 接口输入计算机，控制计算机将其计算的控制数据输入背景制作的计算机中。背景制作的应用软件根据这些参数调整虚拟摄像机的位置、方向和镜头参数，使虚拟场景产生对应的变化。

镜头参数的确定：ENG/EFP类型摄像机的镜头安装在特殊的柱架上，柱架上有特殊的编码器，能够检测出四个轴（上下/左右/推拉/聚焦）的参数变化，将其数据编码输出，柱架的齿轮必须和聚集/推拉行紧密咬合，以保证聚集参数的准确性。

方向参数的确定：上下左右的位置参数由液压基座上的编码器得到。编码器可以安装在三脚架上，也可以安装在云台上。编码器能够测量摄像机上下左右运动的角度，得到上下左右的位置参数并进行编码输出，测量精度很高。

位置参数的确定：通常摄像机是安装在三脚架、云台或升降臂上的，所以位置参数（地面位置X、Y，高度Z）由三脚架、云台或升降臂的参数决定。可以用类似编码器的方式测量，也可以采用读条码的方法，使用安装在三脚架上的一个专用广角摄像机拍摄一个垂直固定在演播室地面上的条形码板，可以测量出摄像机三脚架的方向参数，而且能给出三脚架的方向参数。

摄像机的锁定：虚拟演播室空间可以是任意大小的，虚拟演播室的摄像机和实际的摄像机没有任何直接关系。这意味着与某台实际摄像机对应的虚拟摄像机可以放在虚拟演播室的任何地方。虚拟摄像机的左右摇摆轴的起始点也可以是任意的，这两个方面决定了我们所能看到的虚拟演播室的场景内容。为了保证在实际摄像机之间进行切换时，实际的景物和播音员在虚拟演播室中的位置和其他虚拟景物的位置关系不变，必须将虚拟摄像机进行区域锁定，使虚拟摄像机和实际摄像机之间的距离一致。

摄像机运动跟踪图形识别法：在演播室的蓝背景上绘制两种深浅程度不同的图形进行测试，虚拟演播室的最初值确定之后，当摄像机的机械运动参数发生变化时，它所拍摄的背景图形的特征也发生相应变化，通过测试图形的变化，经过运算可以确定摄像机上下左右和镜头推拉的变化量。

具体方法是选择格子图案。在深蓝色的幕布上用浅蓝色绘制出带有特定格子图案的蓝箱。蓝箱整体采用与传统演播室相同的蓝色，下面有用浅蓝色组成的格子图案，倾斜放置。

实际拍摄时，利用电率差在由深蓝色格子图案组成的背景中，可将浅蓝色格子图案分离出来。摄像机在不同角度不同位置摄制的图案具有不同的特征。通过对这些特征的运算，能够确定摄像机的镜头状态、倾斜角度及空间位置参数。用这些参数去控制背景生成装置，就可以生成出与前景匹配的背景。

此方法的优点是不需要传感器，便携式摄像机也能跟踪，可以直接使用演播室的原有摄像机而无需改造，不足之处是蓝箱的组成是两种色度的蓝色，有敏感的色度键效果，往往造成阴影的消失，如果缺少所需的那部分图案或者散焦，则会引起跟踪停止。这样，数据处理时间较长，加大了视频延时量，比起传感器精度略差些。

2. 背景

虚拟演播室的背景图像可以是采自录像机或摄像机的活动图像，也可以是静止图像。实际上使用最多的是由计算机创作的二维或三维图形CG（Computer Graphics），即虚拟场景。与一般演播室的场景设计不同之处在于，不用考虑演播室场景设计中所需的道具制作、运输、储藏等费用，能够设计现实中不存在的物体。

对虚拟场景中的所有物体进行设计，如物体的外形和衬景，即建立三维模型，计算机会分解成许多多边形，在每个多边形上施加材质，描绘处理，如简单的颜色、砖头、木头、水泥或皮毛等。可以把图像或照片施加在多边形上，产生更逼真的效果。

模型定位后，使用虚拟灯光产生所需要的效果，如阴影、高光、反射和折射等。利用来自摄像机编码器的数据建立虚拟摄像机，用虚拟摄像机实时生成场景，保证虚拟场景与背景图像有正确的透视关系，需要计算机工作站作为虚拟背景生成装置。虚拟背景应在演播室使用前制成并存成文件形式。

蓝箱技术即蓝背景，它与一般演播室的蓝背景不太一样，它必须有两面或三面墙加上地板而不是单景片，拍摄时有较大的摇摄余地，能够利用较大的虚拟布景区与演员及道具合成。

蓝箱的限制是：摄像机拍摄范围不能超过蓝背景，只能在蓝箱的物理边界内拍摄。为了让摄像机能够越出蓝箱，虚拟布景软件要提供真实蓝背景之外的一个“虚拟的蓝背景”进行遮挡。利用这一技术能够产生一个“虚拟的天花板”遮挡真实背景墙上（蓝箱）的各种实物（尤其是灯具），也可以产生实际摄像机 360°旋转的效果，这些是一般演播室里无法实现的。

3.灯光

灯光在虚拟演播室节目制作中十分重要，为了消除不需要的阴影，保证色键的效果，应重视灯光的布置。

首先，要合理调配灯光，使前景与虚拟背景的照明亮度及方向匹配。在蓝背景区域内，不仅需要顶部悬挂灯具，沿墙面和地面还需要增加灯具。对于需要色光的节目，由于色键制作的限制，布光会很困难，虚拟布景中能容易地完成预先的灯光状况之间的叠化。

虚拟演播室中，实际光源和虚拟光源之间的同步变化非常重要。要求演播室灯光的控制必须计算机化，实际光线的任何变化都可以被计算机产生的背景检测，触发虚拟灯光随之变化，反之亦然。此时，色键控制器也会同步取出适合新的灯光状况的设置。

其次，影子问题。演员及真实道具在蓝箱投下的影子也要随演员及道具一起进入虚拟空间。为了更好地拾取阴影，灯光的设置应使阴影处的蓝色电平与背景蓝幕布的蓝色电平有较大的区别。影子的方向也要和虚拟空间中的光源方向一致。为了表现虚拟背景中反光地板上的影子效果，可以在蓝箱地板上铺设蓝色透明塑料。虚拟演播室的影子效果一般只限于地板，但如果要求演员或真实道具的影子投射到虚拟空间的墙壁上，就要在蓝箱中相对应的位置上放一个大的蓝色物体以产生这种阴影效果。如果要求影子投射到虚拟空间的不规则物体上，实际则很难在蓝箱中用灯光模拟出逼真的影子效果。

灯光的布景决定着虚拟背景的真实感，仔细观察会感觉到一些不“真实”的痕迹，实时制作一些灯光效果是不可能的，必须要事先制作处理。如追光或地面光线的改变造成在光束方向上虚拟景物的阴影变化，就很难实现。

4. 色键

虚拟背景与前景图像的混合是通过色键合成器完成的。色键制作的质量与蓝背景、制作环境的灯光和摄像机有关系，色键合成器本身的质量也非常重要。

高档次的色键合成器具有外底遮挡的功能，监测演员在蓝箱中的位置，并根据位置信息产生一个遮挡键信号，使前景和背景合成。虚拟场景不仅可以作为背景使用，还可以作为前景使用。

5. 延时

实际虚拟演播室会产生视音频延时，延时的原因是处理来自摄像机传感器的原始数据和用户接口上处理摄像机运动和镜头运动数据需要花费时间，所以，在摄像机的输出要增加延时，以保证前景运动与背景运动之间的时间关系，同样，音频也得进行相同的延时，以保证观众不会超前图像听到声音。

6. 计算机

虚拟演播室系统一般有两套计算机系统，一套用来处理摄像机跟踪的数据，常用高配置的小型计算机工作站；另一套用于虚拟演播室的场景制作，一般为大型计算机工作站，具有足够的计算能力，多重任务处理功能，极强的绘画功能，实时和抗闪烁的处理能力，带 Alpha 通道的广播级质量，控制其他视频和音频设备的能力等，支持实时操作系统，能够与系统锁相。

7. 二维虚拟演播室

二维虚拟演播室系统是一个处理摄像机运动和镜头运动的视频图像系统。使用串行分量数字信号，可以将背景图像增大八倍而不出现马赛克现象，能够处理的背景素材范围不受限制，背景可以是活动画面，也可以是静止图像。此系统包括一台摄像机、一台计算机、一台背景处理器、一台视频延时器和一台色键器。

将来自摄像机的上下俯仰左右摇摄、变焦等参数输入计算机里，计算机将这些参数进行编码、产生控制信号，输入到图像处理器，控制背景图像的变化，使之与前景图像运动同步，由于图像处理器可以输入任何信号源的串行信号，包括计算机非实时生成的图像，但是它会有延时，所以各路信号要加延时。

二维虚拟演播室系统不需要生成实时前景的大型计算机，比较适合于制作上具有连续性和重复性的节目，如新闻、体育、天气预报和现场事件报道等节目，也适合于直播节目。

8. 三维虚拟演播室

摄像机在演播室中是移动的，摄像机的位置参数会发生变化，输入到跟踪处理计算机的数据量大且复杂，需用大型计算机计算，同时还需制作实时的三维动画场景。它所制作的场景镜头变化是受摄像机跟踪处理计算机的控制，场景的变化与现场摄像机镜头的变化是一致的。

(三)虚拟场景设计

虚拟演播室技术中至关重要的一项就是场景的设计与制作。虚拟场景通常可用3ds Max、Softimage 3D、Maya等三维软件制作。首先应作总体构思,比如场景的大小与色调、虚拟物体的位置、演员的活动路径、确定遮挡图像的结构等等。其次在三维软件环境中调整坐标度量单位使之与实际使用相符,接着在三维软件的坐标系中画出与实际演播室尺寸相应的虚拟演播室和网格示意图,以虚拟网格的左下角作为整个场景的原点且与三维软件的坐标系的原点重合(实际演播室也将真实网格的左下角作为整个演播室的坐标原点)。然后在虚拟演播室和网格示意图中,按照构思画上虚拟物体与布景,选定插入电视墙的位置画上边框,赋上材质、纹理、贴图,设置灯光(注意与实际灯光效果配合)、调整三台虚拟摄像机的位置和视角等参数,待获得满意的结果后生成三幅虚拟场景和相应的遮挡图像。虽然虚拟场景可以设计得无限大,利用小演播室拍出大场面,但是要注意演员的活动范围只能在虚拟场景中的虚拟演播室示意图内,对于虚拟演播室示意图外的广大区域可望而不可即。所以在设计虚拟场景时,虚拟演播室示意图在整个虚拟场景中的位置相当重要,它决定了演员在虚拟场景中的活动范围。在有条件的情况下,真实演播室还是建得大一些好,可给演员留下足够的活动空间,演员不至于太接近蓝幕而受到蓝色反光的影响。

虚拟场景的制作是在计算机上完成的。其设计的特点是充满了灵活性和自由性,能从不同的视角生成场景以满足制作的整体要求,可以让主持人置身于一个足球场,甚至是一颗行星大小的场景内。场景的建立完全可以按照编导的想象,房间的桌子、椅子、广场大楼、人体各器官的模型、山河峡谷等等。

在实际节目制作中首先先将虚拟场景制作过程中的一些参数如摄像机的位置坐标、视角、插入电视墙的位置坐标、网格的位置大小数据、虚拟场景图像分辨率等输入图形计算机,且将真实摄像机按原设计的位置在演播室放好,供虚拟设备做好初始化设置。将实际物体按比例尺进行建模,给虚拟物体赋予彩色纹理或其他属性(反射或透明),对虚拟的场景进行灯光设计并且用纹理来描绘或生成,根据节目的内容,生成景物的纹理、颜色以及其他属性连续变化的运动图像,以获得原设计虚拟场景的透视效果。在拍摄时也可以放上真实的道具,但要注意真实道具与演员在做遮挡时会同时被前景遮挡,引起穿帮。在拍摄有虚拟桌子的虚拟场景时,为了使演员的手能搁在桌面上,还得制作相应大小的蓝色桌子。其次,需注意实际灯光与虚拟场景的配合,虚拟场景的色调不要太亮丽,演员最好避免穿黑色或过于浅色的衣服,否则会增加抠像的难度。在复杂场景中计算机快速切换较难,所以背景素材要适当地存贮,需要时再调用,尤其是日常重复性的,具有相同格式和场景的节目。导演会提出各种各样的想法,只要掌握虚拟演播室有关的基本技能,用计算机创作生成场景的设计师具备专业技能,编导、灯光师、演播室技术人员精诚合作,就能创造出想象力非凡的画面。

(四)虚拟演播室节目

虚拟演播室技术适合于新闻、采访、座谈、音乐、教育、体育报道、天气预报等多种类型的节目制作,能够为制作人员提供无限制的创作手段,制作效率高、修改方式灵活多样。

虚拟场景可以是真实世界的模拟,也可以是想象中的虚幻世界,不受真实条件约束,拓展了创作人员的想象空间。在小演播室中能拍摄出大场面、大气派和令人感觉新奇的节目。不需要搭建实景,不占用演播室制景和拆景的时间,省去庞大的道具仓库,缩短节目制作周期,节约人力、物力和财力。可方便地更换虚拟场景,各档栏目可连续录制,提高了演播室的利用率,虚拟场景能随时修改、反复利用,编导可携带虚拟场景文件在不同的地方制作节目。

新闻节目中,主持人播报新闻时,通常情况下摄像机几乎不动,使用虚拟演播室的新闻节目则可以让摄像机在演播室里来回移动以表现更多的动作,记者在进行报道时也可以在演播室里走动。

国外电视台在报道选举活动中的传统图表、框图和计算机控制的动画可以容易地输入系统,与当地选举资料动态结合,以免在选举节目中观众只能观看单调而重复的图像。

虚拟演播室技术越来越广泛地应用于各种不同形式的电视节目制作中,特别是在大中型体育运动会转播中虚拟演播室具有无可比拟的独特优势,能够直观地给电视观众一个全新的视觉体验及享受,诸如呈现水上比赛中漂浮在水面上的国旗、田径比赛中最远标线和世界纪录线。中央电视台在雅典奥运会、釜山亚运会、多哈亚运会、全国九运会以及北京奥运会中均采用了虚拟演播室技术。

在教育类电视节目中运用虚拟演播室技术从形式到内容都出现了许多新特点,有助于提高教育类电视节目的现场感和真实性。计算机模拟的人物参与到节目制作中,对于受众尤其是儿童很有吸引力,有助于教育节目制作出不同于以往节目的效果,引起学习者的兴趣,提升教学效果。虚拟演播室的场景功能为教育电视节目创造出多个“现场”(即场景),可以根据需求创建不同的“现场”,随心所欲地对演播室的布景进行制作与更换,这样就能够创作出以前无法实现的各种元素及效果。多场景的运用能丰富教育电视节目的表现形式,通过对真实场景和虚拟场景之间的转换,可有效地保持受众的注意力。虚拟场景的设计对教育电视节目可视性具有重要作用,不仅为演播人员提供活动空间,而且为学习者提供有意义的学习情境,帮助学习者进行意义建构和知识迁移。

大部分电视气象节目制作都利用了色键制作技术,用摄像机拍摄均匀的蓝色幕布前的主持人,然后通过色键设备把蓝色背景抠掉,换成其他背景图像。由于背景不能随拍摄前景的摄像机运动而运动,前景和背景只能简单叠加,缺乏逼真的视觉效果。

虚拟演播室系统中有完整的气象制作程序软件,如 3D Weather 创作软件可以制作 3D 和 2D 图形模板及动画,这些模板覆盖所有的气象数据,气象数据被输入实时模板后由 3D Weather 软件进行可视化处理。通过曲线及多边形代表任意天气数据现象,如气温、气压,台风和飓风,云层变化等。为了符合不同的气象节目要求,需要对模板重新设计制作，建立包含不同内容形式的虚拟演播室模型库。

遇到有重大气象事件发生，如台风来临、海啸影响、暴雨天气等，可以借助虚拟演播室模拟台风、海啸等场面，动画数据是可以改变位置和颜色的，例如，看天气预报的观众能看见气象预报员在雨中走动，为节目带来了更多趣味和创意。

虚拟演播室对节目制作人员提出了新的要求，从虚拟场景的设计、制作，到演播室的灯光布置、摄像机操作等，都不同于一般的演播室，也对演员和主持人提出了新的要求，如视线和走位就是比较关键的问题。

案例精选

2011 年，凤凰卫视的气象节目《凤凰气象站》进行了改版，此次改版将虚拟演播室技术导入了节目当中，这在国内日常播出的气象节目当中尚属首例。

在新版《凤凰气象站》节目的创作过程中，秉承内容先行、形式跟上的原则，设计了超大视频框、互动话题云、虚拟的北京环路图、可伸缩的柱状图，甚至将虚拟的高速公路搬进了演播室，用来表现不同雨量大小对于安全车距的影响。在最后还设计了排行榜，数据可以从视频框中“飞”出来，在演播室自动排列成排行榜，视觉冲击力非常强，是虚拟演播室在气象节目中一个非常有益的尝试，如图 7-39 所示。

图 7-39 《凤凰气象站》中虚拟演播室技术的应用

2014 年央视《两会大数据》栏目中虚拟演播室的运用

2014 年全国两会召开期间，新闻联播开设了《两会大数据》栏目。在《亚洲国家更关注中国“两会”》一期节目当中，主持人欧阳夏丹从一个屏幕中取出一个打着问号的气泡，并将气泡打破，从中得到了“最关注中国两会的国家”。接着，主持人边解释秘鲁对两会关注度提升的原因，边从屏幕中拿出一个“真实的”秘鲁牛油果，如图 7-40 所示。在《政府工作报告——谁在看、看什么》一期节目当中，一个头带学士帽的卡通人物突然从屏幕中跳了出来，站在主持人身旁，生动的电视画面吸引了电视机前的观众。《两会大数据》栏目播出后，引起了学界的广泛关注，成为公众们津津乐道的电视栏目。

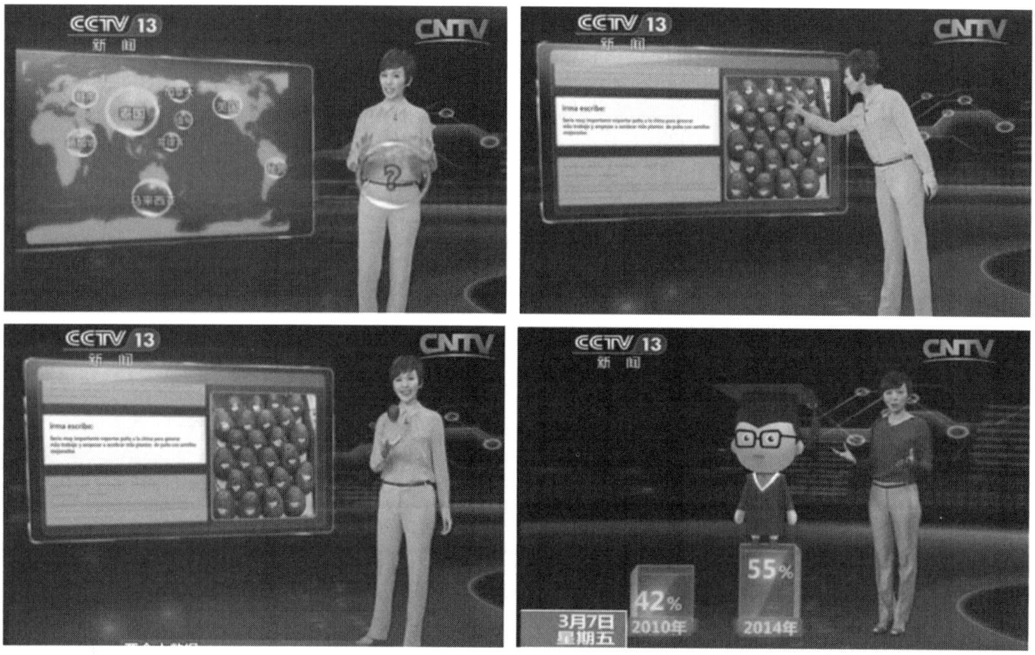

图 7-40 《两会大数据栏目》中虚拟演播室技术的应用

二、虚拟植入技术

虚拟植入技术，是指将计算机制作的虚拟三维场景与摄像机现场拍摄的主持人活动图像进行数字化的实时合成，在摄像机景别变化的同时能够保持主持人与虚拟三维场景同步变化，获得完美的合成画面。从原理上说，虚拟植入技术实质上和虚拟演播室技术是相同的，都要运用跟踪技术和图形实时渲染技术。虚拟演播室需要蓝箱和色键器，对现场拍摄的主持人活动图像进行抠像，虚拟场景出现在主持人后面。虚拟植入技术不需要蓝箱和色键器，现场拍摄的图像是实景画面，三维虚拟场景出现在主持人的前面，从而实现虚实结合的效果。因此，虚拟植入技术也被称作虚拟现实技术。

虚拟植入技术将三维虚拟图形、主持人画面和三维动画整合到演播室实景中或者外景拍摄中的任何地方，可以对新闻、体育、天气、财经、娱乐等节目进行完美的现场包装。

虚拟植入系统主要由跟踪系统、图形工作站和图形创作系统三部分组成。

跟踪系统：目前的跟踪技术有传感器、LED 红外感应、XYNC 红外感应、超声波等。其中，传感器又分为机械传感器和光电传感器两种。无论哪种跟踪技术，跟踪技术的精度必须非常高，否则，当摄像机产生微小变化的时候（如景别发生变化），跟踪技术感觉不出来，那么图形工作站的三维虚拟图形也不会发生变化（场景不动），会造成虚拟场景漂移。

图形工作站：根据跟踪系统获取的摄像机运动参数，图形工作站对预先制作好的虚拟三维场景信号进行处理，实时渲染生成与摄像机拍摄的人物有正确透视关系的三维虚拟图像。要求图形工作站能够实时渲染添加了动画、透明物体、灯光、材质贴图的模型文件。图形工作站的视频输出质量必须达到广播级水平，输出的视频画面的色彩与图形创作系统中计算机显示的要一致，避免反复调整画面的颜色。

图形创作系统：虚拟植入系统的场景通常为三维虚拟场景。这些场景可通过常用的 3ds Max、Maya 等三维创作软件来建模，最后由专用的图形处理软件编辑合成（包括建模、材质分配、光影调整和物体运动等在内的物体模型、效果、动画）。一般由一台性能较高的电脑及专用图形创作软件配置而成。

案例精选

2013 年央视春节联欢晚会引入虚拟植入技术

2013 年央视蛇年春晚运用了虚拟植入技术，共利用了 3 个虚拟机位，包括一个机械传感摇臂、一个全景机位和一个坐落于看台二层的俯拍机位，整个制作及调试周期达到 3 个月。设计方面是采用全景包围式的植入设计，用植入场景打破现场原有舞美格局，把观众带入节目需要的特定情景中，实现传统舞美无法实现的奇幻效果。李玉刚的《嫦娥》表演中，模拟了月宫仙境，孙俪和李健的《风吹麦浪》将整个舞台变成一片金色的麦田，《我心永恒》中席琳·迪翁的周围出现美丽的海底情景，这些都采用了植入设计，是利用分层遮罩贴图以及帧序列动画的方式实现的。合奏《琴筝和鸣》节目也通过虚拟植入技术植入了从天而降的福字，从而烘托了节日的喜庆氛围，如图 7-41 所示。

随着虚拟植入技术在晚会中的大量运用，这项新技术经历着角色的转换，从原本的包装特效，逐渐演变成一种创新形式的舞美技术，同时从创意设计上更注重与现场舞美和节目内容两方面的"融合"，真正让虚拟植入技术服务于节目本身。

央视中文国际频道《神十飞天筑梦太空》采用虚拟植入技术

在央视中文国际频道《神十飞天筑梦太空》直播报道节目的舞美设计中，演播室根据直播环节设计划分为三个区域，分别是出场区域、直播访谈主景区和网络环节区域，要根据不同使用区域设计与其相关的统一质感和风格的虚拟植入内容。在设计制作时既要考虑设计风格与表现形式，同时还要兼顾直播的安全性、准确性以及虚拟设备的承载量等。用于直播时间最长的主景区，整个舞台背景是一个整体的 20 米×5 米的环形大屏幕，访谈使用的桌子是一个直径 2.5 米的圆形桌子，直播环节设置的摄像机共四台，三个固

歌曲《嫦娥》中虚拟植入技术的应用

歌曲《风吹麦浪》中虚拟植入技术的应用

歌曲《我心永恒》中虚拟植入技术的运用

《琴筝和鸣》中虚拟植入技术的运用

图 7-41　2013 年央视春晚中虚拟植入技术的应用

定机位加一个机器人摄像机，全部使用虚拟植入内容。在整个直播周期中，合理设计虚拟植入的内容、准确设计摄像机运动轨迹、规律地设计镜头画面是完成每场直播虚拟植入内容的设计关键。三维动画制作人员既要力求制作精美又要控制模型数据量以保证虚拟植入内容顺畅安全地播出。在 16 天直播周期 5 场次的直播环节内，虚拟植入设计内容以及使用区域和方式等，都根据不同场次的播出功能和效果进行了专题设计。其中，2013 年 6 月 20 日的直播内容是以“太空课堂”为主题的，根据航天员在天宫内部与地球上的中小学生互动进行太空实验，设计了相关的虚拟植入环节，如水滴、陀螺、羽毛与铁球、单摆等，如图 7-42 所示。

这是首次在大型直播中所有机位均使用虚拟植入信号（包括三个固定机位摄像机和一个有轨机器人摄像机）。

三、全媒体演播室

全媒体互动演播室是一种新兴的演播室形态，在这里制作出来的节目以其信息量大、形式新颖、包装靓丽、互动感强而获得广大观众的青睐。全媒体互动演播室在节目中的应用是电视节目制作中技术创新与艺术创新的结合，是多媒体技术、IT 技术在电视制作中的深入应用，是演播室节目形态的一个重要节点，已经成为许多电视台演播室改造和节目改版的方向之一。在我国已有许多全媒体互动演播室投入使用，如东方卫视和南京电视台的新闻演播室。

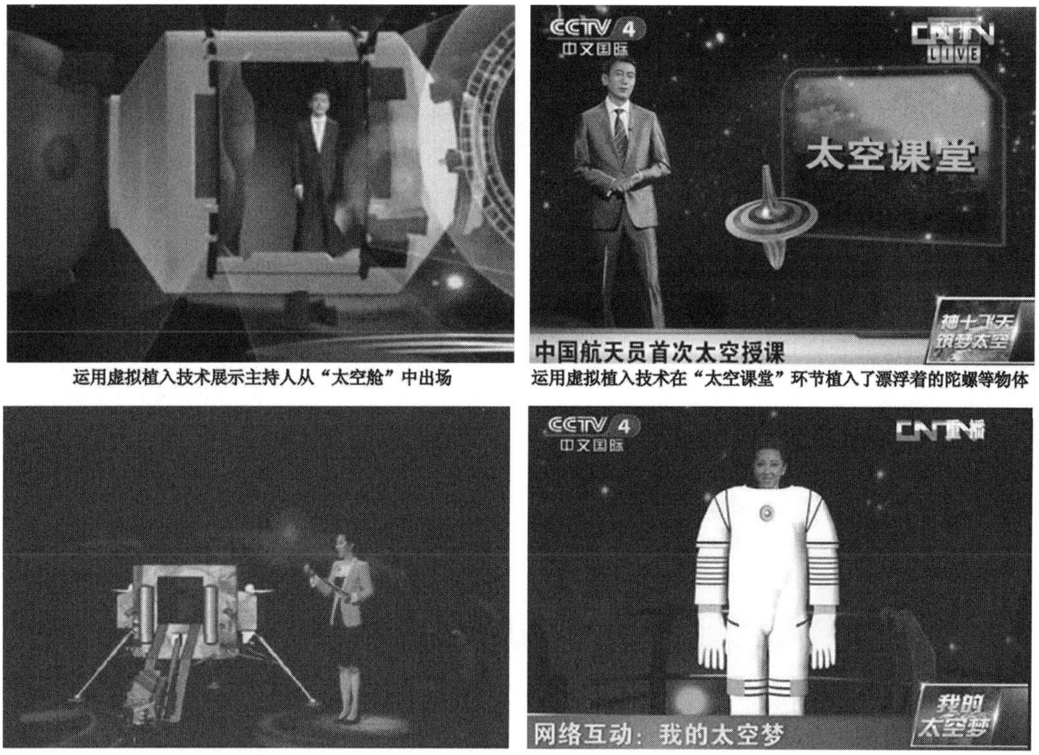

运用虚拟植入技术展示主持人从“太空舱”中出场　运用虚拟植入技术在“太空课堂”环节植入了漂浮着的陀螺等物体

模拟探月器的登月场景　虚拟植入太空服

图 7-42　虚拟植入技术在《神十飞天筑梦太空》节目中的应用

全媒体互动演播室有如下特点：

多景区、多视角。在一个演播室中有多个景区，在一档节目的不同环节使用不同的景区，主持人移步换景，或站着或坐着，利用主持人在不同景区间的移动，来实现节目不同环节间的转换。随着景区的变化，摄像机机位也在不断变化，以满足观众求新求变的心理，给观众以丰富多彩的视觉感受。

互动化。主持人和大屏信息、虚拟图文信息等进行互动，给观众提供更加丰富的信息内容和更炫目的视觉冲击。

信息呈现方式多样化。使用在线（虚拟）图文包装系统，将节目信息以动画、图表、虚拟电视墙等多种形式呈现，丰富了节目的表现手法。全媒体互动演播室是技术与艺术高度融合的产物，节目表现手段丰富、形式新颖、形态灵活、包装绚丽，是演播室发展的方向。

全媒体互动演播室主要由屏幕背景墙、大屏幕播出系统、在线图文包装系统、点评系统、运动摄像机路径设计系统组成。全媒体互动演播室的技术核心包括大屏幕及其播出系统、在线图文包装系统和点评系统。

大屏幕和大屏幕播出系统。全媒体演播室的核心就是大屏幕的效果展现，大屏幕可以以多种表现形式和组织方式播放节目素材，使大屏幕内容与栏目更好地配合，使播出效果多样化。全媒体演播室节目形式上的特点之一就是主持人和大屏幕播放的内容进行互动。

在线图文包装系统。在线图文包装系统是对传统字幕机的发展，与字幕机相比其功能更强大，具有更强的动态效果和三维效果，具有多路外接视频处理功能，丰富了节目的视觉效果。在线图文包装系统逐渐融合三维虚拟演播室、三维图文、数据库等技术发展为虚拟图文包装系统，它支持在实景演播室拍摄中植入虚拟三维模型动画、虚拟三维数据图表、虚拟电视墙、虚拟三维图文字幕等，将枯燥的数据可视化、直观化，将三维图文、三维模型动画真实地融入摄像机拍摄的节目信号画面中，能够跟随摄像机镜头的变化而变化，突破了传统的电视图文制作理念，为观众提供了更加丰富直观的视觉体验。

案例精选

东方卫视打造新全媒体演播室

2011 年，东方卫视新的全媒体演播室投入使用，《看东方》《东方午新闻》等知名节目依托这个先进的平台进行了改版，如图 7-43 所示。

东方卫视全媒体演播室全景　主持人通过全媒体演播室与记者进行连线

主持人在全媒体演播室主持读报栏目　主持人利用大屏幕播报新闻

图 7-43　东方卫视全媒体演播室

东方卫视的全媒体演播室拥有文稿媒体区、3G 区和网络媒体区、电话呼叫中心以及编辑区，通过不同区域的配合，使节目制作和播出流程直接体现在直播和录播当中。

演播厅集合了网络视频、短信、电话、实时交通地理信息、视频会议等众多手段，各种信息、资讯、数据可直接引入全媒体新闻演播室，通过大屏幕、等离子、LED、虚实结合等多种手法综合呈现。播报形式也由呆板单一的坐播形式转变为坐播、立播、移动播报、互动和访谈等多种播报形式。

节目播出时，演播厅可以向有线电视、无线电视、手机电视、车载电视、网络视频、IPTV 等终端发送信号。观众、网友等各类受众的参与和互动方式更加丰富便捷。

演播室拥有多块屏幕，其中包括大屏幕和全高清的触摸屏。大屏幕不仅可以作为新闻背景，还能同时开设多个视频对话窗口，让主持人与多个嘉宾远程在线交流互动。同时，大屏幕作为主景区显示系统将发挥在线变换演播室空间景观的作用，比如根据节目不同章节将人造景观动态投到屏幕上，使可视效果大大增强。

触摸屏的应用已经成为各档新闻不可或缺的部分，读报、读微博、读视频等节目类型已被广大观众所熟知。演播厅地面同样设置有一块屏幕用来显示卫视的 Logo，或者跟节目相关的提示信息，从而最大限度地为观众提供全面、详实的信息资讯。

全媒体演播室采用了多屏联动技术。多屏联动是指 3Dplay 通过网络同时控制多个大屏幕，使 4K 大屏幕与触摸屏联动，达到触摸屏内的元素可以被“甩”到大屏幕上的效果。以《环球周刊》的大屏幕联动效果为例，通过触摸屏点击放大的图片后，可以将图片拖拽移动到 2×3 的大屏幕中。

东方卫视的全媒体演播室使用 iPad 互动点评控制系统。iPad 互动点评控制是虚拟互动的运用方式，由主持人在 iPad 屏幕上的互动反应动作决定。直播过程中，主持人可以用手机或 iPad 控制异形组合屏上的任意一块子屏幕，如直接将网络微博“拉”进直播现场。

这些屏幕在一套分屏控制系统的指挥下，可以统一画面、营造整体氛围，也可以分屏显示烘托出最佳效果，加上背景灯光和音乐的调动、配合，使演播厅内展现出的视觉效果撼人心魄，让观众从背景色调上就能直观感受到事件的起伏。

虚拟前景在东方卫视的全媒体演播室得到了充分的使用。虚拟前景技术在新闻资讯节目上的运用大大丰富了节目形式。如，在《看东方》的资讯板块中，航班信息、列车信息、天气信息本来是一些枯燥的数字，但通过虚拟前景的运用，丰富了播报形式，给人耳目一新的感觉。

全媒体演播室技术的应用使新闻采集、在线包装、编辑加工、传播方式和渠道产生了质的飞跃，原有的制作工艺和制作流程有了很大的改变，增强了节目的表现形式。随着对虚拟技术的进一步掌握，节目表现形式和表现效果将会越来越好，为观众、网友等各类受众参与新闻采编播的全过程搭建了全新的平台。

思考与研讨题

1. 阐述演播室主要构成系统及其作用。
2. 阐述演播室切换台的基本功能。
3. 阐述虚拟演播室技术给影视节目制作带来的变化。
4. 举例阐述虚拟植入技术在电视节目中的应用。
5. 举例说明全媒体演播室在电视节目中的运用。

第八章 高清晰度电视技术

本章重点

1. 高清电视技术标准
2. 高清标清电视转换模式
3. 高清电视节目现状和发展
4. 高清电视节目制作流程
5. 超高清 4K 电视技术特点

第一节 高清晰度电视节目技术标准

一、电视技术标准

(一)数字高清晰度电视

高清晰度电视(High Definition Television,HDTV,简称高清电视)在 CCIR(国际无线电咨询委员会)801 报告中是这样被描述的:"高清晰度电视系统的设计要求是观看者在图像高度大约 3 倍距离处能看到或接近看得清楚细节的程度,达到视力正常的观看者看原始景物时相同的感觉。"

适用于数字高清晰度电视的节目全部采用数字方式制作、传输和接收。数字电视系统能够提供多种业务形式,能够实现交互、数据广播和与计算机联网等功能。

高清晰度电视(HDTV)的"高清晰度"指与现行电视相比,其主要优点在于能实现无失真传输,并能充分利用有限的频谱资源。它可提供相当于标准清晰度电视画面 5 倍的信息量,最高清晰度超过 1300 线,相当于模拟电视画面清晰度的 2～3 倍,具有极高的图像分辨率和清晰度,采用 16∶9 图像模式的宽屏显示,更符合人们的视觉习惯;在音频方面,高清晰度电视采用杜比公司的 AC3 解码技术,可接收和输出 5.1 声道信号,并具有极好的音质和真正的环绕音效。

(二)电视清晰度

1. 电视的清晰度

在电视技术中一般用垂直和水平两个方向的清晰度来表示电视的清晰度。

垂直清晰度即图像可以分解出的水平线条数,其中,最大垂直清晰度由垂直扫描总行数所决定。由于隔行扫描将造成局部的并行,所以实际的垂直清晰度还要把总的有效扫描行数乘以一个 Kell 系数。在 2∶1 隔行扫描方式中,Kell 系数为 0.7,即垂直清晰度为有效电视行数的 0.7 倍。

水平清晰度即图像上可以分清的垂直线条数。水平清晰度与图像传感器的像素数和视频系统的频带宽度有直接关系。水平清晰度和垂直清晰度采用统一的度量标准,图像的垂直清晰度和水平清晰度数量应该是一样的。图像的宽高比系数是大于 1 的,图像的水平清晰度线数应该是实际能分清的黑白垂直线条数除以宽高比系数。

水平清晰度的计算公式为:(式中 TVL 为电视线,PH 为每个图像的高度)

水平清晰度(TVL/PH)=有效时间(μs)×2×频带宽度(MHz)÷宽高比系数

我国 GB3174-1982 彩色电视广播标准规定,每帧图像为 625 行,去掉 50 行消隐之后,有效行数为 575 行。所以,我国现行电视标准的垂直清晰度为 575×0.7=403 TVL/PH。因为垂直清晰度不受频带宽度的限制,所以这就是实际传送到用户电视接收机的接收清晰度。

我国电视标准规定行周期为 64μs,去掉 12μs 的行消隐时间,有效行时间为 52μs,标准视频带宽为 6MHz,所以我国现行电视标准的水平清晰度为:

水平清晰度(SDTV)=52(μs)×2×6(MHz)÷4÷3=468TVL/PH

最大水平清晰度是由视频带宽和有效行时间等因素决定的。因为 1MHz 信号的周期为 1μs,所以,在一行时间内将产生 52 个周期。又因为电视线定义为黑和白的过渡,所以在一个有效行里,1MHz 的信号将产生 104 条黑白线条。104 除以宽高比系数,即为 78TVL/PH。计算我国 PAL 制图像清晰度时,每 1MHz 视频带宽可以产生大约 80 电视线的水平清晰度。10MHz 的视频带宽则可以产生 800TVL/PH 的水平清晰度。

电影与电视对清晰度的定义不同。在电影技术中 400 线清晰度是指显示 400 对(800 条)线,而在电视技术中 400 线清晰度是指显示 400 条(200 对)线。

2. 高清晰度电视的清晰度

高清晰度电视画面宽高比为 16∶9,在水平方向上显示 400 条黑白线称为水平清晰度为 400 线或 225 电视线,每 1MHz 带宽相当于 225 电视线/7.734MHz=29 电视线/MHz,400 线/7.734MHz=52 线/MHz,高清晰度电视亮度信号的传输带宽最大为 30MHz,相当于水平清晰度,30MHz×29 电视线/MHz=870 电视线,30MHz×52 线/MHz=1550 线,重现 1920 线需要的带宽为 1920 电视线/52 电视线=37.125MHz(取样频率 74.25MHz 的 1/2)。

（三）扫描方式

一次连续扫描完成一帧电视画面的方式称为逐行扫描，它的优点是没有隔行扫描所特有的帧间闪烁感，有利于图形和图像的计算机处理，长时间观看眼睛不易疲劳。逐行扫描的缺点是与相同场频的隔行扫描方式相比数据量比较大。逐行扫描主要应用在计算机显示器和美国 DTV 的 480/60P、720/60P 以及 1080/24P。

分两次或多次交错扫描完成一帧电视画面的方式称为隔行扫描，它的优点是与相同帧频的逐行扫描方式相比数据量只有后者的一半或几分之一。隔行扫描的缺点是帧间闪烁感觉明显，不利于图形和图像的计算机处理，长时间观看眼睛容易疲劳。

1080×1920 隔行扫描图像格式，每帧图像为 2 073 600 像素，每秒传送 62 208 000 像素。720×1280 逐行扫描图像格式，每帧图像为 921 600 像素，每秒传送 55 296 000 像素。从每秒传送的数据量来看，两种格式的差别不太大，但是，隔行扫描格式可以产生较高的静态图像清晰度，而逐行扫描格式可以产生较高的瞬态图像清晰度。

在数字电视系统中经常使用 1080/60i 之类的表示方法，1080 表示每帧有效扫描行数，60 表示帧或场频，最后是小写的 i 或大写 P，i 表示隔行（interlace）扫描，P 表示逐行（Progressive）扫描。例如，1080/60i 表示有效扫描行数 1080 行，场频 60Hz 的隔行扫描方式，720/60P 表示有效扫描行数 720 行，帧频 60Hz 的逐行扫描方式。

采用上述方法，美国的 NTSC 制可表示为 480/60i，欧洲和中国的 PAL 制可表示为 576/50i。

目前数字电视系统并没有统一的表示方法，因此可以见到多种表示法。例如，有帧或场频时用 1080i、720P 表示扫描线数和扫描方式，有扫描线数时用 50i 或 60P 表示帧或场频和扫描方式。1080/50i、720/60P 还可以表示为 1080/50/2：1、720/60/1：1。有时还会用@代替/，如 1080@60i、720@60P 等。也有用总扫描线数代替有效扫描线数的，如 1125/60i、750/60P，还有 1080i/50、1080i/50Hz 等表示方法。

1080/24P（简称 24P 或 24F）是一种专门用于后期制作的高清晰度电视格式，它采用的 24 帧逐行扫描方式与每秒 24 幅画面的电影胶片具有每帧电视图像与每幅画面一一对应的关系，因此，在进行胶片与磁带的相互转换时不会产生因帧频变换而带来的图像质量损失。24P 采用逐行扫描方式，1920×1080 方形像素为计算机图形和图像处理提供了良好的基础。

1080/24P 是电影与电视结合的最佳桥梁，已经被美国的节目制作行业，特别是采用胶片作为前期拍摄的节目制作公司接受为后期制作的标准，成为国际间高清晰度电视节目的交换标准。

表 8-1、表 8-2、表 8-3 分别是国际电讯联盟、美国电影电视工程师协会以及我国国家新闻出版广电总局的高清晰度电视标准。

高清晰度电视(HDTV)标准

表 8-1　ITU(国际电讯联盟)推荐的 HDTV 标准

每行有效样点数	1920
每帧有效扫描行	1080
取样结构	正交取样
像素形状	方形像素
画面宽高比	16∶9
每帧扫描行数	1125 行(原 1250 行标准已取消)
垂直扫描类型	逐行或 2∶1 隔行扫描
垂直扫描频率	逐行 23.976/24/25/29.97/30/50/59.94/60 帧　隔行 50/50.94/60 场
取样频率	亮度:74.25MHz　色度:37.125MHz
标称带宽	亮度:30MHz　色度:15MHz
量化电平	8 或 10 比特

表 8-2　美国电影电视工程师协会的 HDTV 标准

每行有效样点数	1920
每帧有效扫描行	1080
取样结构	正交取样
像素形状	方形像素
画面宽高比	16∶9
每帧扫描行数	1125 行
垂直扫描类型	逐行或 2∶1 隔行扫描
垂直扫描频率	逐行 59.94/60 帧　隔行 50.94/60 场
取样频率	亮度:74.25MHz　色度:37.125MHz
标称带宽	亮度:30MHz　色度:15MHz
量化电平	8 或 10 比特

表 8-3　国家新闻出版广电总局的 HDTV 标准

每行有效样点数	1920
每帧有效扫描行	1080
取样结构	正交取样
像素形状	方形像素
画面宽高比	16∶9
每帧扫描行数	1125 行
垂直扫描类型	逐行或 2∶1 隔行扫描
垂直扫描频率	逐行 24 帧　隔行 50 场
取样频率	亮度:74.25MHz　色度:37.125MHz
标称带宽	亮度:30MHz　色度:15MHz
量化电平	8 或 10 比特

二、高清晰度电视原理

HDTV的首要条件是其图像质量与35mm电影质量相当，通过严格的主观与客观实验比较得出结论：S16mm和16mm胶片所得到的图像分辨率与HDTV典型图像格式所能够实现的分辨率相差较大，而35mm胶片图像与HDTV图像的质量非常接近。

通常意义上，HDTV系统是指HDTV编码传输和解码接收系统，不包括HDTV摄录设备和显示设备。该系统所应达到的主要目标是：

- 高质量视频：HDTV，同时可以收看SDTV和LDTV；
- 高质量音频：5.1路环绕声，包括立体声、多语种等；
- 广播频道所规定的带宽内（我国为8 MHz）最大容量数据流传输；
- 最大的广播信号覆盖范围（对不同传输媒介有不同要求）；
- 与计算机的互操作性（主要是指显示格式及网络传输能力）。

HDTV系统在应用中分为发射和接收两个子系统，发射部分在广播者一方，决定了系统质量的上限和系统的扩展能力，接收端是数字电视机的接收电路主要部分，与发射端相比，灵活性减少，但强调对标准的遵守和对显示格式的兼容。该系统在技术上可以分为信源和信道两部分。

信源部分是数字信号处理密集区，算法主要依照MPEG-2标准（多声道音频编解码还可依照Dolby AC-3算法实现），视频编码器的性能对整个HDTV系统的性能有决定性影响，对图像数据的压缩比应在30∶1到50∶1之间，HDTV视频对信号处理速度要求高，为了在给定压缩率的前提下得到更高的解码图像质量，应重视视频信号预处理、量化矩阵系数以及缓存器控制策略等内部处理环节方法的选择。信源系统业务灵活，具备可扩展性，能够完成各种数字码流的组合、调整以及提供与各种传输网络（电信、卫星、电缆、地面等等）相适配的接口。

信道部分的任务是在给定传输带宽和考虑传输信道所存在的各种干扰的前提下保证最大容量数据流的正确传输与接收。它与所传输的数据内容无关，这是一个相对于信源来说比较透明的数据码流传输公共平台，既可传输HDTV节目的编码数据，又可传输多路SDTV节目的编码数据。数字信号的调制与解调的具体技术内容决定了信道部分的主要性能，所采用的不同方法使得各国DTV传输标准有所不同。有两种技术标准体制：美国的VSB和欧洲的COFDM。VSB源于传统的电视单载波残留边带调制技术，技术上较成熟，在美国已经过严格的实验室和野外测试；COFDM是多载波并行正交调制，理论上在地面开路传输信道中可用于移动接收并能够实现单频网（SFN）广播，欧洲仍在继续搜集各种实测参数。HDTV系统所用发射机可以用现有电视发射机改装，但当对发射效率要求高时，应采取预校正等措施保证其带内线性及对带外的抑制。系统所用调谐器也可以根据现有设计在满足信道数字解调要求的基础上进行改装。

数字电视系统与模拟电视系统的根本区别在于电视信号编码和传输体制的改变，即信源部分和信道部分对数字技术的采用。数字电视是一个体系，包括HDTV、SDTV和

LDTV 等不同应用档次，不同应用的实现只需更换视频编解码器。

三、高标清电视转换

随着人们对电视画面质量要求的不断提升，高清晰度电视节目获得了青睐并得到了快速发展，越来越多的电视台开始向高清晰度电视节目领域进军，但是使用多年的标清电视不可能立即退出历史舞台，而且在建立高清电视中心系统时，都会面临系统建设成本高和高清节目源严重不足等问题。那么，是不是所有节目都要拍摄高清和标清两个版本呢？拍摄时是不是需要两套摄像设备？

为了保证高标清节目内容相同、避免节目制作工作量的增加以及节省开支，高标清电视节目的转换成为其重要手段。高清信号输入可以通过下变换器进入标清区域，或者标清信号输入经过上变换器进入高清区域，这种方式可以非常有效地利用少量变换器实现高清和标清的转换。

上下变换器是沟通高清晰度与标准清晰度的桥梁，Sony 公司和松下公司新推出录像机或摄像机内置或选配上下变换器板卡，以利于高清晰度与标准清晰度的平稳过渡。Teranex 公司带降噪功能的上变换器，Star-up 采用 Pixel Motion 反交错处理以及色彩空间转换和可变长宽比控制，无论变换到何种制式均能够在变换过程中保留输入信号的最大分辨率。

（一）上下变换的基本原理

连续的视频信号经过数字化处理后，从时域的电视图像变换成一个三维的时空取样点结构。在高清 SDI 信号和标清 SDI 信号的上下变换中，无论是场频变换、行频变换、隔行扫描与逐行扫描变换，还是宽高比变换等不同视频格式之间的变换，从本质上讲，都是对视频信号时空采样结构的变换，即在时间和空间上，实现分辨率的上下变换及其组合。由于扫描格式不同，每行有效像素和每帧有效行数都不同，这些取样结构的变换主要是通过空间域的插值和抽取滤波器实现行速率和像素的变换。

所谓上变换，是指在保持原视频基带信号频谱时，为提高数字信号的取样频率对原数字信号进行内插。所谓下变换，是指从高分辨率采样信号通过抽取滤波变换为低分辨率采样信号。

高清信号的分辨率为 1920×1080，而标清信号的分辨率为 720×576，高清信号分辨率是标清的 5 倍多，因此在上变换处理中面临最重要的问题是信号的分辨率，要从 SD 内容中获得高质量 HD 视频，需要进行一个超分辨率处理过程，该过程基于现有像素以尽可能好的分辨率来计算缺失像素，它可以分为两个步骤：一是去隔行（Deinterlacing）——计算输入的隔行视频每个区域内缺失的偶数行或者奇数行；二是重采样（Resampling）——扩大图像尺寸，提高输出分辨率。上下变换器最重要的评估准则是最终输出图像质量，在输入图像经过良好的降噪处理的前提下，图像质量由两个关键因素决定：去隔行算法和重采样算法的质量，即视频流的最后质量依赖于所选用算法的类型和精度。

（二）上下变换的宽高比转换

宽高比是指图像的宽度与高度的比例，与图像的尺寸大小无关。因为大部分 SD 素材的宽高比为 4∶3，而 HD 素材的宽高比为 16∶9。宽高比转换是在上、下变换过程中必须涉及的一个过程。宽高比转换是指通过调整图像大小和形状来适应不同宽高比的显示，主要是对图像进行裁剪、拉伸或者挤压等处理，如图 8-1 所示。

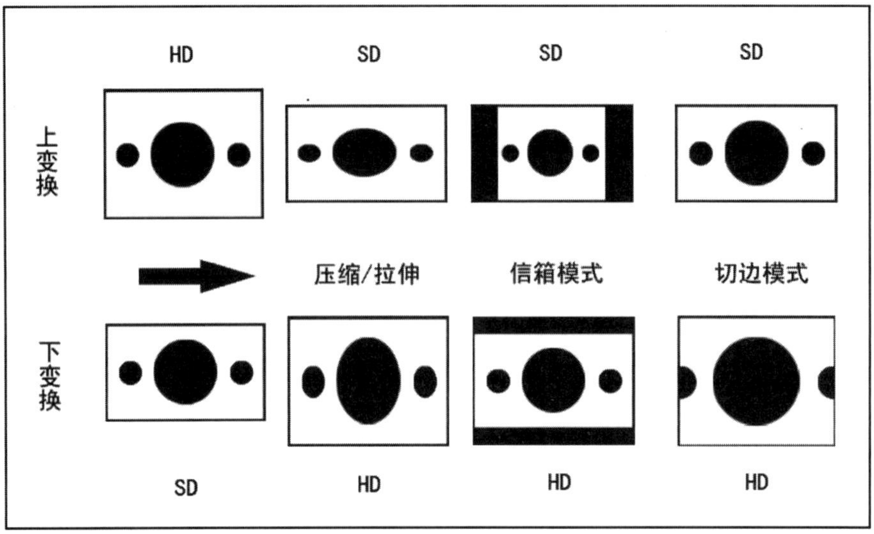

图 8-1　宽高比转换模式示意图

1. SD 上变换有三种常用的变换模式：

拉伸模式：垂直方向充满，水平方向拉伸后充满，使物体变宽，产生几何失真；

信箱模式：在 16∶9 的光栅中插入 4∶3 的图像，垂直方向充满，水平方向产生两个镶嵌的黑边；

切边模式：水平方向充满，垂直方向上下两边切边。

2. HD 下变换有三种常用的变换模式：

压缩模式：垂直方向充满，水平方向压缩后充满，使物体变高；

信箱模式：水平方向充满，上下部分出现黑边；

切边模式：垂直方向充满，左右两边一部分信息被裁剪。

上下变换除了常用的三种模式外，有些上下变换器还提供 14∶9 模式和用户自定义模式。

目前许多电视台高标清混播，会给观众带来观感上的不便，如图 8-2 所示。

图 8-2　高标清混播画面

第二节　高清电视节目制作概述

一、高清电视节目现状

目前全球有几十个国家进行高清电视节目播放，其中大多数是发达国家，包括发展速度最快的美国和日本，以及加拿大、澳大利亚、韩国、奥地利等国。在美国，联邦通讯委员会(FCC)于 1987 年成立了数字和高清电视咨询委员会，以推进高清电视在美国的研发和普及，次年美国就开播了 6 个免费高清频道。比利时的卫星高清频道 Euro1080，从 2004 年起通过卫星和有线电视播放高清节目，覆盖全欧洲。随着我国经济的发展和科技的进步，为满足受众对声画质量提出的更高要求，高清晰度电视技术在各领域迅速普及和发展。

高清技术在电影拍摄中运用得最好的作品是“星战前传”系列电影，影片完全采用 SONY 24 帧逐行扫描的 CineAlta 数字高清晰度制式完成拍摄，即使在最后磁转胶成宽银幕电影时，图像仍然保持了相当高的清晰度及充足的信息量。此后电影进入高清时代，采用高清摄像机拍摄，对高清素材进行数字化编辑制作，最后利用磁转胶技术在普通影院放映，或通过数字放映机直接在数字影院放映，大大降低了电影制作成本。我国电影领域越来越广泛地使用高清技术进行拍摄，很多深受大众喜爱的影片，例如《三峡好人》《疯狂的石头》《爱情呼叫转移》等都是用索尼数字高清设备完成拍摄的。

在纪录片方面，2005 年由中央电视台播出的十二集大型高清文献纪录片《故宫》，成为我国第一部采用高清晰度电视技术拍摄制作完成的系列纪录片。采用1920×1080分辨率的高清摄像机HDW-750P,保证了高灵敏度和低噪声的摄像性能,并且凭借间隔拍摄、循环录制等拍摄手段,丰富了影像效果。由于故宫宫殿内的照明限制,高清摄像机的数字处理功能提高了画面亮度层次,改善了层次表现力,从而保证了低照度场景拍摄工作的顺利进行。在后期制作的粗编阶段,采用高清对编高清采集制作、标清对编再高清套片、标清采集高清无压缩套片等形式;在精编阶段则采用先标清精编再高清套片,提高了制作效率,保证了制作周期。最后使用高清和下变换后的标清两个版本在相应频道上播出。继《故宫》之后,我国电视纪录片领域越来越熟练地掌握了高清电视技术制作手段,相继推出多部优秀作品,如《再说长江》(2006年)、《世界历史》(2007年)、《敦煌》(2010年)、《大国重器》(2013年)、《浐灞长歌》(2014)等。

高清电视技术在体育节目中也同样得到广泛应用。2004年高清足球节目在美国FOX开始播出。2006年德国世界杯足球赛的播出,极大地推动了欧洲高清电视的发展。2008年北京奥运会是奥运会历史上首次实现全部高清电视信号转播的奥运会,期间实现了对高清非线性ENG设备的全面支持,全部采用高清晰、5.1声道环绕立体声对全球实施电视转播。2010年上海广播电视台播出的"2010 ATP1000上海网球大师赛"决赛,也使用了高清电视技术。拍摄赛事使用SONY的HDC-1580摄像机,并在网球场地布置了12个机位,其中有6个配备了42倍以上的大倍率镜头,方便、快速、清晰地捕捉赛场上的所有细节。我国大型体育赛事节目的高清制播系统,从赛事信号录制、节目编辑制作、节目播出、素材归档等所有流程,全部采用高清电视技术,实现了体育节目全程的高清直播。

我国高清电视在发展过程中也面临着一些亟待解决的问题:一是节目的高清制播资金投入不足,高清节目缺乏有效管理和制约,部分频道高、标清同播率和高清节目率未达到总局要求。二是部分频道高、标清节目转换和标识不规范,存在非高清节目标注"高清"进行播出的违规情况,影响了用户对高清电视的认知。三是受有线网络数字化改造进展和高清电视宣传推广严重不足等因素影响,高清频道入网传输率和入户率仍然偏低。

截至2013年,全国共有28个高清电视频道,预计到2015年年底,全国具备制作播出100个高清电视频道的能力。2014年年初,采用我国自主研发的音视频标准AVS+制作的高清节目已经在中央电视台正式播出,意味着我国高清电视节目内容制作实现自主研发创新,正在逐步摆脱对国外标准的依赖。

在我国高清电视技术高速发展的同时,我国"后高清时代"悄然来临,包括以下四个发展方向。一是更高的静态分辨率。例如,超高清4K电视(UHD)静态分辨率达到3840×2160(4K×2K)及以上,其清晰度是现有高清电视的4倍。二是更高的瞬态分辨率,其每帧1920×1080像素的逐行扫描方式,在刷新率相同时产生的数据量是现有高清电视隔行扫描的2倍。三是彩色分辨率更高的RGB 4∶4∶4全带宽制作,能够有效提高制作质量,尤其是特技合成质量,产生的数据量是现有高清电视4∶2∶2的1.5倍。四是3D立体电视。2012年我国首个3D电视频道正式播出,并通过有线电视网传送到用户家中的高清电视机顶盒,给用户带来身临其境的感受,所产生的数据量是现有高清电视的2倍。

二、高清电视节目制作

(一)前期制作

1.前期设备

无压缩高清的数据量很大，如1080i和1080P无压缩高清信号的数据率是：1920×1080@25f/s＝114.05MB/s。前期拍摄的时候，要采用数字压缩技术降低记录数据率，从而将高清信号记录在磁带上。于是产生了很多不同格式的高清摄像机，如松下的HD-D5、DVCPRO HD，Sony的HDCAM、HDV等；它们的压缩率也各不相同，如：4∶1、7∶1压缩等。

HDCAM(SMPTE-274M)的压缩率约是7∶1，数据率约为185Mb/s，HDCAM系列摄像机性能较高。DVCPRO HD的数据率为5.8～14MB/s，能够满足低端用户对低成本高清节目制作的需要。HDV是基于DV的HD格式，主要支持720P和1080i，采用MPEG-2作为压缩编解码方法，可实现有效压缩，同时保持高清晰画面。

高清晰度摄像机采用最新的LSI技术研制出的数字信号处理DSP电路。采用12比特A/D变换器和新的DSP电路不仅改善了视频信噪比和分解力，而且还增加了许多新功能，如数字对比度控制、多通道肤色校正、高亮度强光处理、多标准预置数字伽玛和多级彩色矩阵以及多种特殊细节校正。这些技术提高了图像的清晰度，扩展了图像细节校正，使色度控制更加灵活，增加了更大的过曝光信号的控制，从而能够提供像电影胶片一样的极佳画质。

高清晰度镜头采用了特殊的校正技术。普通镜头变焦透镜不能处理横向和纵向的色彩偏差以及像域的弯曲，这些偏差随着放大像素的增大而增大。高清晰度镜头则具有很强的误差校正功能，采用极度发散(UD)玻璃校正颜色偏差和场曲率，得到清晰的图像而色彩损失很小。高清晰度镜头透镜镀膜特别均匀，孔径大，最大光圈为F2.2。

高清晰度摄像机有演播室摄像机和摄录一体机两种模式。演播室高清晰度摄像机采用光纤与CCU间传输HD SDI数字信号，其中CCU输出的信号可切换为1080P、720P、1080i、480P、480i格式。它同时可输出24P和60i格式的信号，并支持多种宽高比。摄像机扫描格式可切换为1080/24P、25P、30P。高清晰度摄录一体机具有小型、轻便、低功耗的特点，通过新型的记忆卡快速设置菜单，配有HD SDI输出接口，有多种格式可切换，符合ITU.BT 709-3高清晰度电视制作和国际节目交换的标准。

2.拍摄要点

(1)宽画面的处理

高清电视比标清电视画幅宽，16∶9的宽画幅比标清4∶3的画幅横向加长了三分之一，被认为是与人类视野相近的视角。在画面构图方面，高清电视和标清电视在根本上是非常相近的，最明显的不同就是画幅的不同，即16∶9和4∶3画幅带来的取景问题。

使用 16∶9 的高清摄像机拍摄，通常采用在摄像机的寻像器中加 4∶3 的安全框来解决 4∶3画幅取景。使用 16∶9 模式取景，在镜头处理上与常规的 4∶3 模式也有较大的区别，由于水平方向视角变大导致水平运动的物体在屏幕上停留的时间变长，若按一般速度进行摇摄，观众就会感觉节奏缓慢拖沓，适当加快摇摄速度，可加快镜头节奏及加强镜头动感。全景画面的固定镜头，如果画面上没有动的东西，会显得很死板，可使用摇臂、移动车等摄像辅助器械，努力拍摄出有运动感的图像。

16∶9 和 4∶3 画幅带来的取景问题在寻像器里有安全框帮助构图，如图8-3所示。

图 8-3　16∶9 和 4∶3 的构图

在 16∶9 的构图中，由于水平视角的增大，特别需要留意线条在画面上的延伸感，容易形成视觉上的透视感。由于画幅变宽，景物增加，构图上要注意主体和陪衬体的合理位置，既要有对比，又不失平衡，虚实的比例也要控制恰当。16∶9 的构图方式显得大气，而且包含了更多的信息量，在拍摄大场面或大全景时非常有表现力。

高清摄像机在拍摄时有轻微的晃动都可能造成画面的明显抖动，因此在高清拍摄时一般不采取肩扛拍摄，而是使用减震器或三脚架，且三脚架越重稳定效果越好。

(2)焦点问题

标清镜头与高清镜头具有不同的感光成像面积，使得两者的感光灵敏度不同，拍摄同样大小的实景转到不同面积的成像面上时，镜头焦距就会有所不同，拍摄的景深也就不同。和标清相比，用高清镜头拍摄时灵敏度降低、景深范围缩小，调焦稍有偏差，在屏幕上就能看出来。标清摄像时，往往习惯于先将变焦环变焦至最大焦距处精确调焦，然后再将其变至预选短焦距处进行拍摄。这种方法不适合高清摄像技术的调焦要求，因为变焦距镜头在变焦时，普遍存在着微量的像面漂移现象，不同焦距处的最佳焦点位置未必精确一致。

高清摄像时，为了获得被摄主体最清晰的影像，应把变焦距摄影镜头变焦至某焦距处(即适当景别)，当作定焦距镜头使用。具体使用哪一挡焦距拍摄，应直接在该挡焦距状态下精确调焦，直到寻像器中被摄主体的影像最清晰时为止，否则画面的焦点将变软而影响画面的清晰度。

(3)曝光问题

曝光正确与否直接关系到画面的成像质量，曝光过度，画面高亮度部分的层次就会丢失，使画面泛白，影响画面的色彩还原；曝光不足，画面的层次减少，尤其是暗部的层次不能体现，虽然可以在后期制作中提升亮度电平，但暗部噪波也会随之提升。高清摄像机可以通过调整拐点、伽玛曲线和黑伽玛曲线进行画面的补偿和修饰。

高清摄像机的曝光值一般是根据寻像器中的斑马线和自动光圈来确定的，在拍摄亮度反差较大的物体时，以亮处为准进行曝光很少会失败，特别是对光比较强烈的外景进行拍摄时，应特别注意对亮部层次的保留，从而拍出合适的图像。光圈的控制也很重要，应该将误差尽量控制在正负半挡以内，这样才能获得色彩饱和、图像清晰的画面；尽量使用高色温灯，加大光量来提高亮度；使用小光圈来增加景深。

(4)照明和光线问题

高清电视本身的特定技术条件，决定了高清电视照明的特殊要求。照明光线性质的硬与软对物体外观的清晰度会产生很大的影响，柔光会造成细腻的影调层次，能提高对物体细部的分辨能力，使人感觉画面清晰度高。高清电视照明宜使用较软的光线，尽量少用硬光，特别是用于人物脸部的光线，最好采用柔和的散射光。高清拍摄时要想达到理想的拍摄效果，用灯量要比标清多，采用类似电影的布光方式，画面边缘部分的布光也要均匀。

在高清节目的拍摄过程中，光线的变化会被充分地表现出来，因此光线不统一是高清电视拍摄过程中经常会遇到的问题。若在日出、日落这样的时间拍摄，应时刻把握因光线改变而产生的画面变化，应尽量按照成片顺序进行拍摄，以免不同镜头间出现光线差异过大的问题。ENG 型摄像机进行双机或多机位拍摄时，即使参数一致，也会因不同摄像师的习惯不同，导致在后期剪辑时出现画面亮度、色调跳跃的问题，从而破坏节目的连贯性。理想的设备配置是选用 EFP 设备，由技术控制台统一调整现场摄像机，以达到曝光、色调的统一。

(5)服装、化妆和道具问题

高清技术要求整个制作环境、制作态度等方面更加严谨。对美工、道具、服装、化妆等每一个环节，都有不同于标清的做法，所有东西都能清清楚楚地重现出来。一些细小的缺陷，比如布景、服装上的一点水渍、脏污、皱褶，可能在标清播放时看不出来，而在高清大屏幕监视器上却非常刺眼。

高清拍摄出来的人物比较细腻，也很漂亮，演员脸上的痘印、浅斑之类，都要下功夫给予弥补，否则在画面中就特别明显；打暗影时脸上左右两边多刷一下或少刷一下，都能体现出两边的黑白分明，特写的时候连人物的汗毛孔都能看得清清楚楚，脸上有个脏点都能看见；因此标清拍摄化妆也就一个小时左右，高清则要两三个小时。

为使高清图像亮丽，选择道具时要注重质感。比如干净的玻璃器皿里加上一些清水，拍出来就会产生玲珑剔透的感觉，这在标清图像中是表现不出来的。

拍摄生活类高清电视剧的成本会提高约三分之一，以前衣服上有一点褶儿，桌子上有一点尘土，标清拍摄时都无需特别在意，但高清拍摄就不同了。在拍摄时，经常有一些在小监视器上看起来不起眼的东西，比如电线、树枝、飞过去的小虫子等，在后期，尤其是在大屏幕上，能够很清晰地凸显，使得画面美感下降。

高清节目的拍摄制作要注意整体，也要留意细节，只有各工种、部门协调统一、加倍努力工作，才能够制作出好的作品。如果不在高清电视剧的前期拍摄中投入更多的制作力量、花费更多的制作时间，除了清晰度以外，高清电视剧的图像质量与标清相比将不会有太大差别，因此，前期拍摄是节目视频质量的决定因素。

（二）后期制作

1. 后期设备

高清非线性编辑制作系统支持高清/标清的多种信号格式，具有多种创意独特的实时特技效果和生成特技效果，可对高清信号进行数字化、视音频编辑、合成、着色、片头、动画和高级特技等制作，能够提供一个完全集成的环境，硬件与开放的软件完美结合，可使用所有清晰度从 SD 到 HD 格式进行编辑，系统操作简单、界面直观。

SONY 开发的 XPRI 非线性编辑系统配套齐全，该系统具备选择处理各种高清晰度格式的功能，具有标准清晰度和高清晰度两种版本，标准清晰度版本可以升级为高清晰度版本。标准清晰度版本能够离线处理 CCIR601 无压缩数字信号、MPEG IMX50 以及 10bpsMPEG 信号。MPEG IMX50 格式能使用原格式进行节目素材输入、编辑和输出；高清晰度版本能够处理帧频 24 帧/秒、场频 50Hz 和 60Hz 的无压缩 1920×1080 格式以及压缩的 HDCAM 格式。

XPRI 非线性编辑系统的用户界面与 Avid 和 Fast Studio 公司的非常相似，然而 XPRI 非线性编辑系统配备有包括搜索盘、音频推子、轨迹球等用于控制数字视频特技的外围硬件设备，由于这些外围控制设备降低了操作人员对鼠标的依赖程度，方便了拥有传统线性设备操作经验的编导们。高清晰度版本的大量特技效果以前需要通过软件进行运算生成，在系统中增加一块“King Cobra”接口板就可以提供实时特技。

非线性编辑系统可以同时使用两台磁带录像机快速上载节目素材。该非线性编辑系统的操作系统允许多任务工作，提供包括背景生成及增加一系列流行插件的能力，可以同时重放 48 轨音频信号，并带有马达的自动控制。均衡工具可以在高/中/低频段上实时调整频率和增益大小。工作站是标准 PC 机。存储部分是基于全光纤通道连接的，在标准清晰度模式下 1 个存储单元可以提供 2 小时无压缩的素材或者 8 小时 MPEG IMX 节目素材。至于高清晰度模式，由于带宽因素至少需要 2 个存储单元。标准清晰度和高清晰度 2 个系统可以连接多达 30 个存储单元。作为标准配置提供的附件还包括 Inscriber Title Motion 字幕处理软件、Sony 自行开发的视频绘图工具等。

非线性编辑系统将 DME 7000 系列数字特技机的全部算法集成在一个软件工具包内，由于全部视图和变换控制都与传统线性设备一样，习惯于使用 Sony 线性制作设备的编导能很快适应这一新系统。目前，标准清晰度版本具有实时特技功能，而高清晰度版本则需要安装“King Cobra”板卡才能进行实时特技处理。

XPRI 系统包括两个型号：一个是与 MPEG IMX 系列产品相配合的标准清晰度制作设备，另一个是可处理压缩或非压缩高清晰度信号的高清版本。

XPRI 使 Sony 的制作系统得到了充分的扩展和提高。例如，可以与 50Mbps MPEG-2 系列摄录一体机、数字硬盘录像机和 1/2 英寸格式磁带录像机充分配合，这样，无论是

Betacam、Betacam SP、Betacam SX 还是数字 Betacam 格式，都可以转换为帧内压缩的 50Mbps 4：2：2P@ML 数据流信号进入高端的 XPRI 非线性工作站进行广播级的非线性节目制作。XPRI 还可以满足常规高清晰度格式以及 24P 格式节目制作的要求。

XPRI 系统从标准清晰度升级到高清晰度，只需要添加较少的硬件、新的操作软件及增加一个硬盘存储单元。多种格式支持功能，使得 XPRI 可以满足 MPEG 和高清(HD)两种工作环境。XPRI 非线性编辑系统可以支持 HDCAM 格式，480/50i、480/60i、575/50i、575/60i 格式，以及 1080/24P、1080/25P、1080/50i、1080/60i 等高清格式，不但提供进行高端节目制作的强大功能，而且支持网络化解决方案。XPRI 可以将视频流信号转换为 MXF 格式数据文件，并通过千兆以太网进行传送。

2. 制作流程

高清电视新闻节目和电视广告因为时长较短，素材量较少，通常采用高清素材直接进行高清编辑；综艺晚会和体育赛事节目虽然时长较长，甚至持续数个小时，但素材较为完整，而且素材量也远低于纪录片和电视剧，因此以上四类节目都是在全高清环境下完成后期制作的，使用系统最高比特数采集高码流信号到专业硬盘阵列，即直接对高清素材进行编辑后进行高清播出。

纪录片和电视剧这类长篇幅的节目，与电视新闻节目的高清制作流程是不同的。纪录片和电视剧的高清素材量非常大，通常一盘高清磁带可以录制 48 分钟左右的素材，纪录片和电视剧经常需要 400 盘以上的素材带，多的甚至近 800 盘、近 640 个小时的素材量。再加上高清电视的分辨率是 1920×1080，约 200 万像素，是标清电视的 5 倍，如此巨大的数据量会使 CPU 不堪重负，从而造成数据传输错误，影响画面质量和制作效率。纪录片和电视剧高清后期制作周期长，对非编单机站点的处理能力、数据传输的带宽要求更高，因此在进行高清电视剧的后期制作时，采用低成本的高清制作方式，即结合普通非编和高清非编，如图 8-4 所示。首先，使用高清双码流非线编系统，将获得的高清信号下变换成标清信号，然后使用高压缩比采集到存储空间较大的标清非线编辑系统的硬盘中进行粗编、精修以及一些简单的叠化效果，然后输出 EDL 表(Editorial Determination List 编辑决策列表)，其内容一般包括：按照顺序自动生成的镜头号、素材磁带编号、每个

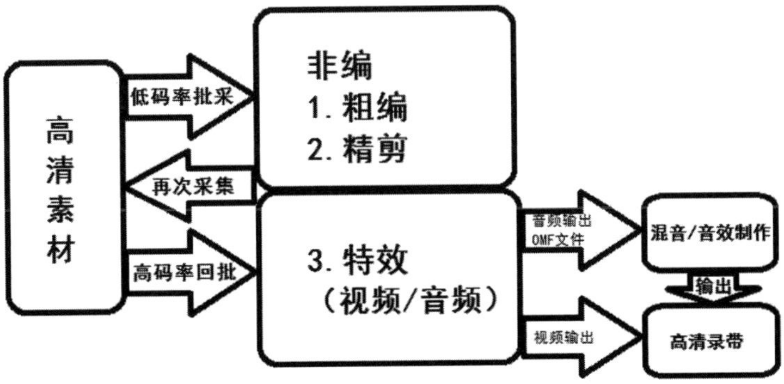

图 8-4 电视剧制作流程图

镜头起始点的时码（入点）、结束点的时码（出点），有时也有特技编号、重放速度、音画分离编辑的入出点等。在这之后要重新进行无压缩的批采集工作，从而完成整个电视剧的后期制作，这样既保证了所有素材的全面调度，也会使后期制作的效率大幅提高，制作成本降低。

我国首部高清纪录片《故宫》以及后来的《大河沿》、首部高清电视连续剧《大宅门》以及后来的《天下粮仓》《神医》《好爹好娘》《纽约丽人》，都是经过这样的流程制作完成的。

第三节　超高清 4K 电视

高清格式的设计是为了使画面清晰度达到人眼视觉解像力极限，从而提供更宽广的视角范围。拥有 720×576 分辨率的 30 寸显示面积处于人眼 10°的中心视野范围，而 1920×1080 分辨率的 50 寸电视则能形成 30°的临场视野效果。随着科技的进步，4K 电视以能够提供分辨率更高、视野更广的超高清显示而获得关注。那么到底什么是超高清 4K 呢？

一、4K 的概念

2012 年 8 月，国际电信联盟（ITU）发布了“超高清电视 UHDTV（Ultra High-Definition TV）”标准的建议，将屏幕物理分辨率达到 3840×2160 及以上的电视称为超高清电视，区别于全高清和高清电视。4K 电视是指屏幕的物理分辨率达到 3840×2160，且能接收、解码、显示相应分辨率视频信号的电视。4K 电视的分辨率是全高清（Full HD，1920×1080）的 4 倍，约是高清（HD，1280×720）的 9 倍。4K 电视也被称为 UHDTV，是 Ultra High Definition Television 的简写，代表“超高清电视”，超高清电视都是逐行扫描的，如图 8-5 所示。

图 8-5　超高清 4K 电视

4K 电视技术在显示分辨率上的提升，使人眼能辨识电视画面中更多的细节和层次，从而允许用户能够在更近的距离观看大显示面积的画面，HDTV 电视一般在 42 英寸至 55 英寸之间，而 UHDTV，无论从像素点还是色彩呈现层次，对显示的精细度都有着非常大幅度的提升与改善，使得面板尺寸的覆盖范围倍增，超高清电视的显示屏幕都达到 80 英寸以上。

观众的临场感主要取决于观看时候的水平视角，水平视角越大，临场感越强。HDTV 的最佳观看距离为屏幕高度的 3 倍，水平视角只能达到 30°，UHDTV 4K 垂直分辨率提高了 2 倍，观看距离缩短为 1.5 倍的屏幕高度，水平视角达到 55°。相比全高清的 30°视角，4K 能够达到人眼 60°视角，加之更短的观看距离，使得画面更具有震撼力，观看舒适度更高。

除了分辨率，相比标清和高清而言，4K 的灰度阶更高。数字化的过程除了要把画面用像素来表示外，还要将光线由亮到暗用灰度阶来表示。量化比特数越高，画面从暗到亮的灰度阶就越多。标清和高清都是 8 比特或 10 比特，即 256 个或 1024 个灰度阶，而 4K 则达到了 10 比特或 12 比特，即 1024 个或 4096 个灰度阶，达到了与电影相同的水平。

相比标清来说，4K 的图像色域更广阔，高清的色域其实并不比标清更广阔，但是高清画面却看起来颜色更加鲜艳丰富。这是因为标清采用模拟信号传输，而高清则采用数字信号传输，在传输过程中标清会受到更大干扰，而高清则不受干扰。从标清电视到高清电视，色域受限于当时显示器件（显像管荧光粉）的性能，色彩并未得到明显改善。但 4K 电视的屏幕更大、分辨率更高，4K 的显示器件如 LED 背光 LCD、OLED 等支持更大色域的显示，获得更广阔的色域三角形，色彩方面得到大幅度提升，能够显示更加丰富的色彩数量，使画面更接近真实生活，其色域甚至比电影胶片更大。

标清和高清的图像扫描方式都是隔行扫描，在不降低刷新率的情况下虽然减少了数据量，但同时也降低了图像的垂直分辨率。而 4K 技术则采用了逐行扫描，相较于隔行扫描方式增加了一倍的数据量，保证了图像的垂直分辨率，对带宽也提出了更高的要求。

超高清在声音系统方面，提出 22.2 声道环绕声技术，让观众感受来自所有方向的声音，重现三维混响效果，给观众带来更完美的视听环境。22.2 声道的声音系统分三层，上层与房顶同高，有 9 个声道；中间层与屏幕中央同高，有 10 个声道；下层与房间地板同高，有 3 个声道，另外还有两个低频效果声道。

表 8-4 是标清电视、高清电视与 4K 超清电视在技术方面的比较。

表 8-4　标清、高清与 4K 比较

	标清电视 SDTV	高清电视 HDTV	超高清电视 UHDTV
技术标准	ITU-R BT. 601	ITU-R BT. 709	ITU-R BT. 2020
分辨率	720×576/720×480	1280×720/1920×1080	3840×2160/7680×4320
像素宽高比	非方形像素	方形像素	
画幅宽高比	4∶3/16∶9	16∶9	
取样结构	4∶4∶4,4∶2∶2,4∶2∶0		
量化	8/10 比特		10/12 比特
色域	EBU/SMPTE-C	ITU-R BT. 709	ITU-R BT. 2020
基准白	D65		
伽玛	0.45		
扫描	隔行扫描	隔行/逐行扫描	逐行扫描
刷新频率	50/60Hz	24/25/30/50/60Hz	24/25/30/50/60/120Hz

二、4K 的应用与发展

超高清已经成为电视行业的聚焦热点，是高清之后影视行业发展的方向之一。4K 拍摄制作完整流程包括系统搭建、节目制作、终端发展等方面。4K 制作设备逐渐成熟，4K 电视制作已经开始，从拍摄和制作设备来看，4K 摄像机大量使用，有 4K 分辨率的 F65 数字电影摄影机，适于纪录片和电视剧拍摄的 PMW-F55/F5 Super 35mm 4K 数字摄影机，适于独立制作人的 NEX-FS700CK 全画幅摄录一体机，广电行业目前有超过 600 多套 4K 摄像机，电视台开始使用 4K 摄像机进行日常节目的拍摄，主流非线性制作设备都支持 4K 制作，新的压缩编码算法能够大大降低 4K 节目的数据量，4K 的前期拍摄和后期制作成本大大降低。4K 终端显示设备电视机厂商销售 4K 大屏幕电视机，广泛采用支持 60P 的 4K 显示接口 HDMI V2.0 技术规范。

中央电视台技术制作中心在高端节目制作岛有 4K 拍摄制作设备，具备 4K 节目储备，同时建立了完整的 4K 现场转播系统，包括重复慢动作的服务器，在中央电视台主要用于纪录片频道、大型活动等片子的拍摄制作，如纪录片《舌尖上的中国 2》《园林》《自然的力量》《一年又一年》、MV《我们中国梦》。《舌尖上的中国 2》主要是一些外景拍摄，对于表现质感的镜头如食物的特写镜头表现力特别强，画面动态范围比高清大很多。

4K 对整个画面的质感包括人的皮肤、外形、服装能有更好的表现力。用 4K 在现场演唱会、音乐会以及高端的音乐表演拍摄，在电影院进行放映，已经在国外得到了普遍应用，美国的一场音乐会，曾经使用 16 台 F55 拍摄，在剧院放映。伦敦的音乐会使用 10 台 F55 拍摄，在柏林的院线用 4K 播放。美国采用 4K 对美式橄榄球“49 人队”的比赛进行转播，展示了非常壮观刺激的比赛现场。

4K 技术在高清转播中的重要应用是充分利用分辨率带来的优势，用 4K 拍摄尽量大的全景画面，通过选切，用电子变焦的形式去捕捉单机拍摄容易失去的细节。对于某些构图瑕疵，可以后期进行画面裁切调整后再变成高清播出。4K 拍摄的逐格调整拍摄功能是全分辨率的高速记录，让后期呈现出的画面产生非常柔和的动态效果，充分保证了图像质量。这与之前依靠电脑算法来实现的超级慢动作有着质的差别，可以达到每秒 1 帧的降格拍摄。

4K 的素材可以实现高清超高速。4K 技术使用的是 4 倍于高清的素材，虽然拍摄时只能到 60P，但因为它有 4 倍于高清的素材，超高速就可能发挥出来，最高能够达到 240P。4K 高精度图像细节展示的能力如高清发展阶段一样，给舞美、化装、制景等方面都带来了挑战，原来制景、化装等的精细度已经远远不能满足 4K 制作的要求，同时也提高了制作成果。4K 超高清技术在拍摄、编辑、存储、播放和显示各个方面日渐成熟。

在电影领域，4K 对于电影放映而言并不是一个新概念，《蜘蛛侠》《全民超人》《超人归来》《007：大战皇家赌场》《007：大破天幕杀机》等大量好莱坞大片都是 4K 数字拷贝在院线上映。很多电影方面的内容都是以 4K 技术作为标准而发行的，且其发行和拷贝可以实现 2K 及 4K 的双向兼容，但是观众在传统的 10 平方米以下的屏幕上观看，是看不出

4K效果的。好莱坞版的《龙纹身的女孩》是全球第一部全程采用4K技术制作的电影,从拍摄、后期制作、发行直至放映,4K技术渗透到了每个环节。在美国市场发行的好莱坞数字影片中,4K电影约占30%～40%,电影院线中的4K放映系统也占40%以上。就在国外众多电影制作人纷纷尝试使用4K超高清技术时,2014年张艺谋导演的电影《归来》成为我国首部完全使用4K数字拍摄制作的影片。该片采用2台F65 4K数字电影摄影机拍摄全程,1台PMW-F55 4K数字电影摄影机来配合辅拍,片中演员、场景、道具等等的画面质感因4K的应用而使其细节得到了完美的呈现。国内已经有不少影院陆续建设4K影院,相关设备的覆盖率也在逐步上升。

在电视领域,4K电视技术出现的直接原因是家庭电视屏尺寸的不断增大。从早期的14寸发展到如今的50寸、60寸甚至90寸,加上液晶、等离子、OLED等电视屏幕制造技术的不断升级,使得人们对于电视内容清晰度的要求不断升级。当屏幕达到50寸时,标清内容开始无法满足观众的需要了,因而出现了从标清到高清再到4K的跨越式发展。2014年被业界称为4K的发展元年,各国都积极在电视制作领域普及和应用4K超高清技术。Sky Sports作为欧洲首个运用4K技术的电视台,成功直播了超高清音画质的足球比赛,韩国在2014年推出自己的4K频道,我国中央电视台成立4K团队,拍摄制作多部纪录片,如《舌尖上的中国2》等,上海SMG拍摄制作了首部4K城市宣传片。国际足联宣布2014年6月至7月间举行的巴西世界杯决赛将使用4K超高清技术进行拍摄、录制和直播。日本NHK在2014年6月推出4K试验频道,使用4K电视信号转播巴西世界杯,部分欧洲、美国、韩国电视台也进行4K超高清电视转播。日本从2014年的7月起提供4K电视信号广播服务,以缓解现有数字广播系统的带宽压力。由于东京成功申办2020年奥运会,日本计划于2016年开始8K的试播。由此可见,世界瞩目的体育赛事对电视技术的发展和推广有极大的推动作用。

表8-5是4K超清电视节目在制作和播出环节所需的格式。

表8-5 4K制作播出格式

		制作/交换			播出	
编码		ProRes422HQ	ProRes422LT	XAVC	H.264 (AVC)	H.265 (HEVC)
分辨率		3840 x 2160 像素				
取样		4∶2∶2			4∶2∶0	
量化		10 比特				
GOP结构		帧内(I帧,GOP=1)			帧间(IBP帧,长GOP)	
文件格式		MOV		MXF	—	
码率 Mb/s	24P	707	328/471	240	27～46	14～23
	25P	737	342/492	250	28～48	14～24
	50P	1475	684/983	500	56～96	28～48
	60P	1768	821/1178	600	67～115	34～58

为了4K素材的积累或为高清频道输送高水准的下变换节目，进行4K制作是有价值的，如体育节目、大型活动以及宣传片等。目前国内很多电影和电视剧、专题纪录片都采用4K摄像机拍摄。电视台、专业节目制作机构、视频工作室以及一些个人、专业院校的在校学生，都开始接触4K的拍摄制作。4K设备有索尼super35mm全画幅4K数字摄影机PMW-F55、CineAlta摄像机F65、超级慢动作拍摄功能的NEX Fs700R4K super35mm摄录一体机。索尼4K手持型摄录一体机FDR-AX1采用XQD存储卡，支持60Hz帧频和4K的大数据量存储，使用一张32GB的XQD卡可以录制一小时的视频。Black magic推出的4K摄录一体机标配内部高速SSD硬盘，可将4K采集为压缩格式Cinema DNG RAW和ProRes422（HQ），固态硬盘连接到计算机可直接进行剪辑或调色。

央视4K制作系统包括前期、后期两个部分。前期包括4K ENG设备、10套Sony的4K F55、高精度电影定焦和电影变焦镜头、14挡光圈、35mm全画幅成像，达到60P的拍摄效果，如果作为高清使用可以提供240P拍摄。同时可以选择多种格式进行记录，4K、2K以及高清模式。可以有多种编码格式的支持如RAW/XAVC以及蓝光等格式。后期制作采用苹果的FCP X和欧特克高端编辑合成系统组成4K制作岛，支持各种行业的原生格式，支持粗剪、套底、特效、字幕、配音、调色等一系列全功能制作。4K数据量比较大，采用单点工作站本地存储的模式。

4K工艺流程的一种类型是4K XAVC，在资源占用方面，XAVC是高效率同时能保证质量的压缩方式，在带宽、容量上，可以做到比较节约。XAVC前期拍摄采用XAVC压缩编码的方式记录，后期可以直接进行画面的剪辑，如果需要精细制作，可以在后期继续进行特效合成、行精细调色处理、加字幕等，通过精度渲染导出成品文件，即输出4K成品。另一种是高画质的RAW格式，是高低码流相互嵌套的流程，拍摄记录4K的RAW，同时也可以记录MPEG-2的高清码流。先进行高清蓝光的素材粗剪，之后，将粗剪的素材和高质量的4K RAW进行套裁，尽量节约不用的素材空间。

高清电视和4K电视逐渐得到普及，它们具有更强的细节和色彩还原能力，更逼真细腻的表现力，不仅让观众充分感受到拍摄现场的氛围和感染力，而且对广播电视节目制作技术和节目质量提出了更高的要求。毫无疑问，高清电视和4K电视是未来电视发展的方向。

思考与研讨题

1. 高清晰度电视与普通电视的区别？
2. 高清电视节目中新闻节目与电视剧的制作有何不同？
3. 高清节目下变换为标清节目的模式及其特点。
4. 超高清4K电视的优势和制约因素有哪些？

参考文献：

1. 孟群：《电视制作技术》(第 2 版)，中国传媒大学出版社 2012 年版。

2. 王佩：《高清晰电视制作技术拓展艺术创作空间——记大型文献纪录片〈故宫〉获金帆奖专题类技术质量一等奖》，《现代电视技术》2007 年第 3 期。

3. 薛鹏：《高清电视节目拍摄与制作的部分问题分析》，《现代电视技术》2007 年第 3 期。

4. 盖璐斯、施栋、罗檑：《SMG 高清后期制作流程之探讨》，《电视工程》2008 年第 2 期。

5. 王亚明：《高质量高清电视制作的发展》，《现代电视技术》2009 年第 7 期。

6. 翟爽、谢秦：《高清体育节目制作的几点心得》，《现代电视技术》2012 年第 4 期。

7. 家庭影院技术编辑部，《迎接震撼 4K 超高清影音新时代　4K 显示技术与新产品全接触》，《家庭影院技术》2012 年第 11 期。

8. 叶钟灵：《拥抱 4K 电视元年》，《电子产品世界》2013 年第 4 期。

后 记

电视技术的发展越来越迅速，电视传媒赖以生存和发展的物质基础、社会环境、技术条件发生了深刻的变化，电视技术与数字信息技术的交融合流使电视传媒业不断地更新系统和设备，节目制作的模式和理念也在不断地更新着。本教材适应科技新时代的发展，突出新技术应用，紧跟传媒技术发展现实和发展前沿，以实际应用为出发点，通过理论与训练相结合，由浅入深地介绍了电视节目制作中应掌握的基础知识和必要的基本操作。教材内容难易结合，实用性较强。

本教材是中国传媒大学新闻与传播学部电视学院本科专业基础课教材，适合于大专院校新闻学专业以及编导类相关专业的学生，也可供电视行业相关人员学习。

电视节目制作是一门实践性很强的课程，理论要联系实际。它不是一成不变的，随着现代技术的不断发展而不断地发展和变化，不断地更新和充实、不断地接受实践的检验。技术的更新越来越快，当大家看到此书时，可能有些内容已更新了，希望用发展的眼光去学习。由于时间仓促，书中出现的一些错误和不当之处，也恳请读者给予批评和指正。

书中参考了索尼、松下、JVC 等公司的技术资料并选用了部分图例，在此表示感谢。另外，书中转引了一些专著作者的论述，对于论证、丰富本书的观点和内容，起到了很大的帮助，在此向他们致谢。

由于时间仓促，书中出现的一些错误和不当之处，恳请专家、读者给予批评和指正。

在本书的编写过程中，编写组成员张昊（第一章/第二章）、马赫（第三章/第七章）、胡淑丽（第四章/第八章）、樊亚洁（第五章/第六章）撰写了主要内容，孙洪亮老师审阅初稿并撰写第六章部分内容。此外，在本书的编写过程中，得到了中国传媒大学出版社和责任编辑蒋倩老师的指点和帮助，在此一并表示深深的感谢。

编写组负责人 孟群

2015 年 4 月 20 日

图书在版编目(CIP)数据

电视节目制作/孟群，孙洪亮编著. --北京:中国传媒大学出版社，2015.9(2023.6重印)
摄影专业“十二五”规划教材
ISBN 978-7-5657-1294-4

Ⅰ.①电… Ⅱ.①孟… ②孙… Ⅲ.①电视新闻-电视节目-制作 Ⅳ.①G222.3

中国版本图书馆CIP数据核字(2015)第035375号

摄影专业“十二五”规划教材

电视节目制作

DIANSHI JIEMU ZHIZUO

编　　著	孟　群　孙洪亮
责任编辑	蒋　倩　王　硕
装帧设计指导	吴学夫　杨　蕾　郭开鹤　吴　颖
设计总监	杨　蕾
装帧设计	刘　鑫
责任印制	李志鹏

出版发行	中国传媒大学出版社		
社　址	北京市朝阳区定福庄东街1号	**邮　编**	100024
电　话	86-10-65450528　65450532	**传　真**	65779405
网　址	http://cucp.cuc.edu.cn		
经　销	全国新华书店		
印　刷	三河市东方印刷有限公司		
开　本	787mm×1092mm　1/16		
印　张	15.5		
字　数	340千字		
版　次	2015年9月第1版		
印　次	2023年6月第9次印刷		
书　号	ISBN 978-7-5657-1294-4/G·1294	**定　价**	39.80元

本社法律顾问：北京嘉润律师事务所　郭建平

致力专业核心教材建设　提升学科与学校影响力

中国传媒大学出版社陆续推出

我校15个专业“十二五”规划教材约160种

播音与主持艺术专业（10种）
广播电视编导专业（电视编辑方向）（11种）
广播电视编导专业（文艺编导方向）（10种）
广播电视新闻专业（11种）
广播电视工程专业（9种）
广告学专业（12种）
摄影专业（11种）
录音艺术专业（12种）
动画专业（10种）
数字媒体艺术专业（12种）
数字游戏设计专业（10种）
网络与新媒体专业（12种）
网络工程专业（11种）
信息安全专业（10种）
文化产业管理专业（10种）

本书更多相关资源可从中国传媒大学出版社网站下载
网址：http://cucp.cuc.edu.cn
责任编辑：蒋　倩　王　硕　　　　意见反馈及投稿邮箱：jiangqiancucp@163.com
联系电话：010-65779406